KB041499

아리스토텔레스
분석론 후서

ΑΝΑΛΥΤΙΚΩΝ ΥΣΤΕΡΩΝ

아리스토텔레스

분석론 후서

ΑΝΑΛΥΤΙΚΩΝ ΥΣΤΕΡΩΝ

김재홍 옮김/주석

서광사

아리스토텔레스
분석론 후서

김재홍 옮김/주석

펴낸이 | 이숙
펴낸곳 | 도서출판 서광사
출판등록일 | 1977. 6. 30.
출판등록번호 | 제 406-2006-000010호

(10881) 경기도 파주시 회동길 77-12 (문발동)
대표전화 (031) 955-4331 팩시밀리 (031) 955-4336
E-mail: phil6060@naver.com
http://www.seokwangsa.co.kr | http://www.seokwangsa.kr

ⓒ 도서출판 서광사, 2024

제1판 제1쇄 펴낸날 — 2024년 9월 10일

ISBN 978-89-306-0647-9   93160

"아리스토텔레스의 작품 속에서 살고 죽어라.
달콤한 '분석론', 나를 황홀하게 했던 것이네!"

—Christopher Marlowe's
The Tragical History of Doctor Faustus, Scene 1

차례

제1권 지식(에피스테메)과 논증의 구조

제2권 논증의 원리 탐구 방식에 대하여

1. 이 책은 아리스토텔레스의 *Ta hustera analutika*(라틴어: *Analytica Posteriora*)를 우리말로 옮기고 주석을 단 것이다. 내가 대본으로 삼은 헬라스어 원전 텍스트는 아래 로스(Ross)의 비판본이다. 로스판을 따르지 않았을 경우에는 그 전후 사정을 각주를 통해 적절히 밝혀 놓았다.

* W. D. Ross, *Aristotelis Analytica Proiora et Posteriora*, praefatione et appendice avxit L. Minio-Paluello(Oxford Classical Texts), Oxford, 1949.

2. 아리스토텔레스 저작을 표시하는 관례에 따라, 벡커(Berlin) 판의 텍스트 표시를 사용한다. 이를테면 71a15는 '벡커판 71쪽 왼쪽 난(欄: column) 15행'을 표시한다. b는 '오른쪽 난'을 가리킨다. 『분석론 후서』 제1권 제2장(A 2)을 보다 정확히 오늘날의 언어적 용법으로 표시하면 '제1장 2번째 항목'이 된다. 아리스토텔레스 저작의 편집자에 따라서는 다른 장(章)과 절의 구분을 사용하기도 한다.

3. 원칙적으로 헬라스어 원전에 충실해서 옮기되, 우리말로 매끄럽지 않을 경우에는 어느 정도 의역을 가해 번역했다. 가능한 한 맥락이 연결될 수 있도록 옮긴 이 해석에 맞춰 옮기려 노력했다.

4. 이 책에서 사용된 논리학 기호 표시는 앞서 출판한 『분석론 전서』(서광사, 2024)의 방식에 따라 표기했다.

5. 원문에 생략된 말이나 본문에 나와 있지 않은 말들로 인해서 원문만으로 충분

한 의미가 전달되지 않는다고 판단될 경우에는 [ ] 기호를 사용하여 원문을 이해하는 데 도움이 될 수 있는 방향으로 의미를 보충했다. 혹은 원어에 대한 부가적 설명을 담고 있다. 물론 다른 풀어쓰기가 요청되는 경우에는 각주에서 논의했다. ( )는 우리에게 익숙한 철학 용어로 된 헬라스어라든가 혹은 원문에 괄호 표시된 말의 번역을 표시한다. 따라서 원문으로 읽어도 무방하다. [[   ]]는 원문의 삭제를 표시한다.

6. ē와 ō는 헬라스어 장모음 에타(eta)와 오메가(omega)를 표시한다. χ는 로마자로 ch로, υ는 u로 표기하며, 헬라스어의 우리말 표기는 원음에 가깝게 표기하고, υ는 일관적으로 '위'로 읽어서 Phusis는 '퓌시스'로 표기했다. 후대의 이오타시즘(iōtakismos)은 따르지 않는다. 꼭 필요한 경우를 제외하고는, Iota subscript(hupogegrammenē)를 밖으로 드러내 표기하지 않았다.

논증이란 무엇인가?
─『분석론 후서』의 학적 지위와 목적

20세기 들어 『분석론 후서』를 새롭게 현대적인 관점에서 ─고대 후기 이후 처음으로 본격적으로 이 책을 해석하고 이해했다는 의미에서 ─체계적으로 해석한 학자는 영국의 조나단 반즈(J. Barnes, 1942-)이다. 우리가 오늘날 『분석론 후서』에 관한 이야기를 펼치고자 한다면, 마땅히 반즈의 해석으로부터 ─그의 해석이 절대적으로 옳거나 그대로 받아들여야 한다는 것은 아니다 ─시작해야 한다. 그의 해석을 받아들이든가 비판해야할 것이다. 아직껏 이 책의 내용을 이해하는 데 있어, 그 난해함으로 해서 역사적으로도 너무도 '악명'이 높았던 이 책을 반즈만큼 제대로 해석한 학자는 없었다. 아리스토텔레스 철학에 관한 한, 모든 분야에서 텍스트의 편집은 물론이거니와 모범적 해석을 제시했던 로스(W. D. Ross)의 업적을 뛰어넘는 수준이라고 평가할 수 있다.

'분석'이란 무엇인가?

아리스토텔레스는 지속적으로 이 저술의 제목을 『분석론』으로 언급한다. 이것은 그가 이미 헬라스 기하학에서 확립된 '분석' 개념을 염두에 두었기 때문일 것이다. 대략적으로 말하자면, '분석'(analusis, analuein[분

13

석하다])은 문제가 해결되었거나 증명이 발견되었다고 가정한 다음, 이전에 확립된 결과로 연역적으로 거꾸로 거슬러 올라가는 작업 과정(프로세스)이다. 그런 다음 그 단계를 거꾸로 해서 증명이나 해결책을 얻을 수 있었다. 아리스토텔레스는 확실히 이 분석의 과정을 잘 알고 있었다. 『니코마코스 윤리학』은 이 점을 잘 밝혀 준다.

> 오히려 사람들은 그 목적을 설정한 다음 어떻게, 또 무엇을 통해서 그것을 실현하는지를 고찰한다. 그리고 여러 가지를 통해서 그것이 실현될 가능성이 있을 때는, 어떤 것을 통해서라도 가장 쉽게 또 가장 아름답게(잘) 실현될 수 있는지를 고찰하는 것이고, 또 단 하나의 것을 통해서 목적에 도달한다면, 그것을 통해서 어떻게 그것이 달성되고, 또 그 자체에는 무엇을 통해서 도달하는지, 그리고 그렇게 첫 번째 원인까지 나아가는데, 이 첫 번째 원인이야말로 발견의 순서에서는 마지막인 것이다. 왜냐하면 숙고하는 자는 지금 말한 방식으로, 마치 기하학적 도형인 것처럼 이것을 분석하여 탐구하는 것으로 생각하는데(하지만 모든 탐구가 숙고인 것은 아니며, 예를 들어 수학적 탐구는 숙고는 아니지만 숙고는 모두 탐구로 생각된다), 실제로 이 분석에서의 마지막 것이, 생성에서는 최초의 것[즉, 행위의 시작점]인 것이다.(제3권 제3장 1112b15-24)

요컨대 '분석'이란 일반적으로 성립되어 있는 사항이 어떤 식으로든 '보다 앞선 것'으로 분석되어 밝혀진다는 것을 의미한다. 『분석론 전서』에서는 주로 기본적인 '격과 식'으로 환원된다는 의미에서의 '분석'이 논의되었으며, 『분석론 후서』에서는 우리가 받아들이고 있는 결론으로 이끄는 그것만으로 명확하지 않은 원인과 근거를 나타내는 전제를 탐구한다는 의미에서 '분석'이 문제 되고 있다. 다시 말해 '분석이란, 우리가 추구하는 것이 이미 이루어진 것처럼 가정하고, 이것이 무엇으로부터 나오는지를 탐구하는 것이다'(1112b20-24, 『소피스트적 논박에 대하여』 제16장

175a17 참조).

그는 여러 곳에서 '위로 가는 길'(원리로 가는 길)과 '아래로 가는 길'(원리로부터 증명된 것으로 가는 길)을 언급하고 있으며, 이는 매우 광범위한 의미에서 '분석과 종합'을 가리키는 것으로 받아들일 수 있다. 전제의 무한 소급은 『분석론 후서』에서의 주요 논제이자 『분석론 후서』와 『분석론 전서』를 연결하는 주요 연결 지점이다. 실제로 전제의 무한 소급은 '분석'이 무엇일 수 있는지 하는 것이다. 즉, 주어진 결론이 따라 나오는 전제를 찾는 프로세스를 말한다. 아리스토텔레스의 방법은 전제의 무한 소급이 '무중항(직접적인 전제)에서 멈출 때까지' 전제의 무한 소급을 수행하는 체계적인 길(hodos)이다. 그 구성 자체에 의해, 무한 소급은 그것이 끝나는 전제로부터 출발해서 명제의 추론(연역)을 만들어 내기 위해서 항시 역전(逆轉)될 수도 있다.

아리스토텔레스는 『분석론』에서 추론에 대해 설명하면서 자신이 성취했다고 믿는 것을 다음과 같이 요약한다.

> 이렇게 해서, 논증이 무엇으로부터, 또 어떻게 성립하는지, 그리고 각각의 문제에 대해 어떤 것에 주목해야 하는지는 앞서 말해진 것으로부터 분명해졌다. 그렇다면 우리는 추론을 앞에서 언급한 격으로 환원할 수 있는 방법을, 이것 다음으로 논의해야 한다. 왜냐하면 이 부분에 대한 고찰이 아직 남아 있기 때문이다. 그것은 우리가 추론의 성립을 연구하고, 또 추론을 발견하는 능력을 몸에 익히고, 나아가 이미 성립된 추론을 이전에 언급한 격으로 분석할 수 있다면, 최초의 목적은 달성될 것이기 때문이다. 이는 동시에 지금 논의될 것임에 따라 이전에 논의된 것이 더욱 확실해지고, 그것이 바로 그 사실임이 더욱 분명해질 것이기도 하다. 왜냐하면 모든 것이 참인 것은 모든 면에서 그 자체와 일치해야 하기 때문이다.(『분석론 전서』 제1권 제31-32장 46b38-47a9)

논증의 학적 기능에 대한 반즈의 입장; 발견인가 가르침인가?

이제 반즈의 『분석론』 해석에 관한 '철학적 입장'을 살펴보기로 하자.

반즈는 『분석론 후서』 제1권에는 전통적으로 생각해 왔던 과학적(학문적) 방법론에 대한 이론이 포함되어 있지 않다고 강력하게 주장한다. 아리스토텔레스는 결코 과학자, 역사가, 철학자에게 자신의 연구를 가장 잘 수행하는 방법이나 새로운 진리를 가장 효율적으로 밝혀내는 방법에 대한 지침을 제공하지 않는다는 것이다. 이러한 입장은 'Aristotle's Theory of Demonstration'(1969)을 통해 반즈 자신의 철학 경력에서 최초로 가장 명확히 표명되었다.

> 그러나 그 가정[**전통적인 입장, 즉 『분석론 후서』의 이론이 실제적인 탐구의 활동에 대한 지침서라는 가정**]은 잘못되었다. 논증 학문의 이론은 결코 과학적 탐구를 지도하거나 혹은 형식화하려고 의도되었던 것이 아니다. 그것은 전적으로 이미 획득된 사실들의 가르침에 관심을 갖고 있다. 그것은 결코 어떻게 과학자들이 지식을 획득해야만 하는가 하는 점을 기술하고 있지 않다. 그것은 어떻게 선생들이 **지식을 제시하고 가르쳐야만 하는가** 하는 형식적인 모델을 주고 있다.(1975[1969], p. 147; 1969, p. 85)

『분석론 후서』의 목적은 과학자의 다양한 발견을 어떻게 이해할 수 있는 전체로 수집할 수 있는지, 즉 사실의 상호관계, 특히 사실에 대한 설명이 가장 잘 드러나고 파악될 수 있도록 사실을 배열할 수 있는지 하는 방법을 논의하는 것이다. 다시 말해, 논증의 일차적인 목적은 아직 알려지지 않은 것을 **발견하는** 것이 아니라, 이미 발견된 것을 **설명하고 이해하기** 쉽게 만들어 주는 것이다.

제1권에서 아리스토텔레스는 학문은 '형식적으로 공리화된 체계' (formal axiomatized system)로 적절하게 설명되어야 한다는 점을 주장한다. 아리스토텔레스는 나중에 에우클레이데스(유클리드)가 기하학에서

했던 작업이 인간 지식의 모든 분야에 대해서도 수행되기를 원했다. 학문은 기하학의 모델에 따라 공리화되어야 한다. 이런 의미에서 『분석론 후서』는 '논증 학문' 영역에 속한다. 즉, 각각이 정의하는 진리의 체제는 몇 가지 기본 가정이나 공리로부터 추론된 일련의 정리(定理)로 표시되어야 한다. 또한 공리화는 형식화되어야 한다. 즉, 그 문장(언어)은 잘 정의된 언어로 형식화되어야 하며, 그 논증은 정확한 일련의 논리적 규칙(logical rules)에 따라 진행되어야 한다. 이런 의미에서 이 책은 논리학 책이 아니라 '논리적 이론'(logical theory)에 관한 저술이라고 말할 수 있다.

이러한 반즈의 주장이 나온 이후, 숱한 반론이 많은 고전 철학자들로부터 지속적으로 이어졌다. 반즈는 『분석론 후서』의 번역과 주석의 초판(1975)과 개정판(1993, pp. xiii-xx)에서도, 1969년의 논문에서 강력하게 내세웠던 '논증 이론이 교육적 목적에 이바지하는 측면이 있다'는 주장을 어느 정도는 약화시키면서도 여전히 그 주장의 기조를 유지하고 있다. 반즈의 『분석론 후서』 2판에서는 단지 '가르침의 방법'(pedagogy)이라는 애초의 자신의 '강력한' 견해를 다소 수정하고 있는데, 이는 부분적으로 Bolton(1987), Kullmann(1981), Guariglia(1985), Burnyeat(1981) 등을 위시한 여러 학자들의 비판에서 비롯되었다. 이들의 연구 성과를 토대로 『분석론 후서』에서 제시된 '논증 이론'과 아리스토텔레스의 과학적 저작들 간의 어느 정도의 관련성을 반즈도 수용한다. 그렇지만 반즈는 여전히 『분석론 후서』가 '주로' 과학자들이 발견한 사실들과 이론들을 어떻게 체계적으로 조직하고, 알 수 있도록 제기할 수 있는지를 탐구하는 데에 관심을 두고 있다고 주장한다. 물론 반즈는 이 해석이 곧 아리스토텔레스가 그 작품에서 가지고 있던 '유일한' 관심사였다고 말하는 것이 아님을 지적한다. 아리스토텔레스는 다른 많은 문제들에도 관심을 가지고 있었다. 하지만 아리스토텔레스의 주된 관심은 '성취된 과학의 형식'이었다는 것이다. 여러 학자들의 비판에도 불구하고 반즈는 『분석론 후서』는 과학적 방법론을 제시하는 것이 아니'라는 애초의 입장을 견지한다(xviii-xix).

이러한 반즈의 해석은 또한 형식적 추론 형식인 추론(연역, 『분석론 전서』의 쉴로기스모스)의 도움이 없이도 탐구(zētēsis)의 최초의 학적 추구 행위가 이루어질 수 있음을 밝혀 준다. 과학자가 자신의 탐구의 결과에 대한 인식론적 지위, 즉 사실적인 지식을 **정당화**하고, 그것을 우리에게 납득시키고자 한다면, 그는 그것을 자신의 특정한 분야에 적합한 '원리'에 토대를 두는 연역적 형식으로 제시할 수 있어야 한다는 것이다. 이와 같은 입장에서, 반즈는 **논증을 탐구의 도구가 아니라, 가르침(교수법)의 수단**으로 해석한다.

　반즈의 해석에 동조하는 너스바움(M. C. Nussbaum)에 따르면, zētēsis는 쉴로기스모스(추론)를 사용할 필요가 없으며, 그렇다고 해서 그것으로 인하여 그것의 기능과 중요성에 관한 아리스토텔레스 자신의 견해를 수정했다는 사실을 암시하지 않는다는 것이다. 너스바움은 '논증'을 단지 교실 안에서의 가르침을 위한 수단으로 간주하는 반즈의 소극적인 입장에 대하여, 아리스토텔레스의 학적 인식론에서 모든 **정당화의 맥락**에 기능하는 '논증'('학적 논증')의 중요성을 부각한다는 점에서 자신의 입장과 반즈의 입장을 구별짓고 있다.[1] 그녀는 『동물의 운동에 대하여』에서 제시되고 있는 방법은 『오르가논』의 체계로부터 이탈되고 있음을 지적하면서도, 그럼에도 그 작품을 심사숙고하게 고려하면서도 또한 풍부한 결실을 맺고 있는 작업으로 평가하고 있다. 그녀에 따르면, 후기의 저작 중의 하나인 『동물의 운동에 대하여』(경험적이고, 생물학적인 경향이 강한 작품인데)는 특수한 문제를 다루고, 그 문제들에 대한 일반적인 개략적 설명을 내놓는다는 측

1　M. C. Nussbaum, *Aristotle's De Motu Animalium*, Princeton, 1978, p. 112, n. 10. 실제로 반즈는 '추론은 논리학의 적은 부분이고 상대적으로 의미 없는 부분'이라고 말한다. 여기서 말해지는 '추론'은 쉴로기스모스의 한 측면인 형식적 추리인 '삼단논법'을 의미한다. 이 점에 대해서는 김재홍의 '아리스토텔레스의 쉴로기스모스란 무엇인가', '아리스토텔레스의 술어 이론과 쉴로기스모스의 연관성 — 쉴로기스모스의 학문적 해명' 참조.

면에서도 아리스토텔레스 자신에 대한 비판의 능력을 보여주는 예들이 상당수 검출된다는 것이다. 아리스토텔레스가 이 저작에서 한 단일 학문에서의 중요한 결론은 다른 영역에서 발견되는 것과 독립적으로 확보될 수 없으며, 따라서 과학적 탐구의 덜 부문적이고(고립적이고), 보다 더 융통성 있는 태도로 움직여 가고 있음을 보여준다고 너스바움은 해석한다.[2]

반즈의 해석에 대한 두 번째이자 별도의 반론이 있을 수 있다. 『분석론 후서』에서 제시된 이론과 **아리스토텔레스 자신의 구체적이고 실제적인 과학적 연구**(특히 그가 생물학과 동물학에 관한 다양한 저술에서 기록하고 있는 과학적 연구) 사이의 관계는 무엇인가?[3] 『분석론 후서』의 '논증 이론'의 실제적 유용성은 무엇이란 말인가? 이에 대해 반즈는 경험적 과학 저작물과 『분석론 후서』 사이에 연관성은 '거의 또는 전혀' 없다고 주장한다. 거기에서는 추론도 공리적 체계도 나오지 않는다. 『분석론 후서』가 과학적 방법론을 기술하지 않기 때문에, 생물학적 저작물이 '완결된 과학'을 제시하려는 의도가 없는 한, 우리는 그것이 『분석론 후서』에서 논의하고 있는 학적인 틀과 구조를 보여줄 것이라고 기대해서는 안 된다. 요컨대 생물학의 탐구는 '논증 과학', '완결된 학문'을 목표로 하지 않는다.

'이론과 실제의 탐구 방법'의 차이
한편, 『분석론 후서』에서는 방법에 따라서 위임되고 있는 학적 지식의 추구로 나아가는 길(hodos)과 실제로 그의 생물학적인 저작을 포함하는 모든 과학적 저술에서 따르고 있는 길과의 차이에 대하여, 볼튼(R. Bolton)은 여전히 『분석론 후서』가 탐구의 방법과 발견의 방법을 보여주는 작품이라는 견해를 유지하면서도, 실제적인 탐구의 방법론에 대해 다음과 같이 요령 있게 정리해 주고 있다.

---

2 Nussbaum(1978), p. 113.
3 아리스토텔레스 자신은 '동물학'이나 '생물학'이란 말을 사용하지 않았다.

『분석론』은 지식을 자명한 제일 원리들로부터 증명되었던 것으로 한정한다. 과학적 논구들은 이러한 증명 없이도 그 결과들을 확보하는 것처럼 보인다. 이제 이것으로 인하여 받아들여지게 되는 설명은, 『분석론 후서』는 과학적 지식이 어떻게 추구되어야 하는지 혹은 어떻게 발견되어야 하는지에 관한 권고 사항들을 포함하고 있는 것이 아니라, 오히려 그것은 단지 일단 발견된 것을 어떻게 체계적으로 제시해야만 하는가에 대한 설명을 담고 있다는 것이다. 이론적 원리들에 대한 탐구에서 사용되는 과학적 발견을 위한 방법은 『분석론』에서 기술된 방법이 아니라, 오히려 그 대안인 『토피카』에서, 다시 말하여 문답법(변증술)적 추론으로 상세하게 기술되고 있다.[4]

위의 볼튼의 인용구는 볼튼 자신과 반대되는 반즈의 입장을 정리한 것이긴 하지만, 그 입장들 간의 차이를 제시하고 그에 대한 통용되는 해답까지도 내놓고 있는데, 우리는 이러한 주장을 어떻게 받아들일 수 있을 것인가? 학문 방법론으로서의 변증술적 방식이 어떤 절차로 이루어지고 있는지, 그리고 그것이 실제로 수행하는 학적인 역할이 무엇인지를 검토하고, 나아가 그 방법과 절차가 실제적 학문의 영역에 적용되고 있다는 사실에 관련해서, 나는 『토피카』[5]의 해제('토포스를 마련하기 위한 시도와 탐구 방법의 모색')에서 상세히 밝혀 놓았다.

그럼에도 『분석론 후서』에서 전개된 '논증 이론'에 대한 학자들의 평가는 대체적으로 일치하는 것처럼 보인다. 즉 『분석론 후서』의 아리스토텔레스의 주된 관심은 '학적 탐구를 위한 프로그램이나 방법론의 확립이 아니라, 학적 설명의 논리적 구조에 대한 설명과 분절화'라는 점이다.

---

4 R. Bolton(1987), p. 121.

5 김재홍 역, 『토피카―토포스에 관한 논구』, 서광사, 2021.

『분석론』 전·후서의 저작 시기에 관련해서

아리스토텔레스의 것으로 전해지는 저작의 대부분은 플라톤의 학원 아카데미아나 자신의 학원 뤼케이온에서의 강의록으로 판단되고 있으며, 기본적으로 출간을 목적으로 저술된 것이 아니다. 특히 『분석론 후서』라는 작품은 아리스토텔레스의 저작 중에서 '강의 메모'적 성격이 매우 짙은 저작이라는 평가를 받는다. 그럼에도 이 책은 역사적으로 저작의 진작 여부가 의심받은 적이 없었다.

『분석론 후서』의 저작 시기에 대해서는, 제1권에서 수학이나 기하학으로부터의 예들이 많이 언급된 것에 근거해서(실제로는 수학적인 것과 비수학적인 것이 반반쯤 된다) 1928년에 졸름젠(F. Solmsen)이 내세운, 플라톤과 아카데미아에서의 수학에 대한 논의로부터의 영향을 강하게 받은, 아리스토텔레스의 사상의 발전 과정에서 비교적 초기의 저작이라고 하는 견해는, 로스의 비판에도 불구하고(Ross, 1949b), 그 설명을 달리하면서도 반즈 등에게도 계속 이어졌다(1981). 이 점은 거의 정설이라고 말할 수 있다.

『분석론 후서』 제1권과 대조적으로 제2권에서 천문학이나 기상학과 같은 당시의 '자연과학'의 사례가 많이 등장한다는 사실을 지적하면서, 예거(W. Jaeger) 이래의 이른바 '발전적 해석'의 흐름을 묶은 실증적 연구에 근거해 '아리스토텔레스 사상 발전의 여러 시기의 층'[6]을 상정하는 연구자들에 의해 여러 가지 비판을 받았지만, 대체로 이 책의 저작 시기가 아리스토텔레스 사상의 초기라는 사실은 부인할 수 없다고 생각된다.

'전후서'의 저작 시기에 관련해서 졸름젠은 아리스토텔레스의 『분석론 후서』가 『분석론 전서』 이전에 저술되었다고 주장했다. 앞서도 언급했듯이, 이에 대해 로스는 1939년에 졸름젠의 입장을 거부했고, 두 학자 사이

---

6 예거류의 '발전사론적 견해'에 대해서는 아리스토텔레스, 『정치학』 해제를 참조(김재홍 역, 그린비, 2023, pp. 855-870).

에는 다소 긴 일련의 반박과 반격이 이어졌다.[7]

　예거의 발전론적 해석의 방법을 추종하는 졸름젠은 『오르가논』에 관련해서 보다 복잡한 발전 과정을 내놓고 있다.[8] 그에 따르면, 『토피카』 제1권에서부터 제7권까지가 맨 앞에 오고, 뒤이어 『분석론 후서』 제1권이, 그리고 『수사학』, 『토피카』 제8권과 제9권(『소피스트적 논박에 대하여』)이 그 뒤를 잇고, 이어서 『분석론 후서』 제2권이 오고, 맨 나중으로 『분석론 전서』가 위치하는 순서로 이루어진다. 졸름젠은 『토피카』와 『수사학』의 처음 부분을 아카데미아 시절의 작품으로 보고,[9] 『분석론 전서』를 아리스

---

7 『분석론』 전·후서의 저작 순서 문제에 관련해서 맨 처음 논쟁의 불씨를 제공했던 문헌은 F. Solmsen의 *Die Entwicklung der aristotelischen Logik und Rhetorik* (1929, Berlin)이다. 이 작품은 예거의 영향 밑에서 쓰였으며, 예거류의 장르에서 최고의 권위를 갖는 책이다. 사실상 예거 자신(*Aristoteles, Grundlegung einer Geschichte seiner Entwicklung*, 1923, Berlin)은 『분석론』에 관해서 거의 언급하고 있지 않다. 로스는 졸름젠의 견해에 대하여 그의 논문(The Discovery of the Syllogism, *Philosophical Review* 48, 1939, pp. 251-272)에서 비판적으로 음미하고 있으며, 그 대부분의 주장은 거부되었다. 졸름젠은 같은 제목으로 동일한 철학 잡지(*Philosophical Review* 50, 1941, pp. 410-421)에서 그것에 대하여 길게 답변하고 있다. 로스는 다시 이 문제에 관하여 그의 저서(*Aristotle's Prior and Posterior Analytics*, Oxford, 1949, pp. 6-23)에서 화답하였다. 졸름젠은 다시 그의 논문(Aristotle's Syllogism and its Platonic Background, *Philosophical Review* 60, 1951, pp. 563-571)에서 "내 글(The Discovery of the Syllogism, *Philosophical Review* 50)이 로스에게 명백하게 알려지지 않았다"(p. 566, n. 4)라고 불평하면서 로스의 견해에 대하여 평하고 있다. 실제로 그 논문은 로스의 참고문헌에는 나타나고 있지만, 그 논증들은 전적으로 서문에서 무시되고 있다. 그러한 주장은 로스의 논문('The Discovery of the Syllogism')의 많은 부분에 재수록되고 있다. 「오르가논」에 실린 저작들의 저술 시기에 관련된 논의에 대해서는 김재홍, 『소피스트적 논박에 대하여』(2020, 아카넷) 해제('오르가논의 구성과 내용') 참조.

8　F. Solmsen(1929).

9　졸름젠의 논의의 특징은 『수사학』을 『토피카』와 긴밀한 관련성을 갖는 작품으로 간주하고 있다는 점에 있다. 그에 따르면, 아리스토텔레스의 철학적 사유의 전개 과

토텔레스의 최후의 기간인 뤼케이온의 수장 시절에 속하는 최종적인 작품으로 보고 있다. 이러한 졸름젠의 견해에 대하여 로스는 통렬한 비판을 통하여 전체적으로 전통적인 해석으로 뒤돌아 가고 있다. 로스의 주된 비판은 『분석론 전서』, 『분석론 후서』에 관련해서 『분석론 후서』가 『분석론 전서』의 '(정언적) 추론식'(Barbara)을 전제로 사용하고 있다는 점을 지적함으로써 졸름젠의 견해에 치명타를 가한다.

졸름젠도 로스의 비판에 대한 답변을 내놓고 있지만, 로스는 계속해서 자신의 입장을 수정하지 않는다.[10] 이에 대하여 졸름젠은 다시 '자신의 앞의 논문이 명백하게 로스에게 알려져 있지 않다'라고 불만을 터뜨린다. 졸름젠의 이 불만은 기억해 둘 가치가 있다. 왜냐하면 반즈의 입장이 어느 정도로 졸름젠의 입장으로 되돌아가고 있기 때문이다. 반즈(1981)와 스미스(R. Smith)[11]는 『분석론 후서』 전부는 아니더라도, 어떤 부분은 『분석론 전서』에서 충분하게 성숙된 쉴로기스모스 이론이 이루어지기 이전에 저술되었다는 해석을 내놓았다. 그 이유는 추론을 전제하지 않고도 apodeixis(논증) 이론이 얼마든지 성립될 수 있기 때문이라는 것이다. 반

정에서 『수사학』은 두 개의 층을 반영하고 있다. 하나는 『토피카』에서의 주요 개념인 topoi가 수사학적 추론에 사용되는 시점은 『토피카』가 쓰였던 시기보다 빠르고, 개연성과 징표의 관점에서의 수사학적 추론에 대한 설명은 아리스토텔레스가 sullogismos(추론)를 발견한 이후에 쓰여졌다는 것이다. 따라서 『토피카』가 『분석론』에 선행한다는 결론이 따라 나온다. 졸름젠은 이러한 해석 가운데 『토피카』의 sullogismos와 『분석론 전서』의 sullogismos(정언적 추론)는 다르다는 것을 암시하고 있다. 『분석론』전·후서의 순서를 역전시키는 그의 논의 역시 『수사학』에 대한 그의 이러한 해석으로부터 유래한다. 그의 입장에서는 sullogismos의 발견이 맨 나중의 시기에 속하는 것이어서 플라톤적인 잔재가 다수 남겨져 있는 것처럼 보이는 『분석론 후서』는 당연히 『분석론 전서』에 앞선다.

10 W. D. Ross(1949), pp. 6-23.

11 R. Smith, The Syllogism in Posterior Analytics I, *Archiv für Geschichte der Philosophie* 64, 1982, pp. 113-135.

즈와 스미스의 해석이 건전하다면, 로스에 의하여 무참히 무너져 버렸던 것같이 보이는 졸름젠의 저작 시기에 관한 해석이 복권을 하는 듯 보인다. 물론 반즈의 입장이 전적으로 졸름젠의 기본적인 입장과 일치하는 것은 아니다. '논증 이론이 반드시 추론 이론을 전제할 필요가 없다'는 반즈의 해석에 반대하는 학자도 있는데, 예를 들어 페어존(M. Ferejohn)은 '아리스토텔레스 자신이 일종의 추론으로서 논증(apodeixis)을 특징짓는 방식으로 그것을 이해하는 데 있어서(『분석론 전서』 제1권 제4장 25b26-30, 『분석론 후서』 제1권 제1장 71b7) 극복할 수 없는 장애가 생기기까지는 현재로서 그러한 주장을 받아들일 이유가 없다'[12]라고 주장한다. 페어존은 반즈의 논증 이론에 대한 해석과 방향을 달리해서 학문의 기원을 문제 삼고 있는데, 그는 『분석론 전서』의 완숙된 추론 이론의 바탕 위에서 논증 이론이 전개되었다는 로스의 견해를 받아들여, 아리스토텔레스의 추론이 흔히 생각하듯이 공리적 체계라기보다는 플라톤의 후기 사상인 '나눔'(분할, diaresis) 이론에 그 기원을 두고 있으며, 이에 멈추지 않고 정의 혹은 분석적 참, 술어 이론, 필연적 속성에 대한 술어, 어떤 유형의 부정적 진술 그리고 인과적 연계를 표현하는 진술에 그 뿌리를 두고 있다는 점을 밝힌다.

로스가 주도한 전통적인 견해로의 회귀에 대하여 반기를 든 반즈의 주장이 우리의 관심을 끄는 것은, 기본적으로 학문의 방법론에 관련해서 '논증 이론'이 과연 학적 **인식의 방법의 이론**인지 아니면, 반즈의 견해처럼 단지 **교육적인 목적**에 불과한지 하는 문제에 관련되기 때문이다.[13] 어쨌든 반즈는 졸름젠의 논제와 매우 유사한 주장을 옹호하면서 '뜨거운 감자'였던 『분석론 후서』에 대한 철학적 해석의 문제를 부활시켰다.[14] 즉 아

---

12 M. Ferejohn, *The Origins of Aristotelian Science*, Yale Univ. Press, 1991, p. 140, n. 7.

13 J. Barnes(1981), pp. 17-59 및 J. Barnes(1969), pp. 123-152 참조. 후자의 논문은 *Articles on Aristotle* (1975), V. 1, pp. 65-87에 재수록.

리스토텔레스가 '추론'(쉴로기스모스)을 발견하기 이전에 '논증 이론'을 개발했다는 것이다. 『분석론 후서』는 바로 이러한 배경에서 고안되었다. 그 후, 아리스토텔레스가 추론을 형식화했을 때 추론을 학문의 논리로 만들기 위해 『분석론 후서』의 내용을 수정하거나 추가했다고 반즈는 해석한다. 따라서 "… 추론은 사실상 논증 이론의 부수적인 부속물이다. '논증 이론'은 명시적이든 암묵적이든 추론에 대한 참조 없이 형식화될 수 있으며, 추론에 대하여 아무것도 모르는 사람에 의해 발견되었을 수 있다."(pp. 33-34). 반즈는 '오리지널한 논증 이론의 논리'는 『토피카』에서 설명된 … 다양한 추론 도식(schemata)'이었다고 해석한다(p. 52, n. 56). 대체로 오늘날 학자들은 아리스토텔레스가 『분석론 전서』 제1권 제1-22장에서 제시된 추론 이론을 전개하기 이전에 '논증 학문 이론'을 개발했다는 반즈의 견해에 동의한다.

그러나 나는 반즈가 말한 것처럼 '논증이 추론에 영향을 받지 않고 순결한 삶을 살았던' 사례가 이미 만들어졌다고 생각하지 않는다. 오히려 『분석론 후서』가 『분석론 전서』 제1권에 포함된 것과는 다른 추론 이론을 전제로 하고 있다고 생각한다. 아리스토텔레스는 '보편적 명제에 제한된 추론'(Barbara)을 사용해서 작업하고 있는 것으로 보인다. 실제로 『분석론 후서』는 몇 가지 점에서 『분석론 전서』와 일치하지 않으며, 『분석론 전서』의 다른 많은 점에 관련해 무지한 상태로 남아 있다. 따라서 『분석론 후서』는 『분석론 전서』의 추론 이론보다 논리적으로 덜 정교한 이론에 의존하고 있다고 생각된다(Smith의 해석 참조).[15]

페어존이나 맥키라한(R. D. McKirahan) 등이 논하는 것처럼, 이 책에서 논의되는 '지식' 이론은 아리스토텔레스의 저작에 공통으로 기반하는

---

14 J. Barnes(1981), Proof and the Syllogism, in E. Berti and M. Mignucci (1981), pp. 17-59.
15 R. Smith(1982), The Relationship of Aristotle's Two Analytics, *Classical Quarterly* 32, pp. 327-335.

견해를 반영하고 있으며, 저작 시기는 『자연학』보다 나중은 아닐 것이다.

'논증 학문'의 학문적 위상

『분석론 전서』와 『분석론 후서』로 구성된 『분석론』은 전체적으로는 논증적 지식과 그 구성요소에 대한 해명을 과제로 하는 탐구이다. 그렇다면 이러한 『분석론』은 아리스토텔레스의 학문 분류, 즉 '이론학', '실천학', '제작학' 중 어디에 속하는 것일까? 아리스토텔레스에게서 학문은 기본적으로는, (1) 그 대상이 되는 유(영역), (2) 그 관점, (3) 그 방법에 따라서 개별적으로 분류된다. 설령 그 대상이 같아도, 관점에 따라 이론학과 실천학은 다르다. 예를 들어 인간을 학적 탐구의 대상으로 삼아도 인간의 인식이나, '실체'의 탐구라는 관점에서 논하고 있는 『혼에 대하여』는 이론학으로 간주되는 데 반해, 인간의 행위나 인간됨, 그리고 정치 영역과 관계되는 문제를 '좋은 사람'이 된다고 하는 관점에서 논하게 되면 윤리학으로 정립되며, 즉 '실천학'이 될 것이다. 이러한 측면에서 『분석론』은 실천학이 아닌 것은 분명하다.

그렇다면 『분석론』은 이론학일까? 세계와 자연의 본성(phusis)에 대해 탐구하는 이론학은 '자연학', '수학', '형이상학'으로 불리는 '제일철학'(존재론 혹은 신학) 등이다. 그렇다면 『분석론』은 자연학도 수학도 아닌 것이 분명하다. 당연히 '제일철학'도 아니다. 이런 이유로, 로도스의 안드로니코스(기원전 1세기 전반)는 아리스토텔레스 자신에게도 거슬러 올라가는 사고방식이지만, 『분석론』은 특정한 대상에 관한 실질적인 학문의 일부가 아니며, 『범주론』, 『명제론』 등과 함께 (안드로니코스 자신이 그렇게 이름 붙인 것은 아니지만) 학문의 도구 '오르가논'이라고 부르게 되었다. 『분석론』은 학문의 방법에 관계되는 저작으로 자리매김되었다. 이러한 자리매김은 『형이상학』에서의 논리학의 위치에도 적합한 것이었다(『형이상학』 제4권 제3장 1005b2-5, 제4장 1006a5-11, 『니코마코스 윤리학』 제1권 제3장 1094b19-27). 아리스토텔레스는 어떤 종류의 학문에는 방법이 있

으며, 그것을 밝히는 과제를 설정해서 '논증적 지식'(에피스테메)이라고
규정하고, 그것을 이 책에서 고찰하고 있는데, 후세의 철학자들은 이 방법
을 모든 학문에 공통하는 보편적인 방법이라고 생각했다. 하지만 이 책은
'학문 일반'에 대한 논고가 아니라 극히 한정된 '논증적 지식'에 대한 논고
라는 점을 기억해 둘 필요가 있다. 이 책은 그 자체로서 하나의 학문으로
아리스토텔레스의 말로 표현하자면 '논증 학문'(epistēmē apodeiktikē)
이다.

앎은 앞선 앎에 따른다

아리스토텔레스는 『분석론 후서』를 "무언가를 사고하는 것과 관련된 가
르침과 배움은 모두 그것들에 앞서 성립되어 있는 어떤 인식으로부터 생
겨난다"(제1권 제1장 71a1-2)라는 주장(이하 (P))으로부터 논의를 시작
해서, 책의 마지막은 "이성은 지식의 원리가 될 것이다. 그리고 이성은
원리의 원리가 되겠지만, 지식은 전체적으로 [우리가 지식을 가질 수 있
는] 사항 전체에 대해 마찬가지로 원리라는 관계에 있는 것이다"(제2권
제19장 100b15-17)로 논의를 마친다.

『분석론 후서』제1권 제3장에서 아리스토텔레스는 논증적 지식 이론에
대한 (P)의 함축적 의미를 따진다. 모든 지식이 논증적이라면, (P)에 따
라서 모든 논증은 무한하거나(이것은 아리스토텔레스의 경우에 지식이 전
혀 없을 수 있음을 의미한다) 순환 증명이 가능하다고 생각한다. 그러나 아
리스토텔레스는 '지식이 있다는 것'을 논쟁의 여지가 없는 사실로 받아들
이기 때문에 72b25-73a20에서 순환 증명이 실제로 불가능하다고 계속
주장하면서 그는 애초의 가정 (P)와 반대로 다음과 같은 결론을 내린다.

(1) 모든 지식이 논증되는 것은 아니다.

(2) 논증된 지식의 모든 부분은 인식되지만 논증되지 않은 전제에 기초
한다.

아리스토텔레스가 이러한 궁극적인 논증의 전제에 대한 지식이 논증을

통해서 생겨나지 않는다고 주장한다고 해서, 그 지식이 (P)에서 완전히 벗어나는 것은 아니라는 점도 그는 분명히 깨닫고 있다. 그렇다면 일반적인 인식론적 관점에서 논증의 궁극적인 전제에 대한 지식이 처음에 어떻게 획득되는지에 대해서 말해야 할 부담감을 가져야만 할 것이다. 이 문제는 『분석론 후서』 제2권 제19장에서 논의되는 중요한 논제가 된다.

전체적으로 말하자면, 『분석론 후서』는 (a) 지식이 어떤 인식을 전제하고, 전제된 인식에 대해서도 더욱 앞서가는 인식이 있으며, (b) 이 인식의 연쇄는 이성의 작용으로 끝난다는 큰 틀로 이루어져 있다고 말할 수 있다. 이러한 틀 안에서 생각해 볼 수 있는 것으로, (a)의 문제는 일단 세 가지로 나누어질 수 있다. 첫 번째는 '앞서 성립한 인식'과 그 인식에 근거해 성립하는 인식과는 어떠한 관계에 있는가 하는 문제이다. 이 둘은 같을 수도 있지만, 반드시 동일한 유형의 인식이 아닐 수도 있다. 동일한 유형의 앞서 성립한 인식에 근거해서 다른 것을 인식하는 것은 드문 일이 아니다. 논증적 지식이야말로 그 예다. 두 번째는 '앞서 성립하고 있는 인식'은 어떤 인식을 말하는 것인가? 세 번째는 그 인식과 그것에 근거해서 성립하는 인식과의 관계가 어떤 것인가? 아리스토텔레스는 논증적 지식과 관련해서는 이 세 물음 각각에 대해 (1) 추론, (2) 원리, (3) 논증이라고 답한다.

형식적으로 말하자면, 논증적 지식은 추론(sullogismos)에 의해 이끌리는 '지식의 한 형태'이다. 아리스토텔레스는 이것을 epistēmē(학문)라고 부른다. 여기서 추론이란, '(1) 무엇인가 어떤 것이 놓인다면, (2) 놓인 것과 다른 무언가가, (3) 이것들의 있음에 따라서, (4) 필연적으로 따라 나오는 바의 논의'이다(『분석론 전서』 제1권 제1장 24b19-20). 그렇다면 추론은 어떤 조건을 충족해야 하는가?

(1) 전제는 복수이다. 직접 추론(연역)은 추론이 아니다.

(2) 결론은 전제와 다르다. A=A와 같은 연역은 추론이 아니다.

(1), (2) 조건은 모종의 '논점 선취'를 배제하는 역할을 담당한다.

(3) 타당한 논의만이 추론이다.

(4) 주어진 전제로부터 다른 어떤 것의 도움이 없이 결론이 도출된다. 이 조건은 주어진 전제가 결론이 그러하다는 '이유'를 주는 역할을 담당한다.

학문은 '논증적 성향'('논증적 능력', hexis apodeiktikē)이다(『니코마코스 윤리학』 제6권 제3장 1139b31-32). 요컨대, 위에서 언급한 이러한 조건을 만족하는 추론에 의해 이끌리는 것 중, 논증(apodeixis)이란 [논증적인] 지식을 가져오는 학적 추론이다. 논증은 지식을 획득하는 방법이라기보다는 학문 자체와 나누어질 수 없는 어떤 것이다. 무언가가 논증을 가지고 있다면, 그것에 대한 학문을 갖는다는 것은 그 논증을 소유하는 것과 마찬가지다. 아리스토텔레스는 '지식을 가져오는 추론'이란, 그 추론을 가짐으로써 우리가 지식을 갖게 되는 추론(제1권 제2장 71b18-19)이라고 동어반복적으로 규정하고 있지만, 그 실질적인 내용은 어떠한 지식이 '논증적 지식'으로 생각되는 지식의 정의와 그 조건 중에 나타나고 있다. 즉,

> 어떤 사항 X에 대해 … 단적으로 지식을 가지고 있다고 우리가 생각하는 것은, (1) 그 사항 X가 그것을 통해 그러한 원인 Y를, (2) 그 사항 X의 원인이며, (3) 그 사항 X는 다른 것일 수 없다고 인식하고 있다고 생각할 때이다.(71b9-12)

추론이 '논증'이기 위해서 가져야 할 조건은 다음과 같다.

> 지식을 갖는 것이 우리가 가정했던 바와 같은 것이라면, 논증적인 지식이란, (1) 참이고, (2) 첫 번째(원초적)이고, (3) 무중항이고(직접적이고), (4) 결론보다 한층 더 잘 인식되고, (5) 결론보다 앞서고, (6) 결론의 원인(aitia)인 사항에서 출발하는 것이 또한 필연적이다.(71b20-24)

주어항과 술어항을 갖는 두 전제로부터 이끌리는 결론을 갖는 연역 추론에서, 두 전제에 공통하는 '항'을 아리스토텔레스는 '중항'이라고 부른다. 두 개의 참인 전제가 있는 경우, 해당 전제들은 세 번째 항 C를 공유해야 한다. 그러한 항이 없다면, 그 명제는 '무중항'(amesos)이다. 'A는 모든 B에 속한다'(AaB)라는 전제가 참이고, C라는 중항을 가지고 있다면, 참인 전제 AaC, CaB로부터 AaB가 따라 나온다. 여기서 (2)=(3)이다. A가 술어가 되는 B 앞에 다른 항 C가 없는 경우, 즉 AaC 및 CaB와 같은 항 C가 없는 경우, 즉 AaB가 무중항인 경우, A는 B에 대해 '첫 번째로' 술어가 된다. 제1권 제15장에서는 거의 같은 의미로 '불가분적인 방식'(atomōs)이란 말을 '무중항'(amesōs)과 동의어로 사용한다. AaB가 무중항이면, 불가분적이다. 즉 중항이 없다는 것이다.

(4)는 (3)과 밀접한 관계를 가진다. 왜냐하면 (3)의 명제는 자연 본성적으로 다른 모든 명제보다 연역적으로 우선하기 때문이다. 아리스토텔레스는 (5)와 (4)를 동일시한다.

> 하지만 (5) '더 앞서 있다'라거나 (4) '더 잘 인식된다'라는 표현은 두 가지 의미를 가진다. 즉 '자연 본성에서 더 앞선다'라는 것과 '우리에게(pros hēmas) 더 앞선다'라는 것은 동일하지 않고, 또한 '더 잘 인식된다'와 '우리에게(hēmin) 더 잘 인식된다'라는 것도 동일하지 않기 때문이다. '우리에 대해서 더 앞서 있다'라거나 '우리에게 더 잘 인식된다'라는 것은 '감각에 더 가깝다'라는 것이고, '단적으로 더 앞서 있다'라거나 '단적으로 더 잘 인식된다'라는 것은 '감각에서 더 멀다'라고 나는 말한다. 또 가장 보편적인 것들은 감각에 가장 멀리 있으며, 개별적인 것들은 감각에 가장 가까이에 있다. 그리고 이것들은 서로 반대 관계에 놓여 있다.(제1권 제2장 71b33-72a5)

이러한 지식의 조건은 또한 '논증되지 않는 지식'이 있을 수 있음을 보여준다. 모든 인식이 같은 수준에 있어야 하는 것은 아니니까 말이다. 모든 인식이 똑같은 수준에 있다면, '메논의 역설'이 가장 강력한 형태로 귀결될 것이기 때문이다. 그런데 '앞서 성립되어 있는 인식'인 원리의 인식에 앞서, 원리의 인식으로 이끄는 원리의 인식이 있어야만 한다. 그것은 (1) 어떤 인식인가, (2) 그것으로부터 어떻게 원리에 이르는 것인가, 그리고 (3) 그것은 어떠한 작용에 의해서 이루어지는가 하는 문제가 생기게 된다. 아리스토텔레스는 이 책의 마지막에서(제2권 제19장) 이 문제를 논한다. 이에 대해 아리스토텔레스는, 원리의 인식은 (1) 감각으로부터의, (2) 귀납에 의한, (3) 이성의 작용이라고 주장한다. 이것이 논증적 지식과 관계되는 '앞서 성립하고 있는 인식'에 대한 아리스토텔레스의 결론이 된다.

지금까지의 논의를 요약하면 이렇다. 『분석론 후서』 제1권이 논증적 지식의 구조체계를 논하고 있는 데 반해, 제2권은 논증적 지식의 탐구 방법에 대해 논하고 있다. 우리는 이 책을 한마디로 '논증적 지식에 대한 형식적인 틀과 그것을 위한 방법'이라고 평가할 수 있다. 아리스토텔레스의 논증 이론의 핵심은 다음과 같다.

1. 학문 또는 논증적 지식은 논증을 소유하는 것으로 구성된 지식이다.

2. 논증은 무중항(혹은 '직접적인', '논증할 수 없는') 전제를 가진 추론이다.

3. 논증을 소유한다는 것은 그 결론보다 그 전제가 더 잘 알 수 있음을 발견하는 것을 요구한다.

4. 모든 참은 그 자체로 직접적인(무중항의) 명제이거나 직접적인 명제로부터 추론될 수 있다.

여기에 아리스토텔레스는 논증 이론에 본질적인 한 가지 추가적인 주장을 덧붙인다.

5. 무중항의(직접적인) 명제는 논증이 아닌 다른 수단을 통해 가능하다. 즉 원리(제일 원리)에 대한 획득은 논증이 아닌 것을 통해서만 가능하다(제2권 제19장).

지식과 믿음

아리스토텔레스는 지식을 갖는 것을 '믿음'이라는 개념을 통해 논하고 있다.

> 학적 인식은 논증할 수 있는 성향(hexis apodeiktikē)이며, … 사람이 지식을 가지고 있다는 것은, 그 사람이 어떤 방식으로든 이러한 것들에 믿음을 두고, 그 원리가 인식되고 있을 때이다. 왜냐하면 그 원리가 보다 인식되어 있는 것이 아니라면, 그 사람은 부대적으로만 지식을 가지고 있는 것이 되기 때문이다.(『니코마코스 윤리학』 제6권 제3장 1139b31-35)

'믿음을 둔다'는 것은 심리적인 방식을 말하는 것이 아니다. 어떤 종류의 사항에 대해 '신뢰를 얻는' 것은 원리의 인식에 근거해 '그것 외에는 달리 있을 수 없다'라고 판단하는 것이다. 원리에 대해 믿음을 둔다는 점에 대해서, 이 『분석론 후서』에서는 다음과 같이 말하고 있다.

> 그런데 우리가 어떤 사항에 관해 확신하고, 나아가 그 사항을 아는 것은, 우리가 '논증'이라고 부르는 그런 종류의 추론을 갖는 한에서이지만, 그러한 추론이 논증이 되는 것은 그 추론이 거기서 이루어지는 원리가 그러한 [논증을 이끌어 그 사항에 확신을 갖게 되는] 원리이므로, 논증하려는 사람은 거기서 추론이 이루어지는 이 첫 번째 원리들의 전부 혹은 몇 가지이든 간에 단지 앞서 인식하고 있을 뿐만 아니라 결론보다 더 잘 인식하고 있어야만 한다. 왜냐하면 그것(X)을 통해 각각의 사항(Y)이 '그렇다'[Z]는 이 사항(X)에서 항상 더 나을 것 같기 때문이다. 예를 들어 그것(X)을 통해 우리가 무언가를 사랑하는(Z) 것(Y)보다도, 그 자체(X)가 더 뛰어나고 사랑받는 것이듯이. 그러므로 우리가 첫 번째인 원리들에 의해서 사항을 알게 되고, 또 확신을 갖게 된다면, 첫 번째 원리들에 의해 뒤따르는 것들도 알고 확신을 갖게 되기 때문에, 우리는 첫 번째 원리를 더 잘 알고 또 확신을 갖게 되는 것이

다. 실제로 알지 못하고 있는 것이거나, 실제로 알고 있는 상태에 있는 것보다 더 나은 인식 상태에 있는 것이 아닌 것과 같은 무언가에 우리가 알고 있는 것들보다 더 나은 확신을 갖는 것은 불가능하다. 그러나 논증을 통해 추론의 결론에 대해 확신을 두는 사람들 가운데 누군가가 결론에 이르기에 앞서 더 나은 방식으로 아는 것이 아무것도 없다면, 이러한 일이 귀결될 것이다. 왜냐하면 원리에서 이끌리는 결론보다 결론을 이끄는 그 원리들에 대해, 그 전부든 몇몇이든 간에 더 나은 확신을 갖는 것이 필연적이기 때문이다. 논증을 통한 지식(이해)을 가지려는 사람은 추론에 의해 증명되는 결론보다 원리들에 대해 더 낮게 인식하고 더 나은 확신을 가져야만 한다. 하지만 더욱이 단적으로 지식을 가진 사람은 설득에 의해 생각이 흔들리지 않는 사람이어야 하므로, 이러한 사람에게 원리에 대립하고 있는 것과 같은 전제, 즉 거기에서부터 반대되는 잘못된 추론이 따라 나올 수 있는 전제가 더 설득적이거나 더 잘 인식되어서는 안 되는 것이다.(제1권 제3장 72a25-72b4)

제2권 제19장에 대한 짤막한 논의

아마 『분석론 후서』에서 가장 논란이 많고, 당혹스러운 장 중 하나일 제19장의 논의를 짧게 논해 보자. 이 장은 추론에 대한 『분석론 전서』의 논의와, 논증에 대해 이 책에서 논의된 내용 전체를 아우르는, 『분석론』 전체의 정리라는 모습을 취하고 있다(99b15-17). 이 장은 원리(아르케)의 인식을 주제로 삼고 있으며, 어쩌면 독립된 논고일 수 있다. 원리의 인식에 대한 논의는 제1권 제2장 71b16, 제3장 72b18-25에서 암시되었으며, 『형이상학』의 제1권에서도 제2권 제19장의 견해와 매우 유사한 방식으로 논의되었다. 제19장은 일반적이고 상세한 해석에서 수많은 문제를 제기하고 있다. 이 장에서 제시되는 세 가지 아포리아는 다음과 같다.

첫째, 제19장은 한 방향에서는 경험주의를 지향하고, 다른 방향에서는 '이성주의'를 지향한다. 해석상 여러 이견(異見)이 있음에도 불구하고 일반적으로 학자들이 동의하는 바는, '원리'는 경험주의적 방식으로 '귀납'(epagōgē)에 의해 파악되며, 또 '원리'는 이성주의적 방식으로 누스(nous), 즉 '이성'(직관)에 의해 파악된다는 것이다. 즉, 원리를 아는 상태가 nous이다. 논란은 이다음에서 벌어지는데, 즉 nous에 어떤 역할이 있다면, **귀납에서 nous의 역할**은 무엇인가? 둘째, 이 장의 시작 부분은 '원리의 파악'이라는 새로운 주제를 꺼내고 있다. 사실상 『분석론 후서』제2권의 주요 부분은 바로 이 주제에 전념하고 있다. '정의는 원리'이며, 이 책의 주요 목표는 우리가 정의를 어떻게 파악할 수 있는지를 설명하는 것이었다. 원리에 대한 우리의 파악을 설명하려는 두 가지 시도는 상호보완적인가? 셋째, 대부분의 고전 주석가들은 제19장에서 뿌리 깊은 모호성을 발견했다. 그 '원리'는 '첫 번째 명제'와 '첫 번째 항' 사이에서 왔다 갔다 한다. 아리스토텔레스가 논증의 원리에 관해 이야기하고자 한다면, 그는 '명제'에 관해 이야기해야만 했다. 그렇지만 제19장의 대부분은 그가 '개념 획득'을 말하고 있다는 것을 시사해 주고 있다.

제19장은 제1권 제3장의 논의를 상기하는 것, 즉 논증적 지식의 가능성은 논증에 앞서서 논증의 궁극적 전제로서 역할을 하는 첫 번째 '원리들'(archai)에 대한 지식을 이미 소유하고 있어야 한다는 요구(P)로부터 논의를 시작한다. 머리말 부분을 제외하면 이 장은 두 부분으로 나누어진다.

먼저 아리스토텔레스는 자신이 논의하고 싶은 두 가지 질문을 언급한다. "(a) 원리와 관련된 성향은 내재하고 있는 것이 아니라 생겨나는지, 아니면 (b) 내재하고는 있지만, 눈치채지 못하고 있는 것인지를, 사람은 어려운 질문으로 삼을 것이다."(99b25-26). 여기서 아리스토텔레스는 (a)와 (b)의 선언지에 의해 형성된 딜레마를 거부하고 제3의 대안을 내놓는다. 그는 완전한 인식의 부족으로부터 지식이나 학습이 발생하는 것이 불가능하다는 이 책의 첫머리에 나오는 주장, 즉 "앞서 성립된 인식이 없는 데로부터, 어떻게 우리는 인식하게 되며 배울 수 있다는 것인가?"를 회상함으로써 (a)에 직접적으로 반대한다. 반면에 (b)에 대한 그의 거부는 제한적

34

일 수 있다. 즉 우리가 자신이 그것을 소유하고 있다는 사실을 모르고 있으면서 논증적 지식보다 '더 정확한'(akribesteras) 인식적 성향(hexis)을 소유할 수 있다고 생각하는 것은 불합리하다(atopon)는 것이다. 그래서 아리스토텔레스는 이 딜레마를 회피하기 위해 (a) 제1원리의 파악이 궁극적으로 발생하는 어떤 선행하는 성향이 있다는 점을 주장함으로써 부정하는 동시에, (b) 문제의 성향이 아마도 논증적 지식보다 '더 정확해야' 하고 따라서 우연적으로 소유될 수 없는 발생적 인지 상태임을 부인함으로써 회피하는 것이다. 오히려 그는 문제의 성향이 그러한 발생적 상태를 획득하기 위한 특정 종류의 인식적 능력(dunamis)이지만, 그러한 발생적 상태 자체보다 더 '정확'하지는 않다고 주장한다.

> 그렇다면 [우리가 이미 이러한 성향을] 가지고 있다는 것도, 또 우리는 무지하고 어떤 성향도 가지고 있지 않지만, 이러한 성향이 우리 안에서 생겨난다는 것도 있을 수 없음이 명백하다. 그러므로 우리가 어떤 종류의 능력을 가지고 있음은 필연이지만, 이 능력이 앞의 능력보다 정확성에 관련해서 더욱 뛰어나다는 식으로 말할 수 있는 능력이 아닌 것도 필연적이다.(99b30-34)

좀 더 긴 부분을 차지하는 첫 번째 부분(100b5까지)은 비-논증적 지식 획득에 대한 '경험주의적' 설명을 제시한다. '우리는 원리에 대한 타고난 지식을 가지고 있는가? 아니면 지식을 획득하는 것인가? 획득된다면, 어떻게 획득되는가?'(99b26-100b5)라는 **첫 번째 질문**에 대한 긴 답변이 이어진다. 그다음으로 인식론적 정당화의 토대에 대한 '합리주의적' 설명을 선언하는 것처럼 보이는 짧은 종결 부분이 이어지고 있다. 즉, '(비-논증적 지식인) 원리를 포착하는 성향(hexis)은 무엇인가? 그것은 nous이다'라는 **두 번째 질문**에 대한 짧은 답변이 나온다(100b5-17).

제1권의 논증적 지식의 기본 구조

이제 '논증'의 형식적인 구조를 도형으로 나타내 보자. A-B('B는 A이다')라는 것이 논증되어야 하는 것이라고 하자(그림 ①).

①　A ⋯ B

"'A가 B에 있다'(즉, 'B가 A이다')는, A가 C에 있고, C가 B에 있기 때문이다"(AC, CB⊢BA)라고 하는 추론이 구성되었다고 하자(그림 ②). 여기서 ABC는 교환 가능하며, 이것이 논증이기 위해서는 C가 A-B의 중항이기 때문이라는 조건을 충족해야 한다.

(여기서 — 는 무중항, ⋯ 는 중항이 있음)

②　A ⋯ B
　　　∴ ↗
　　　C

가장 중요한 조건은, 중항이 AB 사이에 '삽입'되어야 한다는 점이다. 그 조건이 충족되었다고 하자. 그러면 A-C와 C-B라는 두 가지 전제가 '무중항'인지가 문제가 된다. 모두 무중항이 아니라, 각각 D와 E라고 하는 중항이 있다고 하자(그림 ③).

③　　A ⋯ B
　　∴ ↗ ↖ ∴
　D — C — E

이 경우 A-D, D-C, 그리고 C-E, E-B로부터 각각 A-C와 C-B가 추론되게 된다. 그런데, 이 4가지 전제 중, D-C와 C-E는 무중항이지만(그림 ③), 나머지 두 개인 A-D와 E-B는 그렇지 않으며, 또한 A-D 사이에는 F가, E-B 사이에는 G가 있다고 하자(그림 ④).

④
```
           A ··· B ··· G
       F /  ·. ·. ·. /
         D — C — E
```

이번에는, A-F, F-D, E-G, G-B로부터, 중항의 연쇄를 더듬어 A-B까지 갈 수 있다. 그러나 G-B 이외는 무중항이지만, 여기에는 H라고 하는 중항이 있다고 하자(그림 ⑤). G-H, H-B니까 G-B가 이끌린다.

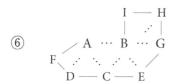

⑤
```
                       H
                     · |
           A ··· B ··· G
       F /  ·. ·. ·. /
         D — C — E
```

최종적으로 G-H는 무중항이지만, H-B에는 한층 더 중항인 I가 있다고 하자. 그리고 H-I와 H-B 사이에는 중항이 없다고 하자(그림 ⑥). 이렇게 해서야 비로소 중항이 없어졌다.

⑥
```
               I — H
               | · |
           A ··· B ··· G
       F /  ·. ·. ·. /
         D — C — E
```

논증적 지식이 성립하기 위해서는 모든 항 연쇄가 무중항의 연쇄가 될 때까지 무중항의 항 연쇄가 밝혀져야 한다. 이렇게 해서 전체적으로는 A-F-D-C-E-G-H-I-B라는 '무중항'의 항 연쇄가 성립하고, 이것으로 처음으로 A-B가 '엄밀한 의미에서' 논증된 것이 된다.

확인해야 할 것이 두 가지이며, 과제도 두 가지다. 확인해야 할 것 중 하나는 중항이 '삽입'되어야 하는 구조 아래에서, 논증적 지식이 엄밀한 의미에서 성립하기 위해서는 항상 논증되지 않는 전제의 수가 결론보다 하나가 더 많다는 것이다. 또 하나는 논증적 지식이 성립하기 위해서는 그

논증되지 않는 전제가 당연히 '논증에 의해서가 아닌 방식으로 알려져야
한다'는 점이다. 이러한 바탕에서 과제의 첫 번째는 '무중항이란 어떠한
것인가'를 분명히 하는 것이다. 또 다른 하나는, 어떤 의미에서는 그 핵심
이 되는 문제이지만, 무중항인 것과 정의와의 관계이다.

　여기에서는, 두 번째 과제에 관해서, 형식적으로만 살펴보기로 하자.
A-B의 중항이 C인, 즉 ACB라는 항 연쇄가 있으므로 이것과 교차하는 방
식으로, CK라는 항 연쇄도 있을 수 있다. 또, A와 같다고는 할 수 없는
L로 거슬러 올라가는 LC라는 항 연쇄도 있을 수 있다(그림 ⑦).

$$
\begin{array}{c}
\text{K} \\
\vdots \\
\text{⑦} \quad \text{A} — \text{C} — \text{B} \\
\vdots \\
\text{L}
\end{array}
$$

　게다가 B와 L과는, 다른 항 연쇄, 예를 들어 B와 무중항의 연관에 있는
D에 의해서 연결되어 있을 수도 있다(그림 ⑧).

$$
\begin{array}{cc}
\text{K} & \text{I} \\
\vdots & | \\
\text{⑧} \quad \text{A} — \text{C} — \text{B} \\
\vdots & | \\
\text{L} & \text{D}
\end{array}
$$

　여기서 주어항 B가 유이고, B-I와 B-D가, '그 자체로서 있는'이라는 첫
번째 두 가지 관계, 즉 어떠한 '정의적 관계'에 있기도 할 것이다. 이렇게
정의를 중심으로 한 항 연쇄가 구성되게 된다. 그리고 상응하는 방식으로
유가 설정되어 상응한 방식으로 '무중항'의 관계가 발견된다면, 교차하는
항 연쇄의 네트워크가 이루어진다고 할 수 있다. 이것이 제1권의 논증적
지식의 가장 기본적인 구조이다.

논증의 학문적 모형은 어떤 것인가?

이러한 아리스토텔레스의 논증적 지식의 구조는 기본적으로 논증되지 않고 인식되는 원리의 파악을 불가피한 것으로 요구하는 '토대주의'(foundationalism)적 입장에 선다. 이러한 아리스토텔레스의 논증적 사유 방식은 플라톤의 '가설의 방법'과 대비된다. 즉, 가설의 방법이 (1) 우리에게 있어서 어떤 의미에서 친숙하고 확실하게 생각되는 사항으로부터 출발해, (2) 그것과 정합적인 논의를 (3) 그럴듯하게 생각되는 사항으로 전개하는 방법이라면, 논증적 지식은 (1) 원리적인 사항으로부터, (2) 추론에 의해 (3) 필연적인 것을 밝히는 것이기 때문이다. 그러나 다른 한편에서는 '가설의 방법'이 무가정의 전제에 이르러, 그 전제로부터 다양한 귀결을 이끄는 것으로 완결되는 것으로 생각되는 한, 논증적 지식이라는 구상도 일종의 가설의 방법인 셈이다.

이러한 아리스토텔레스의 '논증적 지식'의 모형으로, 우리는 흔히 다음 두 가지 중 하나를 생각해 왔다.

(1) 공리적 논증의 모형

반즈는 논증 이론을 수학과 결부시키는 네 가지의 구분되는 방향을 이렇게 열거하고 있다(1969, p. 69). i) 아리스토텔레스가 그의 이론을 설명하면서 그가 인용한 많은 예들이 수학적이라는 점이다. ii) 아리스토텔레스의 논리적 용어는 많은 부분이 당대 수학의 기술적인 용어로부터 유래했을 것이다. iii) 기원전 5세기 후반과 4세기 초반에 엄청난 정도로 수학에서 학적 진보가 목격되고 있다. 따라서 대개의 경우에 그것은 다른 학문을 능가하고, 다른 학문들은 수학의 그늘에 묻혀 버리는 결과를 가져왔다. 따라서 수학만이 모든 지식(에피스테메)의 특징에 대한 탐구와 지식의 구성요소를 탐구하게 하는 진보된 학문으로 인정되었다. 이 진보는 기하학을 공리화하려는(axiomatise) 시도를 포함했을 것이다.

요컨대 당대의 학문의 모델이 되었던 에우클레이데스의 기하학적 방법이 논증적 지식의 모델이 되었다는 것이다. 아리스토텔레스는 산술 기하학 같은 수학적 학문을 바탕으로 논증적 지식의 모델을 구상한 것으로 알려져 있다. 이러한 학문은 현대적 의미에서 엄밀하지는 않더라도, 이미 '공리'나 '요청'으로부터 연역되는 공리론적 체계로 이루어지고 있기 때문이다. 아리스토텔레스가 기하학을 그 논증적 지식의 모델의 하나로 삼은 것은 부정할 수 없다. 헬라스에서 기하학의 발전은 괄목할 만한 전개였다. 그렇다면 '자연학'적 연구 또한 기하학과 같이 '공리화'되어야 한다고 아리스토텔레스가 생각했던 것일까?

아리스토텔레스가 이 책에서 전개한 탐구의 틀만으로는, 그러한 공리화가 가능할 수 없을 것이라는 점은 확실하다. 제1권의 논증적 관점에서 보자면, '개별적 사항들로부터의 귀납'에 의한 자연학적인 영역에서의 원리에 대한 인식과는 상당히 달랐다. 물론 귀납을 전혀 필요로 하지 않는 것은 아니다. 기본적으로는 아리스토텔레스 자신은 '추상에 의한' 수학적 학문의 특수성을 의식하고 있었다(제1권 제18장). 추론에서 전제가 되는 어떤 공통의 원리에 대해 '요청'이라는 표현을 사용하고 있다는 것은 기하학의 방법으로부터 영향을 받고 있었음을 보여준다. 이와 반대로 그가 제공한 방법의 구조와 형식이 수학적 학문의 전개에 기여했다고 할 수 있을까? 아마도 이에 대해서는 부정적 태도를 취할 수밖에 없을 것이다. 아리스토텔레스의 논증적 방법을 공리론적 논증 모델로 간주하는 것은 탐구 영역을 지나치게 한정하는 것이 될 수 있다.

논증적 수학에서 중요한 것은, 증명이 가능하지 않은 기본적 명제에 대한 증명을 제외하고 제시함으로써, 거기로부터 논의를 시작하는 방법이 확립되었다는 점이다. 설령 아리스토텔레스의 논증 이론을 공부한다고 하더라도, 에우클레이데스의 『원론』의 증명을 이해하는 데 직접적인 도움을 받는 경우는 드물다. 우리가 아리스토텔레스의 논의를 일단 에우클레이데스 『원론』의 수학적 논의와 분리해서 생각해도 좋을 성싶다. 그렇다고 해서 『분석론 후서』에서의 학문 방법론과 지식의 획득에 관한 아리스토텔레스의 고찰을 낮게 평가할 이유는 없다. 아리스토텔레스는 수학을 주제로 해서 더 광범위한 논의를 전개하고 있기 때문이다.

(2) 법칙론적 연역 모형

이것은 근대 물리학 이론에서 표준적인 설명의 틀로 여겨져 온 모델이다. 주어진 사항이 '법칙'과 '초기 조건'이라는 두 조건 밑에 포섭되는 것에 의해서 설명된다고 하는 연역적인 설명 모델이다. 이 모델을 특징짓는 것은 구체적, 개별적인 사건의 설명이며, 초기 조건에 대한 언급을 불가피한 것으로 하고 있다는 점이다. 대조적으로 아리스토텔레스의 논증적 지식은 보편적으로 성립하는 법칙만을 문제로 삼고 있다. 무엇보다도 실질적인 물리학의 전개는, 법칙론적 연역 모델에 의한 것은 아니고, 아리스토텔레스의 논증적 지식 또한 구체적, 개별적인 사항을 무시하고 있는 것도 아니다. 제2권은 그 사이의 관계에 대해 논하고 있는 것으로 생각된다.

어쨌든 아리스토텔레스의 모델은 공리론적 논증 모형과 법칙적 연역 모형 양자에 걸쳐 있으면서 어느 한쪽으로 치우친 것은 아닌 것 같다.

(3) 발견법적 추론 모형

발견법이란 일반적으로는 법칙이나 이론과 거기에 등장하는 개념과의 관계에 대해 '발견하는' 방법을 말한다. 여기에서는 '중항'을 찾기 위한 방법을 말한다. '발견'의 맥락과 '정당화'의 맥락을 구별해 두기로 하자. 대체로 이 두 가지 맥락에 연관해서,

(a) 논증은 발견인가, 정당화인가?

수학 등의, 즉 이른바 아프리오리한 학문의 경우, 논증은 동시에 발견이기도 하고 정당화이기도 하다고 생각되고 있다. 경험 과학의 경우는 오히려 정당화의 맥락에 있다고 여겨진다. 크게 보면, 제1권은 이런 의미에서 정당화의 맥락에 있다.

(b) '귀납'은 발견인가, 아니면 정당화인가?

수학 등에서는, 어떤 heuristic(발견법)적인 의미가 있어도 정당화는 아니다. 물론 이른바 '수학적 귀납법'은 제쳐 두고 말한다면, 경험 과학의 경우는 발견의 맥락에 있다고 여겨진다. 오히려 거꾸로 해서 과연 이러한 2분법이 적합한가라고 물을 수 있다. 아리스토텔레스에게서는 귀납도 '증명'이라고 되어 있다. 즉, 발견도 증명해야 할 일이다. 그러나 이를 고찰하기 위해서는 제2권의 논의 전개를 살펴볼 필요가 있다.

이론과 실제의 화해와 조화

앞서 나는 아리스토텔레스에게서 두 방법 간의 차이, 즉 이론과 실제 간의 간격을 메울 수 있는 어떤 설명을 찾아야 한다는 점을 지적했다. 이론과 실제의 괴리에 관한 반즈의 설명은 우리의 문제 설정의 시각과 동일한 입장을 취하는 것처럼 보인다. 그는 다음과 같이 말하고 있다.

> 한편으로, 우리는 고도로 형식화된 학적 방법론의 이론을 가지고 있으며, 다른 한편으로 형식화와 무관하고 그 자체로 풍부하고 다양한 방법론적 주장을 드러내는 실제적인 방법을 알고 있다. 어떻게 이 양자가 조화될 수 있을 것인가?[16]

형식화된 추론, 즉 연역의 방법이 가장 논란의 소지가 없는 지식을 가져다줄 것 같은데, 아리스토텔레스가 그러한 추리와 방법에 만족하지 못하는 이유는 어디에 있는 것인가? 『분석론 후서』에서 제시되는 학적 인식에는 탐구 방법으로서의 경험적인 요소를 전적으로 배제하고 있다고 보아야 할 것인가? 아리스토텔레스는 반드시 그렇지만은 않다는 점을 이 책의 제1권 제5장, 제6장에서 밝히고 있으며, 이 논구의 여러 대목에서 간

---

16 J. Barnes(1969), in *Articles on Aristotle* V. 1, p. 66.

헐적인 귀납과 이성(누우스)에 관한 언급을 통해 드러내고 있다. 또한 나는『분석론』에서 전개된 아리스토텔레스의 이론적 학적 탐구의 방법과 실제적인 지식의 탐구와의 괴리를 설명하는 방법을, 그의 '개념 분석적 변증술'의 방법에서[17] 그 해답을 찾을 수 있다고 해석한다.

나는『분석론』에서 표명된 그의 학적 탐구의 방법이 하나의 메타 이론으로서 모든 학문을 통괄하는 하나의 이론 체계임을 받아들인다. 그러나 결코 그것을 배타적으로 모든 학문에 적용되어야 하는 강제 규정 같은 것으로 보지는 않는다. 그것은 지식의 탐구를 위한 인식론적 수단이면서도 발견된 지식에 대한 정당화 내지는 설명과 이해를 위한 방법으로 기여할 수 있는 것으로 해석한다. 이 점에서 나는 반즈의 논증 이론에 대한 해석을 전적으로 받아들이지 않는다. 반즈가 논증 이론의 교육적 목표만을 주장하는 데 반하여, 나는 다른 한편으로 논증 이론이 '지식의 정당화'에도 기여할 수 있는 것으로 해석한다.『분석론 후서』제1권 제1장은 반즈의 강한 주장을 지지한다. 그러나 제2장은 논증 이론의 인식론적 주장, 즉 지식의 정당화와 이해의 문제를 강조하는 것처럼 보인다. 논증 이론은 72a25 아래에서 보이는 바처럼, 제일 원리에 대한 인식이 사실들에 대한 추론적 지식을 가능할 수 있게 한다는 '토대주의적 인식론'을 중요한 사항으로 대두하게 만든다. 반즈의 강한 주장은 우리의 지식을 보장하는 정당화의 역할을 배제시킴으로써 논증 이론을 사소한 방법으로 전락시킬 수 있는 위험성을 내포한다.

아리스토텔레스의 인식론은 기본적으로 감각 현상에 그 토대를 두고 있다. 감각적 자료 없이 인식은 성립될 수 없다. 경험적 관찰을 통한 현상의 인식이 이론에 선행한다. 학문 이론은 사실의 관찰로부터 인간의 추상적 정신 작용을 통하여 성립된다. 관찰은 이론에 의존하기 마련이다. 그렇

---

17 이에 대해서는 김재홍,『토피카』(2021) 해제('토포스를 마련하기 위한 시도와 탐구 방법의 모색 — 철학 방법론으로서의 변증술의 학문적 기능') 참조.

다면 사실과 이론은 어떤 과정을 통하여 매개되는가? 인간의 인식 과정과 지식이 성립하는 과정에 매우 중요한 자료가 되는 감각 현상을 분석하고, 그것을 우리의 인식의 한계 내에 끌어올려 주는 역할을 담당하는 것이 무엇인가? 이에 대해서 나는 인간이 지각하는 다양한 감각 현상들을 가능한 지식의 근거 위에 터 잡게 해 주는 기능을 담당하는 것이 아리스토텔레스의 '개념 분석의 변증술'이라고 해석한다. 따라서 나는 이론적 방법과 실제적 방법의 우선순위를 인위적으로 규정하고 자리매김할 수 없는 것이며, 그것 양자의 상호 간의 적절한 교섭을 통하여 우리의 지식 체계가 이루어지는 것으로 생각한다.

제1권

제1장

무언가를 사고하는 것과 관련된[1] 가르침과 배움은 모두 그것들에 앞
서 성립되어 있는[2] 어떤 인식[3]으로부터 생겨난다.[4] 이는 모든 가르침과 배

---

1 이 장은 일반적으로 지식 획득을 위한 몇 가지 조건을 고려하고 있다. dianoētikos
는 무언가에 대해 '사고하는 것'을 의미한다. dianoia(사고)는 때때로 감각(aisthēsis)
과 대조되어 사용된다(『혼에 대하여』 제2권 제2장 413b11-13, 제3장 414a31-32 참
조). 『니코마코스 윤리학』 1103a14에서는 '성격적 덕'(ēthikē)에 짝하는 것으로 '사유
적인 덕'(dianoētikē)을 언급하고 있다. '성격적 덕'은 감각과 욕구를 통제하는 비이성
적 혼의 부분에서 가장 뛰어난 성향이다. 일반적으로 이 말, dianoia는 직관적인(noē-
tikos) 것과 감각에 주어진 것에 반대되는 '생각을 통한 논의'와 연관된 '사유적인 것'
을 의미한다.

2 '앞선 것들과 더 잘 알 수 있는 것들'(protera kai gnōrimōtera)에 대해서는 『토피
카』 제6권 제4장 141b3-142a16 참조. '앞선'의 다섯 가지 의미, 즉 시간에서, 있음에
서, (앎의) 순서에서, 가치에서, 설명적 우선성으로 나누어 논의하고 있는 『범주론』
(카테고리아이) 제12장 14a26-b13 참조. gnōrimōtera(더 알려진 것)는 gnōrimon
(알려진)의 비교급 형태이다. 아리스토텔레스가 이 말을 통해 철학적으로 주고자 하
는 의미는 '친숙한', '더 친숙한'으로 새기는 편이 더 나을 수 있다(Barnes[1993],
Smith[1997]). 『분석론 후서』 제1권 제1장 및 제2장 71b33-72b4에서는 두 가지 의

45

움의 경우들을 고찰하면[5] 명백하다.[6] 실제로 지식[7]들 중 수학적인 사항

미가 구별되고 있는데, '우리와의 관계에서'(pro hēmas)는 우리의 감각에 더 가까운 것을 의미하고, 이와 대조적으로 '무조건적으로'(haplōs), '본성상 혹은 자연적으로' (tē phusei)는 감각에서 더 먼 것을 의미한다. '보편적인 것'은 가장 먼 것이고 '개별적인 것'은 가장 가까운 것이다. 결국 정의는 본질을 보여주는 것이어야 하기 때문에, 이를 논의하기 위해서는 '무조건적인 의미'에서의 것을 따져 보아야 한다. 이 밖에도 '본성적으로', '우리와의 관계에서'라는 말의 의미가 대조적으로 논의되는 구절에 대해서는 『자연학』 제1권 제5장 189a5 아래, 『분석론 전서』 제2권 제23장 68b35-37, 『형이상학』 제7권 제3장 1029b3-12, 『니코마코스 윤리학』 제1권 제4장 1095b2-4 참조.

3 원어로는 gnōsis(앎, 인식). 아리스토텔레스 자신이 정의하지 않고 사용하는 이 말 (gnōsis)은 감각할 수 있는 개별자에 대한 우리의 지각적 깨달음으로부터 제일 원리에 대한 지적인 파악(nous)까지 미치는 인식적 상태의 넓은 범위를 포괄한다. 아리스토텔레스는 gnōsis(gignōskein/gnōrizein)를 epistēmē(epistasthai)와 다른 의미로, 또 좀 더 낮은 차원의 인식의 상태를 가리키는 말로 사용한다. gnōrizein, gnōsis 및 eidenai는 epistasthai와 교환해서 사용될 수 있다(71a17-29 참조). '인식'(앎)과 연관된 기술적 용어인 eidenai, gignōskein(gnōsis), epistasthai('epistēmē의 가짐') 등은 헬라스어에서 상호 교환해서 사용될 수 있지만, 이 책에서는 의미상 구별될 수 있다. 이 점에 관해서는 Barnes, p. 82 및 Bronstein(2016), p. 19 참조. 특히 epistasthai의 명확한 규정에 대해서는 제2장 71b9-16 참조. Barnes는 epistasthai(epistēmē)를 '이해하다'(이해)로 옮긴다(Burnyeat[1981], pp. 97-108). 이는 Barnes가 논증(apodeixis)의 학문적 목적을 '발견의 맥락'이기보다는 '지식의 정당화'로 해석하려는 입장과 맥을 같이한다. 나는 이 두 말, 즉 epistasthai와 epistēmē를 전통적 입장에 따라 각각 '지식을 갖다'와 '지식'으로 옮긴다.

4 일반적으로 이 점을 이렇게 이해할 수 있다. '어떤 경우에는 x 자체에 대한 어떤 종류의 앞서 성립된 지식으로부터 x를 배운다. 다른 경우에는 x와 y가 모종의 관계를 맺고 있는 다른 어떤 것인 y에 대한 앞서 성립된 지식으로부터 x를 배운다.' (제2권 제8장 93a37-b7 참조) 좀 부연해서 설명해 보자면, 이 책에서 '가장 중요한 테제'('선행하는 지식의 요구 조건')인 이 문장이 의미하는 바는 이런 것이다. 즉, t라는 시점에서 갑이 을에게 P를 가르친다면, t 이전에 을은 P란 배움이 의존하는 P 이외의 다른 사항에 대한 지식을 가지고 있어야 한다. 여기서 아리스토텔레스가 모든 것을 알게 되려면 앞서 성립한 지식이 필요하다고 말하는 것이 아니라, 모든 '배움'은 앞서 성립한

과 관련된 지식은 이런 방식으로 생기며,[8] 또 다른 여러 기술 각각도 그렇

지식이 필요하다는 점을 지적하고 있다. 'P는 Q로부터(ek) 생긴다'(논리적 관계, 인과적 관계, 인식론적 관계를 가짐)라는 말은 P에 대한 나의 지식('이해')은 내가 Q로부터 P를 추론하고, Q가 P에서 말해진 '사실'에 대한 원인('설명')을 부여하는 한, Q에 대한 나의 지식에 기반한다는 것이다. 여기서 내가 '지식'과 '원인'으로 옮기는 epistēmē와 aitia라는 기술적 명사(名辭)를 Barnes는 '이해'와 '설명'으로 번역한다 (pp. 81-82). 『토피카』 제6권 제4장 141a28-31에도 같은 내용이 언급되고 있다("우리는 임의로 주어지는 것으로부터가 아니라 논증의 경우에서처럼 더 앞선 것과 더 잘 알려진 것으로부터 아는 것이기 때문에(모든 가르침과 배움은 그러한 방식이니까)." 『형이상학』 제1권 제9장 992b24-33, 『니코마코스 윤리학』 제6권 제3장 1139b26-28 참조). 이에 덧붙여, 이 문장 서술 방식은 아리스토텔레스의 철학 저작의 모두(冒頭)에 전형적으로 나타나는, 학적 탐구의 목표를 표현하는 상투적 어구이다. 『형이상학』, 『시학』, 『토피카』 등의 첫머리 참조.

5 추론이나 귀납과 같은 과정을 거치지 않고, 뭔가 참된 것을 그 자체로 파악하는 작용이다.

6 "모든 배움은 논증에 의한 배움이든 정의에 의한 배움이든 미리 알고 있는 것들을 통해서―그것들 모두를 통해서이든 몇 가지를 통해서이든―이루어진다. [배우는 사람들은] 그것으로부터 정의를 구성하는 것들을 미리 알아야 하고, 그것들이 이미 인식된(친숙한) 것이어야 한다는 것은 필연적이다. 귀납에 의한 배움도 또한 마찬가지이다."(『형이상학』 제1권 제9장 992b30-33) 논증에 의해 배운다는 것은 이미 알고 있는 전제와 (어떤 경우에) 결론을 '원인적'(설명적) 추론으로 파악함으로써 새로운 학적 지식을 얻는 것이다. 정의에 의해, 혹은 정의함으로써 배운다는 것은 대상의 정의를 찾고 구성함으로써 대상의 본질에 대한 지식을 획득하는 것이다. 귀납법에 의해 배운다는 것은 개별자의 지식으로부터 그것들 모두가 공통적으로 공유하는 무언가를 명확히 밝히는 보편적 명제에 대한 지식으로 나아가는 것이다.

7 인식(앎, gnōsis)은 넓은 의미의 앎을 의미하는 개념으로 생각이나 판단, 나아가 감각 등도 포함한다. '지식'으로 옮긴 epistēmē는 '참된 생각'과 구별되는 '정당화된 참된 생각'을 의미하며, 이 책에서는 엄밀한 '논증적 지식'에 기초한 '전문가들이 가진 학문 내지는 과학적 지식'을 의미한다. '학적 지식'을 의미하는 것으로 버니엣(Burnyeat)과 반즈(Barnes)는, 이것을 '이해'(understanding)로 옮긴다. Burnyeat(1981, 2011)은 우리가 생각하는 '지식'과 달리 '인과적 설명을 파악하는 것'을 포함한다는 사실을 드러내기 위해 '이해한다'로 번역되어야 한다고 주장한다. 즉 epistēmē는 '설명에 대한 지

[5] 기 때문이다. 또한 논의들⁹에 대해서도, 그것이 추론¹⁰에 의한 것이든 귀

식'이나 '설명을 부여할 수 있는 능력'을 포함해야 한다는 것이다. 또한 적어도 대부분의 현대적 설명에 따르면, '지식 자체'는 설명적 능력보다는 '정당하고 참된 믿음'(a justified true belief)을 갖는 문제이기 때문에, epistēmē는 지식이기보다는 '이해'로 번역되어야 한다고 주장한다. 앞서 각주 3에서 gnōsis를 '감각할 수 있는 개별자에 대한 우리의 지각적 깨달음으로부터 제일 원리에 대한 지적인 파악(nous)에까지 미치는 인식적 상태의 넓은 범위를 포괄'하는 것으로 이해했으므로, 나는 epistēmē를 gnōsis의 한 유형으로 간주해서 이 책에서 epistēmē와 gnōsis를 각각 '[학적] 지식'과 '인식'(앎)으로 옮길 것이다. 참을 인식하는 5가지 품성(상태)에 대해서, 즉 기술(테크네), '학적 지식'(에피스테메), '사려'(프로네시스), '철학적 지혜'(소피아), '[직관] 이성'(누우스)로 나누는 것에 대해서는『니코마코스 윤리학』제6권 제3장, 제6장 참조.

8 아리스토텔레스의 학문 분류상, 수학은 이론학에 속하며 '논증적 지식'이다. 이론학은 '자연학'(자연학, 생물학, 천문학, 광학)과 '수학', 그리고 '제1철학'(형이상학 혹은 신학)으로 이루어진다.

9 '일반적인 논의'(logos)로, 전제가 참이지 않은 엔독사(endoxa)로부터 출발하는 변증술의 추론 방법과 설득을 목표로 하는 수사술의 방법은 일단 배제된다. 엔독사에 기반하는 문답법적 추론에 대해서는『토피카』제1권 제1장 참조.

10 '추론'(연역, sullogismos)은 '추론하다'(sullogizesthai, 문자적으로는 '모으다', '더하다', '셈하다')로부터 유래했다. 이미 플라톤도 '추론하다', '결론을 짓다'라는 의미로 그 말을 사용했다. '추론'('연역', sullogismos)의 정의에 대해서는『분석론 후서』제1권 제10장 76b38, 제2권 제5장 91b14 참조.『분석론 전서』에서 아리스토텔레스는 "거기에서 무언가 어떤 것이 규정(놓이게)된다면, 이 규정된 것들과는 다른 무언가가 이것들이 있음으로써 필연적으로 따라 나오는 논의(로고스)이다."(제1권 제1장 24b18-20)라고 추론을 정의한다. 현대적으로 말하면 타당한 논증(valid argument)이다. 그렇지만 쉴로기스모스는 모든 '타당한 연역적 논증'을 포함하는 것은 아니다. 아리스토텔레스는 '추론'과 자신이 '필연'(ana[n]gkaion)이라 부르는 것을 구별한다. 그가 말하는 '필연'은 현대 논리학에서 '연역적으로 타당한 논증'에 해당한다. "필연적인 것은 추론보다는 [적용 범위가] 더 크다. 추론은 모두 필연적인 것이지만, 필연적인 것이 모두 추론인 것은 아니기 때문이다"라고 말한다(『분석론 전서』제1권 제32장 47a 33-35). 즉, 추론은 특별 종류의 필연이다. 따라서 추론은 '특별한 종류의 연역'이라고 말할 수 있다. 추론에 대한 이와 유사한 정의는『토피카』100a25-27("추론(연역)이란, 거기에서 몇 가지 것이 규정됨으로써 그 규정된 것들과 다른 무언가가 필연적

납[11]에 의한 것이든[12] 앞서 성립되어 있는 무언가의 인식에서 생긴다는 점에서는 마찬가지이다. 이는 양자 모두 앞서 무엇인가를 인식하고 있음에 따라 가르침을 행하기 때문이다. 즉 추론은 추론의 전제를 사람들이 파악한 것으로 간주하여 받아들이고, 귀납은 개별적인 것들이 분명하다는 것을 통해서 보편적인 것을 증명한다.[13] 수사학적[연설의] 기술도 이와 동일

으로 그 규정된 것들을 통해 따라 나오는 논의이다.”),『수사학』1356b16-18,『소피스트적 논박에 대하여』164b27-165a2, 168a21-22 등에도 나온다. 쉴로기스모스에 연관된 문제에 관해서는 김재홍, “아리스토텔레스의 술어 이론과 쉴로기스모스의 연관성 ─ 쉴로기스모스의 학문적 해명”,『철학논집』제24집, 2011, pp. 141-176 참조.

11 귀납(epagōgē)에 대해서는 제2권 제7장 92a37, Ross, pp. 481-485 참조. 아리스토텔레스의 귀납에 대한 두 가지 생각에 대해서는 (1)『분석론 전서』제2권 제23장에서의 '완전 매거'에 의한 귀납과 (2)『분석론 후서』제2권 제19장에서의 심리적 과정에 비유한 개별자로부터 유로의 이성의 직관(nous)에 의한 귀납 참조. 또한 제2권 제13장 97b7-13 참조. 아리스토텔레스의 저작에서 epagōgē는『분석론 후서』제2권 제19장을 포함해서『분석론 전서』제2권 제23장,『토피카』제1권 제12장(105a13-14)과 제18장, 제8권 제2장 등 여러 저서에서 설명하고 있는데, 그것은 '개별적인 사실들을 일반화하는 추론의 절차'라기보다는 주어진 일반적 명제를 여러 가지 사례들을 고려하여 검증하는 절차(알렉산드로스)이다(101b17-28).『수사학』1357a15-6에서는 사례들을 열거하는 방법을 '귀납'이라고 규정하고 있으며, 이와 같은 예증 추론을 귀납으로 보고 그 구체적인 절차에 대한 예를 1357b25-35에서 거론하고 있다.『수사학』에서는 “많은 유사한 것들을 바탕으로 무언가가 그렇다는 것을 증명하는 것은 거기(『토피카』)에서는 귀납이고 …”(1356b13-15)라고 말하고 있다. 여기서 말하는 귀납은 많은 유사한 종들로부터 그것들 모두를 포함하는 유로의 일반화이다. 어원적으로 '이끌어 내다'('귀납을 행하다': epagein)란 동사의 용법에 주목하여 '귀납'에 관한 두 관점을 이해해 볼 수 있다. 하나는 개별적 사례를 매거(枚擧)하는, 즉 '산출해 내는' 측면이고, 다른 하나는 보편 명제를 '이끌어 내는' 측면이다.

12 '우리가 무엇인가를 배우는 것은 귀납에 의해서이든가 논증에 의해서이다.'(81a39-40), '우리는 모든 것을 추론을 통해서나 혹은 귀납을 통해서 납득한다.'(『분석론 전서』제2권 제23장 68b13-14),『니코마코스 윤리학』제6권 제3장 1139b26-31 참조.

13 '증명하다'의 원어는 deiknunai이다. 원래는 무언가를 손가락으로 '가리키다'라는

---

[10] 한 방식으로 사람을 설득한다. 다시 말해 예시를 통해 설득하거나(이것은 귀납이다[14]) 설득 추론을 통해 설득하니까[15](이것은 바로 추론이다).

그런데 '반드시 앞서 알고 있어야만 한다'라는 것에는 두 가지 방식이 있다. 즉, 어떤 종류의 사항에 대해서는 **그렇다는 것**[사실][16]을 앞서 받아들이고 있어야만 하며, 또 다른 어떤 종류의 사항에 대해서는 '무엇이 말해지고 있는가'를 파악해야만 한다.[17] 그리고 또 다른 어떤 사항에 대해서

의미다. '나타내다', '보이다'로 옮길 수 있다. 이 책에서는 '논증하다'와 동의어로 사용된다. '논증(연역)에 의한 증명'보다는 넓은 의미로 사용된다.

14 '예시들'(paradeigma)과 귀납(에파고게)의 관계에 대해서는 『분석론 전서』 제2권 제24장 참조. "예증이란 부분에서 전체로도 아니고, 또 전체에서 부분으로 하는 방식도 아니고, 부분에서 부분으로 하는 방식으로, 그것이 성립하는 것은 양자[작은 항과 그 유사항]가 모두 동일한 것 아래에 포섭되어 그중 하나가 비교적 잘 알려져 있는 경우이다. 그리고 그것은 다음과 같은 점에서 귀납과는 다르다. 즉, 귀납이 모든 개개의 나눌 수 없는 사례로부터 끝항[큰 항]이 중항에 있음을 증명하고는 있지만 끝항[작은 항]에 그 추론을 연결하고 있지 않았던 데 반해, 예증은 끝항[작은 항]에 추론을 연결하고는 있지만 모든 사례에서 증명하는 것은 아니다."(『분석론 전서』 제2권 제24장 69a13-19) 요컨대 '예시'는 개별자에서 개별자로 추론한다는 점에서 '귀납'과 다르다 (『수사학』 제1권 제2장 1357b25-30 참조). 수사술적 맥락에서 예시들과 귀납의 관계에 대해서는 『수사학』 제1권 제2장 1356a34-b11 참조.

15 '설득 추론'(수사술적 연역, enthumēma)에 대해서는 『수사학』 제1권 제2장 1356b5-9, 제2권 제20장 1393a24 참조. 즉, 설득 추론은 수사술적 맥락에서 사용되는 추론 (연역)이다. 현대적으로 '수사술적 추론'을 '전제가 결여된 추론(연역)'이라고 정의하는 것은 비-아리스토텔레스적이다. 징표(sēmeion)로부터의 추론 및 설득 추론과 징표와의 관계에 대해서는 『분석론 전서』 제2권 제27장 참조.

16 hoti esti('그렇다')란 기술적 용어는 정확하게 우리말로 옮기기 어려운 말 중의 하나이다. '있다'('that P is')라고 생각되는 '사항이 성립되어 있다'('that P is the case')는 것으로, 그것이 '참이다'를 의미한다. 술어로 등장하는 '무엇인가이다'와 주어로 등장하는 '무엇인가가 있다' 중 어느 쪽인지는 일의적(一義的)으로 확정할 수 없다. 이 책에서는 대체로 술어적으로 '그렇다'라는 것으로 이해할 수 있다. 그러나 주어적으로 '있다'라는 것으로 사용될 수 있음을 기억해 두기로 하자.

17 (1) 수학이나 기하학에서 존재한다고 가정되는 일차적인 실재들, 점, 선, 삼각형

는 양쪽 모두가 필요하다. 예를 들어 '모든 것에 대해 긍정하거나 부정하는 것 중 하나는 참이다'[18]라는 것에 대해서는 '그것은 그렇다'는 것이, 삼각형에 대해서는 **'그것이 이것을 의미한다는 것'**을, 그리고 단위(monas)에 대해서는 양자를, 즉 '그것이 무엇을 의미하는가'와 '그것이 그렇다는 것'을 앞서 파악하고 있어야만 한다. 왜냐하면 이러한 사항들 각각이 우리에게 마찬가지로 분명한 것은 아니기 때문이다. [15]

그러나 무언가를 인식한다는 것은, 어떤 종류의 사항에 대해서는 그것과는 다른 무언가를 앞서 인식하고 있기 때문에 가능하지만, 다른 어떤 종류의 사항에 대해서는 바로 그 인식을 파악하는 것과 동시적이다.[19] (예를 들어 그 인식을 가지는 보편에 속하는 사항에 대한 인식이 그렇다.)[20] 즉, 예를 들어 모든 삼각형은 2직각을 갖는다는 것을 앞서 알고 있지만, **반원 안에 있는 이 도형이 삼각형인 것**은, [이 도형이 2직각을 갖는 것을] 그 결론으로 이끌리게 됨과 동시에 인식된 것이다.[21] 어떤 종류의 사항의 배움 [20]

같은 것(76a33-36). (2) 어떤 말의 의미에 대한 명목적 정의(76a32-33), 가령 번개는 '구름 위에서 나는 소리'. 다시 말해 배우는 자는 X에 대해 (1)' 'X is'와 (2)' 'What X means'를 앞서 알고 있어야만 한다.

18 '배중률'은 당연한 것으로 받아들인다(『형이상학』 1005b2-5).

19 여기서의 논의와 비슷한 논의가 전개되는 『분석론 전서』 제2권 제21장 67a22-26 참조("왜냐하면 개별적인 것을 사전에 알고 있다는 것이 그것으로부터 귀결되는 일은 결코 없으며, 부분을 전체에 관련짓는 것(epagōgē)과 동시에 부분과 관련된 지식을 마치 재인식하는 것처럼 파악한다는 것이 귀결되기 때문이다. 즉, 예를 들어 그것이 삼각형이라는 것을 알게 된 경우에 [그 내각의 합이] 2직각을 가진다는 것을 즉시 알게 되듯이, 우리가 어떤 것을 즉시 알게 되는 경우가 있기 때문이다. 또 다른 경우에서도 사정은 마찬가지다."). 즉, 두 전제 'a is G'와 'G is F'로부터 추론을 통해 t 시점에서 'a is F'를 배웠다면, t 시점 이전에 '모든 G는 F이다'를 알고 있어야만 한다. 그렇지만 'a is F'를 배운 것과 같은 동일한 시점에서 'a is G'를 배웠을 것이다.

20 개별자들을 말한다.

21 개별자에서 보편으로 '나아감', 즉 '위로 올라감'(epagein)을 말한다(71a24 참조). 즉 귀납을 통해 개별적 삼각형에서 보편자인 삼각형으로 나아가는 경우. (1) 모든 삼

은 이러한 방식에 의해 이루어지고,[22] 작은 항은 중간 항을 통해[23] 인식되는 것이 아닌, 즉 이미 개별적인 사항들이며, 또 어떤 기체[24]에 술어 되지 않는 사항[25]에 대한 인식의 경우이다.

[25]   하지만 이런 경우에는 지금 말한 것과 같은 의미로 그 결론으로 이끌리거나(귀납)[26] 혹은 추론을 파악하기 앞서, 그 사람은 어떤 의미에서는 알고 있었지만, 또 어떤 의미에서는 알고 있지 않았다고 아마도 말해야만 할 것이다. 실제로 이러이러한 것이[27] 있다는 것을 단적으로 몰랐던 개별적인 사항에 대해서, 그것이 2직각을 갖는다는 것을 어떻게 단적으로 알 수 있었을까?[당연히 단적으로 알 수 없다.] 그렇다고 해도, 이러한 경우에는 한정된 의미에서는, 즉 보편적으로는 알고 있지만, 단적으로는 알고 있지 않다는 것이 분명해진다. 그렇지 않다면『메논』에서의 그 난제가 귀결될 것이다. 즉, 우리는 아무것도 배울 것이 없거나, 이미 알고 있는 것을 배우는 것이 될 테니까.[28]

각형은 2직각을 갖는다. (2) 반원 안의 이 도형은 삼각형이다. 그러므로 (3) 반원 안의 이 도형은 2직각을 가지고 있다. 이 추론에서 대전제 (1)은 미리 알고 있어야 하고, 소전제 (2)와 결론 (3)은 동시에 배운다.

22 즉, '반원 안에 있는 이 도형이 삼각형인 것'의 배움.

23 『분석론 전서』제1권 제4장 25b32 아래 참조.

24 기체(hupokeimenon)는 사물의 '밑에 놓여 있는 것'이며, 또한 그 사물에 대한 언어 표현에서 '주어'로 등장한다.

25 즉 개별자(『범주론』제2장 1b3-9).

26 이에 대해서는『분석론 전서』제2권 제21장 67a23 참조. 개별적인 사항(이 도형)이 일반적인 사항(내각의 합이 2직각)의 예임을 알게 됨으로써 개별적이든 일반적이든 여러 가지 사항('이 도형이 삼각형인 것')의 앎으로 이끌리는 경우이다.

27 예를 들어 '반원 안의 삼각형'.

28 플라톤의『메논』에서(80e1-5) 소크라테스가 제시하는 탐구의 난제는 딜레마의 형식을 취한다. 이를 흔히 '메논의 역설'이라고 부른다.
  (S1) 임의의 x에 대해, x를 알거나 모르거나 둘 중 하나이다.
  (S2) x를 알고 있으면, 그것을 배울 수 없다.

이 난제를 풀기 위해 다음과 같은 방식으로 논의하는 사람들이 있지 [30]
만,²⁹ 그것은 허용되지 않는다. 즉, 그들은 '그럼, 모든 쌍이 짝수라는 것을
아는가, 알지 못하는가?'라고 묻고, [이 물음에 대해] '알고 있다'라고 긍
정하면, 그들은 당신이 있을 것이라고 생각하지 못했던, 따라서 짝수라고
생각하지 않았던 어떤 쌍을 내놓는다. 즉 그들은 '사람은 모든 쌍이 짝수
임을 알고 있다'라는 것은 아니고, 오히려 '사람은 쌍이라고 알고 있는 한
에서의 쌍이 짝수인 것으로 알고 있다'라고 주장함으로써 그 문제를 해결
하려고 한다. 그렇지만 그들이 알고 있는 것은 그것들에 대한 논증³⁰을 가 71b
지고 그 전제³¹를 받아들인 것이며, 그때 받아들인 전제는 그들이 '삼각형
이다'라거나 '수이다'라고 알고 있는 한의 모든 사항에 대해서가 아니라,
단적으로 모든 삼각형이나 수에 대한 전제였다. 왜냐하면 여기서 이 사람
이 받아들이고 있는 전제 중 어느 것도 '당신이 수라고 알고 있는 한의 모
든 사항에 대해서'라든가 '당신이 직선 도형이라고 알고 있는 한의 모든
사항에 대해서'라는 방식의 전제(protasis)가 아니라, 오히려 '모든 수나 [5]
직선 도형에 대해서'의 전제이기 때문이다.

그렇지만 (내가 생각하기에는)³² 배우는 사람이 배우는 것에 대해, 어떤
의미에서는 아는 바가 있지만, 어떤 의미에서는 무지하다는 것을 방해하
는 것은 아무것도 없다. 여기서 이치에 맞지 않는 일이 생긴다면, 그것은
앞으로 배워 가는 것을 어떤 의미에서 알고 있다는 것이 아니라, 한정된

(S3) x를 모르면, 그것을 배울 수 없다.

(S4) 그러므로 x에 대해 배울 수 없다("우리는 아무것도 배울 것이 없거나, 이미
알고 있는 것을 배우는 것이 될 테니까").

29 어떤 종류의 유명론자를 말한다. 구체적으로 누군지가 특정되지 않는다.

30 원어인 apodeixis는 이 책이 다루는 핵심 내용이다. 이 책은 어떤 의미에서 지식
과 논증 개념의 관계를 해명하는 것을 목적으로 한다.

31 '전제'라고 번역한 것은 71b4에서 명시되는 protasis이다. 이 말은 '전제'에 국한
되지 않고, '명제' 일반을 의미하기도 한다.

32 oimai('나는 생각한다')를 읽는 OCT본 참조.

의미로 알고 있는, 즉 앞으로 배워 가는 방식으로, 앞으로 배우게 되는 의미에서 알고 있다는 것에 있다.

제2장[33]

[10]   어떤 사항 X에 대해 소피스트적 방식인 부대적인 방식이 아니라[34] 단적으로(무조건적으로) 지식을 갖고 있다고 우리가 생각하는 것은, 그 사항 X가 그것을 통해 그러한 원인 Y를 그 사항 X의 원인[35]이며, 그 사항 X는 다른 것일 수 없다고 인식[36]하고 있다고 생각할 때이다.[37] 그러므로 지식

---

33 이 장에서는 학문적 '지식'이나 '이해', 그리고 '논증'이라는 특별한 개념을 소개한다. 다음 장에서는 이러한 개념들을 발전시키고 설명하고 있다.

34 소피스트적 예에 대해서는 아래의 74a27-32, 74b23, 75a25-32 참조. 모든 이등변 삼각형, 모든 부등변 삼각형, 모든 등변 삼각형이 2직각을 갖는다고 별도로 증명할 수 있다. 그러나 모든 삼각형이 2직각을 갖는다는 결론에 대한 이 세 가지 별도의 증명은 우연적인 결과일 뿐이다. 따라서 이 증명들이 '모든 삼각형이 **삼각형인 한에서** 두 직각을 갖는다'는 앎을 만들어 낸 것은 아니다.

35 aitia(원인)는 설명적 진술뿐만 아니라, 그 진술이 가리키는 사태나 사건에 대해서도 적용된다. aitia와 비슷한 용어로 to dioti와 to dia ti('왜 그런가')가 사용된다. 무언가에 대한 aitia를 부여한다는 것은, '왜 그것이 그러한지'를 말하는 것이다. Y가 X 때문이라면, X는 Y의 aitia이다. 아리스토텔레스는 대개 이를 '장수하는 것(Z)의 원인은 네발 동물(Y)에 관해서는 담낭(담즙)이 없는 것(X)이다'(99b4-6)라는 식으로 말한다(X is *aition* of Z for Y). 즉, Y는 X 때문에 Z이다.

36 이 책은 무언가를 '알고 있다'라고 이야기되는 것이, 한층 더 '(논증적) 지식'이라고 말할 수 있는지에 대해 논의하고 있다. 즉, 여기서 논하는 논증적 지식의 규정을 충족한다면, (나중에 보는 것처럼, '(논증적) 지식 원리의 지식'의 경우를 달리하면) 단적으로 논증적 지식이지만, 그렇지 않으면 충족되지 않는 정도에 따라 '부대적 지식'으로 간주되는 데 그치거나, 애초에 지식이라고 부를 만한 가치가 없는 셈이다.

37 아리스토텔레스가 제시하는 '학적 지식'(epistēmē)에 대한 단적인 정의이다(71b 9-12). 『분석론 후서』 제1권은 일종의 '지식'을 논의한다. 그런 의미에서 '지식 이론'을

을 가지고 있다는 것이 이런 종류의 어떤 것임은 분명하다. 실제로 지식이 없는 사람과 지식을 가진 사람은, 전자는 자신들이 그런 상태에 있다고 생각하지만, 지식을 가진 사람은 실제로 그런 상태에 있기 때문이다. 그러므로 그것에 대해 단적으로 지식이 있는 것이라면 그것이 다른 것일 수 있음은 불가능하다.[38] [15]

그런데 어떤 사항에 대해 지식을 가지고 있는 것의 다른 방식이 있는지는 뒤에 가서 논할 테지만,[39] 어쨌든 우리는 어떤 사항을, 논증을 통해 알

___

다룬다고 말할 수 있다. 논증과 학적 지식과의 관계는 어떤 것인가? 아리스토텔레스가 규정하는 학적 지식의 정의는 이렇다. '갑이 X를 이해한다(안다)' = '갑이 Y가 X의 원인이며, 그리고 갑이 X가 달리 있을 수 없다는 것을 안다.' 즉 'X에 대한 지식을 갖는다'는 것은 Y가 X의 원인이고, X는 필연적이라는 것을 아는 것이다. 이런 경우에야 비로소 갑은 X에 대한 지식의 상태(성향)에 있다고 말할 수 있다. "'학적 지식'('이해')은 논증에 관한 성향(조건, 능력)이다(hexis apodeiktikē)."(『니코마코스 윤리학』 제6권 제3장 1139b31-32) 이 지식을 다루는 이 책(특히 제1권)에서, 아리스토텔레스는 '논증 학문'을 기존의 학문 분류(이론학, 실천학, 제작학)에 속하지 않는 독자적인 학문의 영역('논증 학문')으로 생각하고 있는 듯하다. 아리스토텔레스가 제시하는 지식의 정의에서 인식론적 동사는 두 방식으로 사용된다. '안다'(gignōskein)는 정의하는 말(definiens)에서 사용되고, '지식을 갖는다'(epistasthai)는 정의되는 말(definiendum)에서 사용된다. 아리스토텔레스의 경우에 앎에 연관된 중요한 동사는 세 가지로, eidenai, gignōskein, epistasthai이다. 여기에 gnōrizein, sunienai, echein(파악하다), 이성(직관, nous) 등이 더해질 수 있다. 이 말들의 연관성과 의미의 준별에 관련해서는 별도의 상세한 논의가 필요하다. Barnes의 해석에 따르면, epistasthai란 말의 의미는 'I understand that P'('P를 이해한다', 'P에 대한 지식을 갖는다')로 새길 수 있다. 어쨌든 이렇게 새기는 것에 대한 별도의 철학적 논의가 필요하다.

38 아리스토텔레스의 주장은 이런 것이다. (1) '필연적으로, 만일 A가 P임[사실]을 안다(이해한다)면, P는 참이다.' (1)은 '만일 A가 P임을 안다면, P는 필연적으로 참이다'를 함의한다. 이는 일종의 양상의 오류(modal fallacy)를 범한다.

39 '지식을 가지고 있는 것의 다른 방식'은 '원리에 대한 인식의 문제'를 말한다. 72b 19-25에서는 학문적 지식의 더 높은 형식으로 논증의 '전제'를 파악하는 비-연역적 방식을 언급하고 있다. 제1권 제3장 88b35-37에서는 '논증되지 않는 지식'이 말해지며, 제2권 제19장 100b5-17에서는 논증의 궁극적 전제들(아르카이, 원리)을 nous(이

71b

게 될 것이라고 주장한다.[40] 내가 말하는 '논증'이란 [논증적인] 지식을 가져오는 추론(학적 연역)을 의미한다. 또 내가 말하는 '지식을 가져오는 추론'[학문적 연역]이란, 그 추론을 가짐으로써 우리가 지식을 갖게 되는 추론을 의미한다.[41]

[20] 　그런데 지식을 갖는 것[42]이 이제 우리가 가정했던 것과 같은 것이라면, 논증적 지식이란, (1) 참이고, (2) 첫 번째(원초적)[43]이고, (3) 무중항이고(직접적이고),[44] (4) 결론보다 더 잘 인식되고, (5) 결론보다 앞서

성적 직관)를 통해 파악하는 문제를 논의한다.

40 논증을 통한 앎과 다른 방식을 통한 앎이 있을 수 있다.

41 아리스토텔레스에게 있어, 학문은 논증(apodeixis)에 의존한다. 논증은 '학적 추론'(sullogismon epistēmonikon)이다. 즉 "그 추론을 가짐으로써 우리가 지식을 갖게 되는 추론"을 말한다.

42 즉, 무언가를 이해한다는 것.

43 'P가 첫 번째이다'라는 것은 'P에 앞서는 Q가 없다'라는 것을 의미한다. 즉 '그것으로부터 P에 대한 지식이 따라 나오는 어떠한 Q도 없다'라는 것이다.

44 'A는 모든 B에 대해 참이다'(AaB)라는 명제를 생각해 보자. 그것이 참이고 **중항** C를 가지고 있다고 가정하자. 그렇다면 그것으로부터 AaB가 따라 나오는 참인 전제 AaC, CaB가 있게 된다. 그러나 무중항이란 것은 두 전제에 공통되는 항, 즉 중항이 없는(amesōn) 것을 말한다. 만일 중항이 없다면, 즉 그러한 참인 전제의 쌍이 없다면, 문제가 되는 명제는 '무중항의 명제'이다. 'A는 B이다'라는 명제의 주어항 A와 술어항 B 사이에 술어항을 성립하는 원인(설명)이 되는 '중항'이 없다는 것이다. **'첫 번째인 것'과 '무중항인 것'('직접적인 것'), 그리고 '논증될 수 없는 것'**은 동일한 의미를 갖는다(Barnes, p. 94 참조). 혹은 적어도 '첫 번째인 것'이라면 '무중항인 것'이고, '무중항인 것'이라면 '논증될 수 없다'라는 관계에 있다. '논증될 수 없다'는 것은 '첫 번째'(원초적, 일차적)라는 것을 증명한다. A가 술어가 되는 B에 앞서는 다른 항 C가 없는 경우, 즉 AaC 및 CaB와 같은 항 C(중항)가 없는 경우, 즉 AaB가 **직접적인** 경우, A는 B에 '첫 번째'로 술어가 된다. 『분석론 후서』 제1권 제15장에서는 '무중항'(amesōs)과 '불가분적인 것'(atomōs)을 동의어로 사용한다.

　물론 '지금 비가 오고 있다'라는 경우처럼, '논증될 수 없는' 많은 사항이 있으며, '무중항이다'가 곧 '첫 번째이다'라는 것은 아니다. 이른바 '정의항'에서의 바로 위의 '유'는, '무중항이다'가 해당 사항과의 관계에서 '첫 번째이다'라고 말할 수 없다. 더욱

56

고,[45] (6) 결론의 원인들인 사항에서 출발하는 것이 또한 필연적이다.[46] 그렇다면 논증의 원리는 증명되는 사항에 고유한 것이 될 것이기 때문이다. 이러한 원리들이 없이도 **추론**은 있을 수 있겠지만, **논증**은 없을 것이다. 왜냐하면 지식을 만들어 내지는 못할 것이기 때문이다.

　　그래서 (1) 이러한 원리들은 참이어야만 하는데, 그렇다는 것이 아닌 사항에 대해 지식을 갖는 것, 예를 들어 '사각형의 대각선은 통약 가능하다'라는 지식을 갖는 일은 없기 때문이다. 또 논증은 (2) 첫 번째이고, (3) 논증할 수 없는[47] 사항들로부터 따라 나와야만 한다. 그렇지 않다면 우리가

[25]

이 예를 들어 '내각의 합이 2직각이다'라는 것은 '이등변 삼각형'에 있는 것이지만 '첫 번째로 있다'라는 것은 아니라고 나중에 아리스토텔레스는 논한다(제1권 제4장 73b32-74a3). 즉, '내각의 합이 2직각이다'라는 것은 '이등변 삼각형'에 대해서가 아니라 '삼각형'에 '첫 번째로 있다'라는 것이다. 이 사항에서 말을 뒤집어 '삼각형이다'라는 것이 '내각의 합이 2직각이다'라는 것, '이등변 삼각형이다'라는 것의 '중항'이라고 논할 수도 있는 셈이다. 그렇게 논한다면 '무중항이다'라는 것은 바로 '종차'를 술어하는 경우에만 그렇게 된다. 또한 아리스토텔레스에게서는 A와 B가 '무중항'이고, B와 C가 '무중항'이면서 A와 C는 '무중항이 아니다'라는 것의 성립이 논의의 '전제'이지만, 무중항의 연쇄는 그 자체로 무중항에 지나지 않는 것이 아닌가 하는 문제점을 내포하고 있다.

45 '보다 앞선다'라는 것은 다음의 세 가지 방식으로 '보다 앞선다'는 것이다. (1) '더 명백하다, 더 확실하다'라는 의미로 인식론적으로, (2) '원인이 결과를 야기하고 그 반대가 아니다'라는 의미로 인과적으로, (3) '전제가 결론을 이끈다'라는 의미로 논리적으로 앞선다.

46 논증적 지식의 조건으로서 열거된 이것들 외에, 제4장에서는 나아가 (7) 전제와 결론이 '필연적일 것'이 부가되는데, 이들 7가지 조건은 근본적으로는 추론의 전제가 되는 원리가 (a) 무중항이며, (b) 원인인 것으로 집약된다. 요컨대 "추론이 참이고 제일의 것들로부터 성립되는 경우이거나, 혹은 몇 개의 제일의 것들과 참인 것들을 통해 이것들에 대한 앎의 출발점(아르케)을 획득하는 그런 것들로부터 성립하는 경우에, 그것은 논증이다."(『토피카』 제1권 제1장 100a27-29)

47 anapodeiktos(논증할 수 없는), 즉 amesos(중항이 없는, 직접적인)이다. 논증이 필요할 때, 그때만이 무언가는 논증할 수 있으며, '논증'이 필요없을 때, 그때만이 무

이것들에 대한 논증을 갖고 있지 않는 한, 우리는 지식을 갖지 못할 것이기 때문이다.[48] 사실상 부대적이지 않은 방식으로 논증이 있는 것들에 대해 지식을 갖는 것은 그것들에 대한 논증을 갖는 것이기 때문이다. 또한

[30] 원리들은 [그 결론에 대해] (6) 원인이며, (4) 더 잘 인식되고, (5) 더 앞선 것이어야 한다. 그 원리가 (6) 원인이어야 하는 것은, 우리가 그 원인을 알고 있을 때 우리는 지식을 가지기 때문이며,[49] 원리가 (5) 더 앞서야 하는 것[50]은 그것이 원인이기 때문이며, 그리고 원리는 결론에 앞서 (4) 인식되어야 하는데, 그것은 단지 '무엇이 말해지고 있는지'를 파악하고 있다[51]라는 방식에서뿐 아니라, 그것이 '그렇다'라는 것을 알고 있다는 방식으로 앞서 인식되고 있다는 것이다.

하지만 (5) '더 앞서 있다'라거나 (4) '더 잘 인식된다'라는 표현은 두 가지 의미를 가진다. 즉 '자연 본성에서 더 앞선다'라는 것과 '우리에게(pros

72a hēmas) 더 앞선다'라는 것은 동일하지 않고, 또한 '더 잘 인식된다'와 '우리에게(hēmin) 더 잘 인식된다'라는 것도 동일하지 않기 때문이다. '우리에 대해서 더 앞서 있다'라거나 '우리에게 더 잘 인식된다'라는 것은 '감각

언가는 논증할 수 없다.

48 애초부터 무엇에 대해서도 지식을 갖는 일이 있을 수 없다는 것이다. 요컨대 A가 따라 나오기 위한 첫 번째 전제 B는 '논증 불가능하다'는 것이다. 따라서 B가 논증 가능하다면, 먼저 B를 논증함이 없이는 A를 알 수는 없기 때문이다. 또 A가 논증 가능하다면 A를 논증함으로써만 A를 알 수 있을 테니까.

49 갑이 P의 논증을 가지고 있다면, 갑은 P에 대한 지식을 가지고 있으므로, 그래서 P의 원인을 안다. P에 대한 논증을 가지는 데 필요한 유일한 지식이 그것으로부터 P를 추론할 수 있는 원리에 대한 지식이라면, 그 원리는 P에 대한 원인을 포함하고 있어야 한다.

50 '우선성'에 대해서는 『범주론』제12장, 『형이상학』제5권 제11장 1018b30-37 참조. 여기서는 '인식의 우선성'을 말한다. Q라는 지식이 P라는 지식을 요구한다면, P가 Q에 대해 지식에서 앞선다. 그러나 그 역은 아니다.

51 즉 무엇이 논의되고 있는지.

에 더 가깝다'라는 것이고, '단적으로 더 앞서 있다'라거나 '단적으로 더 잘 인식된다'라는 것은 '감각에서 더 멀다'라고 나는 말한다.[52] 또 가장 보편적인 것들은 감각에 가장 멀리 있으며, 개별적인 것들은 감각에 가장 가까이에 있다. 그리고 이것들은 서로 반대 관계에 놓여 있다.[53]

[5]

또, '첫 번째 것들로부터'라고 하는 것은 '고유한 원리들로부터'라고 하는 것이다. 즉, 나는 '첫 번째 것들'과 '원리들'을 동일한 것이라고 말하고 있으니까.

그런데 논증의 원리는 무중항의(직접적인, amesos) 전제 명제이지만, 전제 명제가 '무중항'이라는 것은 '그 전제 명제보다 앞서는 다른 전제 명

---

52 '우리에 대해서'(우리와의 관계에서; pro hēmas)란 말은 '우리의 감각에 더 가까운' 것들을 의미하고, 이와 대조적으로 '단적으로'(haplōs), '본성상 혹은 자연적으로'(tē phusei)는 '감각에서 더 먼' 것을 의미한다. '보편적인 것'은 가장 먼 것이고 '개별적인 것'은 가장 가까운 것이다. 본성적으로 '더 잘 인식된다'는 것은 지식에서 '앞서는 것'과 동일하다. 이 대목에 관련해서 '본성상', '우리와의 관계에서'라는 말의 의미가 대조적으로 논의되고 있는 구절에 대해서는 『토피카』 제6권 제4장 141b29-34 ("그러나 이것들[유와 종차]이 종보다 더 잘 알려진 것이다. 왜냐하면 종이 알려진다면 유와 종차도 알려지는 것이 필연적이지만('인간'을 아는 사람은 '동물'이 '육상의'라는 것도 알아야 하니까), 이에 반해 유와 종차를 알 수 있다고 하더라도 종을 안다고 하는 것이 필연적으로 따라 나오는 것이 아니므로, 따라서 종은 더 잘 알려지는 것이 아니기 때문이다."), 『형이상학』 제7권 제3장 1029b3-10 ("행위의 영역에서 '각자에게 좋은 것들'로부터 출발해서 '그 자체로 좋은 것들'을 각자에게 좋은 것들로 만들 듯이, 이렇게 '각자에게 더 알려진[친숙한] 것들'로부터 출발해서 '본성적으로 더 알 수 있는 것들'을 각자에게 알게 하는 것이 우리의 과제이다. 각 개인에게 일차적으로 알려진 것은 종종 아주 적은 정도로만 알려진 것이며 실재('참으로 존재하는 것')와는 조금 관계하거나 전혀 관계하지 않는다.") 이 밖에도 『자연학』 제1권 제5장 189a5 아래, 『분석론 전서』 제2권 제23장 68b35-37, 『니코마코스 윤리학』 제1권 제4장 1095b2-4 참조.

53 '우리에게 더 먼저'이고 '우리에게 더 잘 인식된다'는 것이 탐구의 시작에서 '앞서 인식하고 있는' 통념(endoxa)이며, 이것이 이른바 '명목적 정의'(nominal definition)가 된다.

72a

제가 없다'라는 것이다. 여기서 전제 명제란 '어떤 한 가지 것에 대해 다른 한 가지 것을 술어하는 긍정 또는 부정이라는 두 가지 형태를 갖는 진술의 부분'이며,[54] 문답법적(변증술적) 논의[55]는 이러한 전제 명제의 어느 한쪽을 똑같이 받아들이지만,[56] 논증적 논의는 그것이 참이라는 이유로 어느 한쪽을 확정적으로 받아들인다.[57] 하지만 '진술'은 모순 대립하는 진술의 어느 하나의 부분이다. '모순 대립'은 그 자체로서는 중간이 없는 대립이다. 그래서 모순 대립하는 두 가지 진술 중 하나는 '어떤 사항에 대해 다른 무언가를 말한다'는 긍정이며, 다른 하나는 '어떤 것으로부터 다른 무언가를 떼어 내는 것'은 부정이 되는 것이다.[58]

[15]   추론과 관련된 무중항의(직접적인) 원리들 중, '입론'[59](놓음)에 의해

---

54 전제(protasis)의 정의에 대해서는 『토피카』 제1권 제4장 101b27-36, 제8권 제2장 158a14-24, 『분석론 전서』 제1권 제1장 24a16 참조. '즐거움은 좋은 것이다'와 '즐거움은 좋은 것이 아니다'(즉, '즐거움은 좋은 것인 그 경우는 아니다')의 각각은 모순되는 언명(진술)의 두 부분이다. 여기서는 논증의 '원리'는 명시적으로 언어적으로 언급된 '명제'라고 이야기되는데, 그러한 명제로 제시되는 '사항'이 원리다.
55 '문답법(적)'(dialektikē)은 '변증술적'으로 옮길 수 있다. 『토피카』 제1권 제1장 참조. 문답법적 논의는 '제기된 온갖 문제에 대해 일반적으로 생각되는 것(통념)으로부터 추론할 수 있는 탐구의 길'(100a18-20)로 정의되고 있다. 즉, 대상 영역을 가리지 않고, 일반적으로 모든 사항을 논하는 방법이며, 문답법과 '철학'의 연관성에 대해서는 『형이상학』 제4권 제2장 참조.
56 변증술적(문답법적) 명제(전제)에 대해서는 『토피카』 제1권 제1장 100a25-b23 참조.
57 "논증의 전제는 변증술의 전제와 다음과 같은 점에서 다르다. 즉, 논증의 전제는 모순 대립의 두 명제 중 어느 한쪽을 받아들이는 것이지만(논증하는 사람은 전제를 묻는 것이 아니라, 그것을 받아들이기 때문이다), 변증술의 전제는 모순 대립의 두 명제를 묻는 것이다."(『분석론 전서』 제1권 제1장 24a22-25)
58 『형이상학』 제4권 제7장 1011b23-29 참조. '바다는 파랗다'와 '바다는 파랗지 않다'는 모순 대립이 아니다. 사실상 둘 중 하나는 참이긴 하지만, 그것들 중간에 '중간'이 있으니까. 긍정과 부정의 진술에 대해서는 『명제론』 제6장 17a25-26 참조.
59 변증술적 문제들과 '입론'(놓음, thesis)에 대해서는 『토피카』 제1권 제11장 참조

60

내가 의미하는 바는, 증명되지는 않지만 무언가를 배우려는 사람이 반드시 가지고 있을 필요가 없는 원리이다. 한편, 무엇이든 무언가를 배우려는 사람이 반드시 가지고 있어야만 하는 원리를, 나는 '공리'[60]라고 부른다.

실제로 이러한 원리가 몇 개가 있는데, 우리는 이런 종류의 원리를 특히 '공리'라는 이름으로 부르고 있기 때문이다. 입론 중, 모순 대립하는 진술들 중 어느 한쪽을 받아들이는 원리는, 예를 들어 '어떤 것이 무엇인가 이다'라든가 '어떤 것이 무엇인가가 아니다'와 같은 진술을 나는 말하는데,[61] 이것은 '가정'('밑에 놓음')[62]이다. 이러한 것이 아닌 원리를 나는 정의라고 부른다. 실제로 정의 또한 입론이니까(산술학자는 '단위'를 '양에서 분할을 허용하지 않는 것'으로 놓고 있으니까). 하지만 정의는 입론('놓음')이긴 하지만 '가정'(밑에 놓음)은 아니다('단위가 무엇인가'라는 것과 '어떤 [20]

("입론은 모순되는 믿음이다"). 여기에서는 엄밀하게 규정되어 있지만 일반적으로는 좀 더 느슨하고 '추론에서 전제가 되는 것', 나아가 '(어떤 이유를 배경으로) 통념에 반하여 주장되는 것' 등을 말한다. '입론'은 원리와 '가설'(밑에 놓음)과 정의를 포함하며, '공리'와 대비되고 있다.

60 '공통의 원리'(ta koina) 혹은 '공통의 공리'(ta koina axiōmata)라고도 부른다. 예를 들어 모순율과 배중률, 그리고 '같은 것으로부터 같은 것을 제거하면 나머지는 같다'(제1권 제10장 76a41) 등, 특정한 유에 한정하지 않고 두루 성립하는 원리이다. 'P는 S에 대한 공리이다.' = 'S에서 어떤 명제를 알고 있다면, 그는 P를 안다.' 무언가를 안다면, 알아야만 하는 P는 공리이다.(『형이상학』 제4권 제3장 1005b15).

61 to einai ti, to mē einai ti(72a20), to einai monada(72a23-24)에서의 einai는 '무엇인가가 있다', '무엇인가가 없다', '단위가 있다'와 같이 '존재적'으로 읽기도 하지만, '술어적'으로도 읽는다. 아리스토텔레스가 말하는 모순 대립하는 진술은 바로 앞서 밝혀진 바와 같이 존재 명제가 아닌 '어떤 사항에 대해 다른 무언가를 말한다'라는 명제이다. 또, '있는 것이 무엇인가가 아니다'라는 부정의 정의는 없기 때문에, 정의는 긍정과 부정이 있는 '밑에 놓음'(가정)과 구별된다.

62 원어로 hupothesis('밑에 놓음')로 일반적으로는 반드시 '증명되지 않는 원리'에 한정되지 않고 상대방의 동의에 따라 '추론에서 전제되는 것', 또 귀류법에서의 전제 등도 '가정'(밑에 놓음)으로 간주된다.

것이 단위이다'라는 것은 동일한 것이 아니니까).

[25]   그런데 우리가 어떤 사항에 관해 확신하고,[63] 나아가 그 사항을 아는 것
은, 우리가 '논증'이라고 부르는 그런 종류의 추론을 갖는 한에서이지만,
그러한 추론이 논증이 되는 것은 그 추론이 거기서 이루어지는 원리가 그
러한 [논증을 이끌어 그 사항에 확신을 갖게 되는] 원리이므로, 논증하려
는 사람은 거기서 추론이 이루어지는 이 첫 번째 원리들의 전부 혹은 몇
가지이든 간에 단지 앞서 인식하고 있을 뿐만 아니라 결론보다 더 잘 인
식하고 있어야만 한다. 왜냐하면 그것(X)을 통해 각각의 사항(Y)이 '그렇
[30] 다[Z]는 이 사항(X)에서 항상 더 나을 것 같기 때문이다.[64] 예를 들어 그
것(X)을 통해 우리가 무언가를 사랑하는(Z) 것(Y)보다도, 그 자체(X)가
더 뛰어나고 사랑받는 것이듯이. 그러므로 우리가 첫 번째인 원리들에 의
해서 사항을 알게 되고, 또 확신을 갖게 된다면, 첫 번째 원리들에 의해 뒤
따르는 것들도 알고 확신을 갖게 되기 때문에, 우리는 첫 번째 원리를 더
잘 알고 또 확신을 갖게 되는 것이다.

---

63 pisteuein(믿다, 확신하다). "그러므로 학문적 인식은 '증명을 수행할 수 있는 상
태'(hexis apodeiktikē)이며, 우리가 『분석론』에서 덧붙여 규정한 다른 모든 것들을
특징으로 가지고 있다. 즉 어떤 사람이 특정한 방식으로 확신을 가지고 있고 그 원리
들이 그에게 알려져 있다면, 그는 학문적 인식을 가지고 있는 것이다. 만일 결론보다
원리들을 더 잘 알고 있지 않다면, 그는 [다만] 우연적인 의미에서 학문적 인식을 가
지게 될 것이다. 학문적 인식에 관해서는 이 정도로 규정한 것으로 해 두자."(『니코마
코스 윤리학』 제6권 제3장 1139b32-36). 요컨대 '이미 어떤 방식으로 인식하고 있다'
는 것에 근거해, 그것들로부터의 추론에 의해서 '믿음을 둔다'라는 것이 '지식을 가지
고 있다'가 된다.
64 만일 X가 Y를 F이게 만든다면, X는 Y보다 더 F인 것이다. 예를 들면 그것 때문
에 우리가 다른 어떤 것을 사랑하게 하는 것이 더 사랑받을 만한 것이다(『형이상학』
제2권 제1장 993b23-31 참조). "한 사항은 자신이 가진 성질[그러그러한 것]로 말미
암아 또한 다른 사항들이 공통된 성질을 가질 때, 다른 사항보다 훨씬 더 그 성질을
갖는다. 예를 들어 불은 가장 뜨거운 것이다. 왜냐하면 이것이 다른 것에게 그 뜨거움
의 원인이기 때문이다."(993b23-26)

실제로 알지 못하고 있는 것이거나, 실제로 알고 있는 상태에 있는 것보다 더 나은 인식 상태에 있는 것이 아닌 것과 같은 무언가에 우리가 알고 있는 것들보다 더 나은 확신을 갖는 것은 불가능하다. 그러나 논증을 [35] 통해 추론의 결론에 대해 확신을 두는 사람들 가운데 누군가가 결론에 이르기에 앞서 더 나은 방식으로 아는 것이 아무것도 없다면, 이러한 일이 귀결될 것이다. 왜냐하면 원리에서 이끌리는 결론보다 결론을 이끄는 그 원리들에 대해, 그 전부든 몇몇이든 간에 더 나은 확신을 갖는 것이 필연적이기 때문이다.

논증을 통한 지식(이해)을 가지려는 사람은 추론에 의해 증명되는 결론보다 원리들에 대해 더 낫게 인식하고 더 나은 확신을 가져야만 한다. 하지만 더욱이 단적으로 지식을 가진 사람은 설득에 의해 생각이 흔들리 72b 지 않는 사람이어야 하므로,[65] 이러한 사람에게 원리에 대립하고 있는 것과 같은 전제, 즉 거기에서부터 반대되는 잘못된 추론이 따라 나올 수 있는 전제가 더 설득적이거나 더 잘 인식되어서는 안 되는 것이다.

제3장

그런데 [우리가 지식을 갖는다면] (1) 어떤 사람들은 첫 번째 것들에 대 [5] 해 논증적 지식을 가져야만 하기 때문에[66] 지식은 없다고 생각하고, 또 어떤 사람들은 (2) 지식은 있으며, 게다가 모든 지식에 논증이 있다고 생각한다.[67] 그러나 이 생각들 중 어느 생각도 참도 아니며 필연적인 것도[68] 아

---

65 P를 안다면, not-P에 의해 설득되지 않는다.

66 즉, 논증을 통한 지식은 첫 번째인 것들에 대한 지식을 요구하기 때문에.

67 (1)은 무한 소급, (2)는 순환 논증. 이 각각의 주장을 하는 것은 안티스테네스, 크세노크라테스의 추종자로 생각된다.

68 필연적이란, '건전한 논변이 아니다'를 말할 것이다.

니다.

　(1) 어떤 방식으로도[69] 어떤 지식을 갖지 않는다고 가정하는('밑에 놓는') 한쪽의 사람들은, [앞선 사항 가운데 거기서 소급이 끝나는] 첫 번째 것들이 없다고 하면, 더 앞선 사항들을 통해서 뒤에 오는 사항들에 대한 지식을 갖지 못하기 때문에, 우리는 [첫 번째 것에 도달할 때까지] 무한하게 거슬러 올라갈 필요가 있다고 주장한다.[70] 이렇게 생각하는 사람은 올바르게 논하고 있다. 사실상 무한하게 많은 사항들을 다 살펴보는 것은 불가능하니까. 만일 도달하여 멈추고, 거기에 원리들이 있다고 해도, 그것들에 대한 논증이 없으므로 [논증하는 것이 무엇인지를 인식하는 유일한 방식이라면] 이것들은 인식되지 않게 된다. 논증을 통해서만 지식을 갖는다고 그들은 주장하기 때문이다. 그러나 첫 번째 것들을 알지 못하면, 이러한 것들로부터 무엇인가가 따라 나왔다고 하더라도 그것에 대해 단적으로 또 가장 권위가 있는 방식으로[71] 지식을 갖는 것은 아니며, 그러한 것들은 단지 '이러한 것들이 있다면'이라는 가정('밑에 놓음')으로부터의 귀결일 뿐이다.

---

69 OCT판의 전적으로(holōs) 대신에 사본을 좇아 allōs로 읽는다.

70 내가 P를 안다면, 나의 앎은 어떤 전제 Q에 근거해야만 한다. 따라서 나는 Q를 알아야만 한다. 또 이것은 어떤 다른 전제 R을 기반으로 해서, 요컨대 내가 P를 안다면, 나는 Q를 안다. 내가 Q를 안다면 R을 안다. R을 안다면, … 하는 식으로 나아갈 것이다(10-11행의 "무한하게 많은 사항들을 다 살펴보는 것"이란 말의 의미이다). 그렇다면 내가 무언가를 안다는 것에는 내가 무한하게 많은 것을 안다는 것이 따라 나온다. 사유의 무한한 시퀀스를 생각할 수 없다는 논의를 펼치는 『형이상학』 제2권 제2장 참조. "게다가 그런 식으로 말하는 사람들은 지식을 파괴한다. 나누어질 수 없는 것들(atoma)에 이르기 전까지는 안다는 것은 불가능하다."(994b20-22) 앎에 있어서 무한소급에 대해서는 플라톤, 『테아이테토스』 209e-210b, 201d-202d 참조.

71 원어는 kuriōs이다. '가장 권위 있는', '가장 주된 의미에서'. 어떤 사람이 무슨 일인가에 대해 권위를 갖는다면, 그 근원은 그 사람의 원리와 연결되는 방식에 있다. 이 점에 대해서는 『형이상학』 제3권 제2장 997a11-15, 제6권 제4장 1027b29-1028a4 참조.

한편, (2) 다른 쪽의 사람들도 무언가의 지식을 갖는다는 것이 어떤 것 [15]
인지에 대해서는 앞의 사람들에게 동의하고 있다. 즉, 지식은 논증을 통해
서만 성립한다. 그러나 그들은 [지식을 갖는] 모든 것에 대해 논증이 있다
는 것에는 아무런 지장이 없다고 주장한다. 즉, 논증이 순환적으로,[72] 즉
서로로부터 일어나는 경우가 있어도 좋다고 생각하니까.

이들에 대해 우리는 다음과 같이 주장한다. 모든 지식(이해)이 논증적
인 것은 아니며, 무중항[직접적인] 전제들의 지식은 논증될 수 없다. (이 [20]
것이 필연적인 것은 분명하다. 왜냐하면 더 앞선 전제, 즉 논증이 거기서 이루
어지는 전제 지식을 갖는 것이 필연적이며, 어딘가에서 무중항의 전제가 멈
추지 않는다면, 이 무중항의 전제들은 논증될 수 없다는 것은 필연이기 때문
이다.[73]) 그래서 우리는 이런 것들을 이런 식으로 논해 왔는데, 나아가 우
리는 논증적 지식이 있을 뿐만 아니라 지식의 원리가 무엇인지도 주장한
다.[74] 이 원리에 따라 우리는 무중항[75]의 여러 항들의 연쇄[76]를 인식한다.

논증이 더 앞서고 전제에서, 즉 더 잘 인식되는 전제로부터 이루어져 [25]
야 한다면, 순환적으로 논증함으로써 어떤 사항을 단적으로 논증한다는

---

72 "그런데 '순환적인', 즉 '서로로부터의' 증명(to kuklō[i] kai ex allēlōn deiknus-
thai)이란, [원래 추론의] 결론과 한쪽의 전제를 받아들인 다음에 그것을 술어 연관이란
점에서 역방향으로 [단순하게 환위]한 것을 통해서, 다른 추론[원래 추론]에서는 받아
들이고 있던 나머지 다른 한쪽의 전제를 결론 맺는 것이다."(『분석론 전서』 제2권 제5장
57b18-21; 58a34-35 참조) 즉, 형식적으로는 (1) Ax_1B, $Bx_2C \vdash Ax_3C$, (2) Ax_3C,
$Bx_1A \vdash Bx_2C$, (3) Ax_3C, $Cx_2B \vdash Ax_1B$가 된다.
73 아리스토텔레스는 논증적 지식을 원리의 인식이 아닌 특수한 지식으로 생각하는
것이 아니라, 원리의 인식도 지식으로 삼고 있다.
74 이 원리는 이성을 말한다.
75 '항'은 horos이다(『분석론 전서』 제1권 제1장 참조). 또, '정의가 그러한 명제적인
항 연쇄의 파악이 아니라 각각의 항, 즉 개념으로서 인식한다'라고 해석할 가능성도
있지만, 각각의 항과 무중항에서 어떤 '항' 연쇄의 파악은 구별되어 있지 않다고 생각
된다. 이 때문에 때로는 '정의항'으로 번역하는 경우도 있다(Barnes, p. 107 참조).
76 "일련의 명제들로 연속되는"(『토피카』 제8권 제3장 158a33)

것이 불가능하다는 것은 분명하다. 왜냐하면 동일한 것이 동일한 것에 대해서, 더 앞서면서 동시에 더 나중인 것은, 예를 들어 '우리와의 관계에서'와 '단적으로'라고 하는 것처럼, 다른 방식에 의하지 않으면 불가능하기 때문이다.[77] 바로 이 다른 방식에 대해서는 귀납이 인식시켜 준다.[78]

[30] 하지만 사정이 그렇다면, '단적으로 안다'라는 것은 제대로 규정되어 있지 않아서, 오히려 두 가지 의미가 있게 될 것이다. 아니면, 다른 종류의 논증은 [단적으로 더 잘 인식되는 전제에서 생기는 것이 아니라] 우리에게 더 잘 인식되는 전제로부터 나오는 것이기 때문에 단적으로는 논증이 아닐 것이다.[79]

순환 논증이 있다고 말하는 사람들에게는, 지금 이야기한 것이 귀결될 뿐만 아니라, 그들은 '이것이 그 경우(X)라면, 이것은 그 경우(X)이다'[80]라고 하는 것 이외의 아무것도 말하지 않은 셈이 된다. 하지만 [그것으로

[35] 좋다고 한다면] 이런 식으로 모든 사항은 쉽게 순환적으로 증명된다. 세 개의 항을 놓게 되면, 이런 일이 귀결될 것이 분명하다.[81] 왜냐하면 그 순환이 많은 항을 통해 돌아온다고 주장하든, 소수의 항을 통해서 돌아온다고 주장하든 아무런 차이가 없기 때문이다. 뿐만 아니라, 소수의 항이나 두 항을 통해서도 차이가 없기는 마찬가지다. 즉, A일 때는 필연적으로 B이고, 또 이것(B)일 때에는 C라면, A일 때는 C인 셈이 될 것이다. 그런

73a 데 A일 때에는 B인 것이 필연이고, B일 때는 A라면(이것이 순환적이라는

---

77 즉, '더 앞선다'라는 관계는 비대칭적이고 추이(推移)적인 것에 의한다.

78 즉, '어떤 것에 대한 지식'을 만들어 낸다. 왜냐하면 이것은 '우리와의 관계에서 앞선 것', '우리에게 더 잘 알려진 것'으로부터 나오는 것이니까.

79 즉, 그 결론이 단적으로 더 잘 알려진 것으로 나오는 것이 아니기 때문에, 이 논증은 단적인 논증이 아니다. 오직 '본성상 앞선 것'으로부터 나온 앎만이 진정한 의미에서의 '지식'의 정의에 해당한다.

80 즉, P라면 P이다. 그것이 P에 대한 증명이라면, 어떤 명제도 쉽게 증명된다.

81 여기서의 '항'은 항 연쇄의 수이다.

것이었는데), C에게 A를 두도록 하자. 그러면 B라면 A라고 말하는 것은 C라고 말하는 것이다. 그리고 이것은 A이면 C라고 말하는 것이다. 그런데 C는 A와 동일한 것이다. 그러므로 순환적 논증이 있다고 주장하는 사람들은, 'A가 그 경우라면 A이다'라는 것을 제외하고는 아무것도 말하는 것이 아님이 귀결된다. 이런 식으로 모든 것이 쉽게 증명될 수 있다.[82]

[5]

(3) 게다가 이것[83]조차도 고유한 것들이 그런 것처럼,[84] 항이 서로 부수

---

82 'A이면 A이다'를 이끄는 추론은, 'A이다'를 전제로 하는 추론이라면 옳은 것이기 때문에 형식적으로는 아무런 문제가 없다. 아리스토텔레스가 『분석론 전서』제2권 제5장에서 논하고 있듯이, 그는 순환적 추론이 구성될 수 있음을 알고 있다. 여기서의 논점은 '추론이 성립되는 것'이 아니라, 아리스토텔레스의 논리적 틀 속에서는 '논증이 되지 않는다'는 데 있다. 이 책의 제2권에서 추론의 성립과 논증의 성립의 문제는 정의의 '논증'의 문제로 표면화되어 논의하게 된다. 게다가 보다 일반적으로는, 이 책에서의 아리스토텔레스의 과제를 어떻게 생각하는가 하는 문제와도 관계한다. 즉, 아리스토텔레스가 성립한 논증적 지식의 '형식적 구조'를 밝히는 것을 과제로 하고 있다고 생각하는가, 아니면 어떤 논증적 지식을 논증적 지식으로 성립시키는 '전제 분석'을 주제로 삼고 있다고 생각하는가이다. 이 과제들은 서로 배타적이지는 않지만, 강조점을 어디에 두고 보느냐에 따라 다른 이해의 논리 구조가 생긴다. 아마도 아리스토텔레스는 후자에 주안점을 두고 있다고 생각된다. Barnes가 이전에(제1판[1975] 참조, Barnes[1993], xviii-xxii 참조)『분석론 후서』의 목적을 탐구의 문맥은커녕 '정당화'의 문맥조차 아닌 '교육'(pedagogue)의 맥락에 둔 것은(Barnes[1969]) 전자 아래에서 보았기 때문이다. 그럼에도 그는 헬라스 기하학에서의 해법으로서의 '분석과 종합의 방식'에 대해서는 후자의 맥락에서 논하고 있다(Barnes[1981]).

83 '이것'은 앞서 말한 상호조건적 논증(A라면 B이고, B라면 A이다)이다. 그러나 이 쌍조건문은 '고유속성들처럼 서로를 따르는 그러한 것들'에만 적용된다. 이를테면 '만일 X가 인간이라면, X는 문법을 배울 수 있다'와 같은 것. 역으로 '문법을 배울 수 있다면 인간일 테니까' 말이다. 즉, AaB≡BaA. A와 B는 '서로 간에 교환해도(antistrephein) 술어가 될 수 있는 것들'(antikatēgoroumena, 73a16)이다. 이어지는 각주 참조.

84 'A는 B의 고유속성이다'(A is unique property of B)와 'A는 B와 교환해도(환위해도) 그것의 술어가 된다'(A counterpredicates with B, 즉 'A는 B와 환위 가능하다')는 동치이다. Barnes는 antikatēgoreitai를 교환해도 술어가 되는(counterpredi-

되는(hepetai)[85] 경우를 제외하고는 가능한 일이 아니다. 그래서 어떤 하나의 것이 놓인다면, 그것에 의해서 그것과 다른 무언가가 있게 되는 것은 전혀 필연이 아니라는 것을 증명하는 것이다[86](또한 여기서 '하나의 것이 놓인다면'에 의해 내가 의미하는 바는, '하나의 항이 놓인다'는 것도, 혹은 '하나의 입론(테시스)이 놓인다'[87]는 것도 아니라는 것이다.)[88]

[10]   도대체 무엇인가를 증명한다는 것은, 그것 또한 추론하는 것이기 때문에, 적어도 두 개의, 그리고 첫 번째 놓음으로부터 시작해서 가능한 일이다. 만일 A가 B와 C에 부수되고, 이것들이 서로 그리고 A에 부수된다면, 모든 요청되는 전제는 제1격에서 서로 증명할 수 있다. 이것은 '추론에 대

[15] 한 논의[『분석론 전서』]에서' 증명된 것이다.[89] 이에 반해 다른 격들에서는 추론이 생겨날 수 없으며 또한 받아들여진 것들에 관련해서도 그 어떤 추론이 생길 수 없다는 것 또한 증명된 것이다.[90] 그러나 서로 간에 술어

---

cated)으로 번역한다. 그는, 예를 들면 to A antikatēgoreitai tou B라는 문장을 'A는 교환해도 B의 술어가 된다'(A is counterpredicated of B)로 옮긴다. 이 문장의 의미는 기호적으로 분석해 보면 $(x)(Ax \leftrightarrow Bx)$가 된다. 이것은 $(x)(Ax \rightarrow Bx)$ & $(x)(Bx \rightarrow Ax)$와 동치이다. 즉 상호 간에 서로를 '수반'(entailment)한다는 것이다(Barnes, 1970). 김재홍 옮김, 『토피카』, pp. 39-40, 각주 73 참조.

85 [필연적이든 우연적이든 상관없이] '술어가 된다'는 것이다. '서로 부대되는' 경우는 외연이 같게 된다.

86 『분석론 전서』 제1권 제25장 41b36-42a40.

87 즉 하나의 명제가 전제된다는 것도.

88 논증의 필요 충분 조건을 만족시켜 주지 못하니까.

89 『분석론 전서』 제2권 제5-7장.

90 제2격에서는 전제 중 하나와 결론이 항상 부정이다. 따라서 한 쌍의 부정 명제는 결코 추론적 결론을 만들어 내지 않기 때문에, 다른 전제들에 대한 추론이 있을 수 없고, 그래서 추론의 순환도 없다. 제3격의 Felapton도 마찬가지이다. 나머지 제3격의 추론식 네 개(Darapti, Disamis, Datisi, Bocardo, Ferison) 중에서 전제 중 하나와 결론이 '특칭'이다. 그러므로 두 개의 특칭 명제는 결코 추론의 결론을 만들어 내지 않기 때문에, 다른 전제에 대한 추론이 있을 수 없고, 따라서 추론의 순환도 있을 수 없

가 될 수 없는 것들(mē antikatēgoroumena)[91]에 대해서는 결코 순환적으로 증명될 수 없다. 따라서 이와 같이 [서로 술어가 될 수 있는] 경우는 논증에서는 드물 수밖에 없다. 그러므로 사항이 서로 논증될 수 있고, 그리고 이러한 상호 논증을 통해 모든 것들이 논증될 수 있다고 말하는 것은 공허하고 불가능하다는 것이 분명하다.

[20]

제4장

그것에 대해 단적으로 지식이 있는 사항은 다른 것일 수 없는 것이므로, 논증적 지식에 의해 지식이 되는 것(학문적 지식)은 필연적일 것이다.[92] 논증적 지식은 논증을 가짐으로써 우리가 가진 지식이다. 그래서 논증은 필연적인 사항에서 출발하는 추론이다. 그러므로 우리는 논증이 어떤 사항으로부터 출발하고, 어떤 종류의 사항으로 이루어지는지를 파악

[25]

다. Darapti가 남아 있다. 여기서는 '가정에 관한' 추론을 얻을 수 없다. 즉, 결론과 전제 중 하나에서 다른 전제로 추론할 수 없다. 그러나 교환(환위) 가능성이 허용된, Darapti의 세 구성 요소 중 두 가지에서 추론의 결론을 얻을 수 있다. Darapti 경우를 보자.

  PaR, SaR⊢PiS

  PiS와 PaR을 환위하면 다음을 얻는다.

  SiP, RaP⊢SiR(Disamis). 또 SaR을 환위하고, 결론과 다른 전제를 조합하면 다음을 얻는다.

  PiS, RaS⊢PiR. 이것은 다시 Disamis가 된다.

91 앞의 각주 84 참조.

92 갑은 X를 안다. X는 달리 있을 수 없다. 그러므로 갑이 논증을 통해 X를 안다면, X는 달리 있을 수 없는 것이다. 즉 X는 필연적이다. 갑이 Y로부터 X를 논증했다면, Y는 필연적이다. 그렇다면 P가 필연적이고 P가 Q로부터 추론되었다면, Q는 필연적일까? 거짓이다. 이에 대한 해답은 제1권 제6장 75a2-4에서 주어진다. 거짓인 전제로부터 참인 결론이 추론될 수 있으니까.

73a

해야만 한다. 그럼, 먼저 '모든 것에 대해서', '그 자체로서', '보편적'이라고 하는 것에 의해서 우리는 무엇을 말하는지를 규정하기로 하자.[93]

그런데 내가 의미하는 '모든 것에 대하여'라는 것은 '어떤 것에 대해서는 있지만, 다른 어떤 것에 대해서는 없다는 것이 아닌 것',[94] '어떤 때에는 있지만 어떤 때에는 없다는 것이 아닌 것'[95]을 말한다.[96] 예를 들어 동물이 모든 인간에 대해서 있다면, '이것은 인간이다'라고 말하는 것이 참이라면, '이것은 동물이다'라고 말하는 것도 참이고, 지금 '이것은 한쪽이다'라고 말하는 것이 참이라면, '이것은 다른 쪽이다'라고 말하는 것도 참이라고 하는 경우이다. 또한 모든 선분 안에 점이 있다면 이 경우도 마찬가지이다. 그 증거를 들면, 어떤 사항이 '모든 것에 대해서 있는가?'라고 물었을 때, 이런 식으로 반론을 내놓기 때문이다. 즉 '어떤 것에는 없는 것이

[30]

---

93 (1) 'A는 모든 B에 대해서(kata pantos) 말해진다.' (2) 'A는 그 자체로(kath' hauto, '그 자체 때문에') B에 대해 말해진다.' (3) 'A는 B에 대해서 보편적으로 말해진다.' (1)과 (3)은 전칭 명제를 표현하는 아리스토텔레스의 전형적 방식이다(즉 '모든 B는 A이다'. 아리스토텔레스가 주술을 표현하는 방식은 주어와 술어가 바뀌어져 있음을 주목하라). (2)에서 '그 자체로'는 A나 B일 수 있다. 이 장에서는 '지식은 보편적임'을 논의한다. "내가 말하는 보편이라는 것은 하나 이상의 것들에 본성적으로 술어가 되는 것들이고, 개별적이라는 것은 그렇지 않은 것이다. 예를 들어 인간은 보편자이고, 칼리아스는 개별자이다."(『명제론』제7장 17a39-17b1)
94 not (some B is A & some B is not A) = (either AaB or AeB).
95 시제(時制)와 관련된 정의로서, '모든 B는 A이다'에서 '있다'는 현재의 시점으로 받아들여야 한다. "[무양상의] 전칭 전제는 무조건적으로, 즉 시간이란 점에서 한정하지 말고 받아들여야 한다"(『분석론 전서』제1권 제15장 34b7-18 참조).
96 '모든 것에 대하여'는 『분석론 전서』에서와 마찬가지로 명제가 '전칭'임을 특징짓는다. 전칭 긍정과 전칭 부정에 대한 아리스토텔레스의 규정은 이렇다. "다른 쪽의 것(B)이 한쪽(A)의 모든 것에 대해 술어가 된다'라고 우리가 말하는 것은, 다른 쪽의 것이 그것에 대해서는 말할 수 없는 한쪽의 것[의 부분]을 아무것도 받아들일 수 없을 때의 일이다. 또 '다른 쪽의 것이 한쪽의 것의 어떤 것에 대해서도 술어가 되지 않는다'라고 우리가 말하는 것도 이와 동일한 것이다."(『분석론 전서』제1권 제1장 24b 28-30) 이것이 이른바 dictum de omni et nullo(전체와 무의 원리)이다.

아닌가?'라든가, 아니면 '어떤 때에는 없는 것이 아닌가?'라고 답하는 것
이다.

'그 자체로 있는 것'이란[97] (i) '그 자체의 무엇인가' 안에 있는[98] 한(en tō [35]
ti estin), 예를 들어 '선분은 삼각형에, 점은 선분에 있다'라고 하는 것도
(삼각형이나 선분과 같은 사항의 본질[ousia]이 선분이나 점과 같은 사항으
로 이루어지며, 선분이나 점은 삼각형이나 무엇인가를 말하는 정의[logos] 안
에 내재하기 때문이다),[99] 혹은 (ii) '그 자체로 자신에게 있는 것'으로서, 이
것의 '무엇인가'를 밝히는 정의에 내재하는 한, 예를 들어 '곧음'과 '굽음'은
선분에, '홀과 짝'이나 또 첫 번째인 것과 합성된 것, 또 제곱인 것과 직사 [40]
각형인 것 등은 수(數)에 있다는 것을 말한다.[100] 곧은 것이나 굽은 것, 또 73b
홀수인 것과 짝수인 것과 같은 모든 사항에서, 그것이 무엇인가를 말하는
정의 안에, 앞의 경우에는 선분이, 뒤의 경우에는 수가 내재하고 있다. 마
찬가지로 그 밖의 다른 것들에서도 각각의 것에서 이러한 사항들이 '그 자
체로서 있는 것'이며, 이것들 중 어느 방식도 있지 않은 그런 것들을 '부대

---

97 아래에서 4가지 방식으로 구별하고 있다. '그 자체로'를 5가지 방식으로 구분하고
있는 『형이상학』 제5권 제18장 1022a24-36 참조. 1022a27-29는 여기의 73a34-37에
대응한다.
98 아리스토텔레스에게서 huparchein은 술어화되는 것으로, 기본적으로 '술어로서
참이거나 어떤 것이다'를 말하는 표현이다. '주어항 S는 술어항 P이다'라는 문장은
'술어항 P가 주어항 S에 (술어로서) 있다'로 표현되어 주술항이 역전된다.
99 선분의 본질은 점으로 이루어지고, 점은 선분이 무엇인가를 말하는 설명 안에 있
는 것이니까. 마찬가지로 삼각형의 본질은 선분으로 이루어지고, 선분은 삼각형이 무
엇인가를 말하는 설명 안에 있는 것이니까. (i) P가 S에 속하고 P가 S의 본질(의 부
분)인 경우에만, P는 그 자체로 S에 속한다. (ii) P가 S에 속하고 S가 P의 본질의 일부
인 경우에만, P는 그 자체로 S에 속한다. 예를 들어, 동물은 인간의 속성이고(모든 인
간은 동물이다) 동물은 인간의 본질과 정의의 일부이기 때문에, 동물은 그 자체로 인
간에 속한다. 반면에, 홀수는 수의 속성이고(어떤 숫자는 홀수이다) 수는 홀수의 본질
과 정의의 일부이기 때문에, 홀수는 그 자체로 수에 속한다.
100 퓌타고라스학파의 경우에 도형도 수로 파악된다.

[5] 적으로 있는 사항'이라고 말한다. 예를 들어 음악적인 것이나 하얀 것 등
은 동물에게 부대적으로 있는 사항이다.

게다가 (iii) '[그 자신과] 다른 어떤 기체에 대해 술어가 되지 않는 것'
이 그 자체로서 있는 것이다. 예를 들어 '걷고 있는 것'은 걷는 것과는 다
르고, 또 '흰 것'은 흰 것과 다르지만, 그 실체, 즉 '이 무엇인가'(tode ti)
를 의미하는 한은 '그것이 바로 그러한 것'과 다른 무엇인 것은 없다.[101] 그
렇기에 기체에 대해 술어가 되지 않는 것들을, 나는 '그 자체로 있는 것'이
라고 부르고, 기체에 대해 말해지는 것들을 '부대적인 사항'이라고 부른
다.[102]

[10] 게다가, 또 다른 방식으로 각각의 것에 (iv) '그 자체에 의해서 있는 것'
은 '그 자체로서 있는 것'이고, '그 자체에 의해서가 아닌 것으로 있는 것'
을 '부대적인 사항'이라고 부른다. 예를 들어 걷고 있을 때 번개가 쳤다면
그것은 부대적인 것이다. 그것은 우리가 주장하는 바로는 걷고 있는 것에
의해서 번개가 친 것이 아니라, 그 일은 [부대적으로, 혹은 우연적으로]
일어났기 때문이다. 그러나 그 자체 때문에 일어난 것이라면, 그 자체로서
일어났다고 우리는 주장할 것이다. 예를 들어 어떤 동물이 목이 잘려 죽은

---

101 '그 자체로서 있다'에서, '있다'의 원인이 그 자신에게 있는 실체와 그 '있다'라는
것이 무언가의 실체에 의존하는 그 이외의 범주(카테고리아)라는, 가장 기본적인 범
주에 대한 구별을 말하고 있다.

102 제1권 제22장 83a6 아래에서의 부대적인 사항에 대한 논의와는 별개의 논점이
다. 여기서는 실체 이외의 범주 모두가 '부대적인 것'이다. 즉, 다음과 같은 경우(i, ii,
iii)일 때 그 경우에는, 'A는 그 자체로 S에 부대적인 것이다.' 즉 (i) A는 S의 본질의
일부가 아니며, (ii) E들이 S의 본질(의 일부)인 E들이 있고, (iii) E들 때문에 A는 필
연적으로 S에 속한다. 예를 들어 이성적인 동물임이 인간의 본질이라고 가정해 보자.
또 합리성이 말하는 능력을 필요로 한다고 가정해 보자. 인간은 말할 수 있다는 결론
이 따라 나온다. (본질적으로) 이성적인 동물임은 왜 인간이 (필연적으로) 말할 수 있
는가의 원인이 된다. 그러므로 말할 수 있음은 '그 자체로 부대적이며' 또 인간에 대한
증명 가능한 속성이다.

경우에는, 이 동물이 죽은 것은 목이 잘렸기 때문에 생긴 것이므로, 목을 [15]
베는 것 자체에 의해 일어난 일이지, 죽는 것이 목이 잘린 일로 부대적으
로 일어난 것이 아니다.[103]

그래서 단적으로 지식으로 알려진 것에 대해 그 자체로 있다고 이야기되
는 것들은 술어가 되는 것이 (주어항에) 내재하든, 아니면 그러한 것(주어
항)을 내재시키든 그 어느 하나의 방식이며, 그 자체로 의해서 그리고 필
연적으로 있는 것이 된다. 왜냐하면 여기서 없다는 것은, 그것들이 단적으
로든 있을 수 없는 것이든 혹은 대립 명제 중 어느 것도 성립하지 않는 것
이든 가능할 수 없기 때문이다. 예를 들어 선분에는 곧음이나 굽음 중 하 [20]
나가, 수에는 홀이나 짝인 것 중 하나가 성립한다. 반대는 동일한 유(類)
안에서의 결여나 모순이기 때문이다. 예를 들어 수인 한에서[104] 홀이 아닌
것에는 짝이 부수된다. 그러므로 무엇에 대해서든 긍정하거나 부정하는
것 중 하나가 필연적이라면, [두 번째 방식으로] 그 자체로서 있는 사항
중 하나는 필연적으로 있는 것이다.

그런데 '모든 것에 대해서'와 '그 자체로서'는 이러한 방식으로 규정되 [25]
었다고 하자. 여기서 내가 '보편적'이라고 하는 것은 (a) '모든 것에 대해
서', (b) '그 자체로서' 또 (c) '그 자체인 한, 어떤 사항'을 말한다.[105] 그
렇기에 보편적인 사항이 바로 그 사안에 필연적으로 있음은 분명하다.
(b) '그 자체로서'와 (c) '그 자체인 한'은 같은 것이다. 예를 들어 점과 곧 [30]
음은 선분에 그 자체로서(그것들은 선분이 선분인 한에서 있는 것이니까),

---

103 이 예는 희생제의의 경우를 생각하고 있는 듯하다(Barnes 참조). 희생 제물은
죽어야 하고, 목이 베여 죽는 것은 우연이 아니다.
104 짝수와 홀수는 수의 모든 가능성을 드러낸다. 짝수는 홀수 아님으로부터 따라
나온다는 것이다.
105 여기서의 '보편적' 규정은 (a) '모든 것에 대하여'로 특징지어지는 통상의 '전칭'
규정이 아니다. (b), (c)의 부가에 의해 보편적이거나 필연적인 것이 이끌리도록 규정
되어 있기 때문이다.

2직각인 것은 삼각형인 한에서 삼각형에 있다(삼각형은 그 자체로서 2직각과 같은 것이니까).

무언가가 보편적이라는 것이 성립하는 것은 그것이 문제가 되고 있는 임의의 무엇인가에 대해 첫 번째 것으로 증명되는 때이다.[106] 예를 들어 [35] 2직각의 내각을 갖는 것은 도형에 보편적으로 있는 것은 아니다(물론 어떤 도형에 대하여 2직각의 내각을 갖는 것이 증명되지만, 임의의 도형에 대해서는 아니며, 또 증명할 때 임의의 도형을 사용하는 것도 아니다. 사실상 정사각형은 도형이지만 2직각과 같은 내각을 가지고 있지는 않으니까). 한편 임의의 이등변 삼각형은 2직각과 같은 내각을 갖지만, 그것은 첫 번째 것으로서가 아니라 2직각과 같은 내각을 갖는다는 것에 대해서는 '삼각형' 74a 이 보다 앞선다. 그렇기에 임의의 첫 번째 것이 2직각의 내각을 갖는 것, 혹은 다른 무엇인가임이 증명될 때, 이것은 이 임의의 첫 번째 것에 보편적으로 있는 것이며, 이 보편적인 것에 대해 그 자체로서 논증이 있게 되지만, 다른 것에 대해서는 논증이 다른 방식으로 있는 것이지만, 그 자체로서는 아니다.—2직각의 내각을 갖는다는 것은 이등변 삼각형에 대해 보편적으로 있는 것이 아니라 이등변 삼각형보다 더 많은 것에 대해서도 있는 것이다.

제5장

여기서 간과하지 않아야 할 것은 우리가 종종 잘못을 저지르는 것이다. [5] 우리가 증명하려고 하는 것이, 설령 첫 번째 것에 대해 보편적으로 있다

---

106 '첫 번째 보편' 관계에 있는 것은 주어항과 술어항을 교환할 수 있는 경우임이 확인된다. 더욱이 논증적 지식의 대상이 되는 것은, 그것이 '그 자체로서' 있는 경우인 셈이다. 제1권 제5장 74a10-13, 74a36-b4, 제2권 제17장 99a33-35 참조.

는 것을 증명한다고 생각하지만, 실제적으로는 첫 번째 것에 대해 보편적으로 있는 것은 아니라는 것이다. 그리고 이러한 잘못을 범하는 것은, 즉 (1) 각각의 것[107] [[혹은 여러 가지 개별적인 것들]][108] 이외에 상위의 것을 [파악하고 있어야 하는데] 아무것도 파악하지 못했을 때,[109] 혹은 (2) 더 상위의 것을 파악하고는 있지만, 그것이 종에서 다른 상이한 것 위에 이름이 없는 채로 있을 때, 혹은 (3) 파악하고 있는 것이 우연히 부분적인 전체이며, 이에 대해 증명된 것에 불과할 때, 이것들 중의 하나이다. 왜냐하면 이 (3)의 경우 이루어지는 논증[110]은 문제가 된 부분적인 것에 대해서, 게다가 그 모든 것에 대해서 성립하겠지만, 그럼에도 이 논증은 문제가 되고 있는 첫 번째의 보편적인 것에 대한 논증이 되지 않을 것이기 때문이다. 내가 말하는 것은 엄밀한 의미에서의 논증은 그 논증이 첫 번째의 보편적인 것에 관한 것일 때, 바로 그러한 것인 한, 이 첫 번째 것에 대한 논증이라는 것이다.[111]

[10]

그런데 (3) 누군가가 어떤 직선에 수직인 두 직선은 만나지 않는다는 것을 증명하려고 하고 있고, 이 논증이 맞지 않는다는 것은 수직인 직선의

---

107 여기서의 '각각의 것'은 '개개의 개별적인 것들'이 아니라, 74a16-17의 예가 보여주듯이 '종(류)'이다.

108 Zabarella에 따라 대부분의 주석자들은 삭제하지만, Pellegrin(2005)은 그대로 읽고 있다.

109 (1)의 경우 '파악할 수 있는 상위의 것이 없다'라고 하고 있지만, 문자 그대로 상위의 종류가 없으면, 문제가 되는 오류는 생기지 않을 것으로 생각된다. 많은 학자들이 이해하고 있듯이 74a16-17의 예가 이 (1)의 경우의 예라면 '상위 사항이 파악되지 않았다'라는 의미이어야 할 것이다. 하지만 그렇다고 하면 (3)의 경우와 어떻게 구별되는가가 문제가 될 수 있다.

110 여기서 '논증'은 '타당한 추론'이라는 의미로 쓰이고 있다.

111 이 단락에서 언급된 세 경우들이 아래에서 (3), (1), (2) 순서로 논의되고 있다. 엄밀한 논증에서 결론의 주어항과 술어항은 외연을 같게 해야 한다는 것이다. 이는 중요한 논점이다. 이 논점이 있기 때문에 '논증'은 단순한 '교육'의 기술이나 사후적인 '정당화'의 기술이 아니라 '탐구의 방법'일 수 있다.

모두에 있기 때문이라고 생각할지도 모른다.[112]

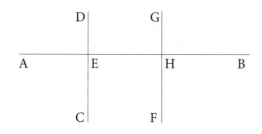

[15]　　그러나 이것은 그렇지 않다. 이것이 이런 식으로 [엇각이 직각이고] 같다는 데서 생기는 것이 아니라 어떻게든 [엇각이] 같은 한에서 생기는 것이니까.

또 (1) 이등변 삼각형 이외에 다른 삼각형이 없었다면, 내각의 합이 2직각인 것은 이등변 삼각형인 한 그것에 놓여 있었다고 생각했을 것이다. 그리고 (2) 비례항이 교환되는 것은 수나 선분, 또 입체나 시간인 한에서 각각에 있는 것이라고 생각되었을 것이다.[113] 실제로 이 사실은 이

[20]　전에는 각각 별도로 증명되었던 것이다. 하지만 이는 모든 것에 대해 하나의 논증에 의해 증명될 수 있는 것이다. 그렇지만 이 모든 것은, 즉 수, 길이, 시간, 입체가 그 이름으로 불리는 어떤 하나의 것이 없고, 또 이것들이 종적으로 서로 다르기 때문에 따로따로 파악된 것이다. 그러나 지금은 보편적으로 증명되고 있다. 왜냐하면 비례항이 교환되는 것은 선분이나 수인 한에 있었던 것이 아니라 보편적으로 밑에 놓여 있는

---

112 (위의 그림 참조) 각 DEB와 GHB가 직각이라면 "직각을 이루는 것들은 만나지 않는다"라고 증명했을 것이다. 즉 CD와 FG는 평행이다. 하지만 이것은 참된 논증이 아니다. 왜냐하면 증명은 DEB와 GHB가 직각이라는 사실에 의존하는 것이 아니라 DEB=GHB라는 사실에 의존하기 때문이다(Barnes, pp. 123-124 참조).

113 '비례가 교차한다'는 말은 이런 것이다. A:C=B:D일 때, 오직 그때에만(if and only if), A:B=C:D이다.

'이것'인[114] 한에 있는 것이기 때문이다.

그러므로 삼각형이 2직각을 갖는다는 것을 누군가 등변 삼각형, 부등 [25]
변 삼각형, 이등변 삼각형에 대해 하나의 혹은 다른 논증에 의해 각각 따
로 증명하더라도, 그 사람은 소피스트식 방식이라면 몰라도 2직각을 갖는
다는 것을 알지 못한다. 또한 설령 이러한 각각의 삼각형 외에는 삼각형이
없다고 하더라도 삼각형에 대해 보편적으로[115] 알지 못하는 것이다. 왜냐 [30]
하면 그것이 삼각형인 한에서 모든 삼각형이 그렇다는 것을 알지 못하며,
[매거함으로써] 수에 있어서만 알고 있기 때문이다. [매거가 다 되어 있어
서] 설령 그렇다는 것을 모를 삼각형이 없다 하더라도 [그것들을 하나의
종으로 묶어 올리지는 않았으므로] 종이라는 점에서는 모든 삼각형을 알
지는 못하는 것이다.

그렇다면 우리는 어떤 때에 우리는 보편적으로 알지 못하며, 또 어떤
때에는 단적으로 아는 것인가? '삼각형임'과 '이등변 삼각형임'이 (각각의
삼각형에 대해서든 [어느 삼각형인지 특정하지 않고] 모든 삼각형에 대해서
도) 동일하다면, 이때 우리는 분명히 '단적으로 아는 것'[116]일 것이다. 그러
나 만일 이것들이 동일하지 않고 다르다면, 또 2직각인 것은 삼각형인 한
에서 삼각형에 속한다면, 우리는 [삼각형이 2직각을 갖는다고 단적으로 [35]
는] 알지 못하는 것이 된다.

그렇다면 [두 직각을 가짐은] 삼각형인 한에서 혹은 이등변 삼각형인
한에서 그것에 속하는 것일까? 그리고 그것은 도대체 어떤 때에 그 자체
적으로 [그 '삼각형임'이라는 측면에서] 또 첫 번째로 삼각형에 속하는 것
인가? 그리고 여기서의 논증은 어떤 보편적인 사항에 관한 것인가? 분명

---

114 여기서는 실체를 나타내는 '이것'이 아니라 양이나 크기를 나타내는 '이것'이어
야 한다.

115 katholou trigōnon으로 읽는다.

116 즉 등변 삼각형이 두 직각을 갖는다는 것을 증명함으로써 그러한 삼각형이 두
직각을 갖는다는 것을 알게 되는 것이 '단적으로 아는 것'이다.

히 관련성이 없는[117] 사항을 제거한 후에 2직각인 것이 첫 번째인 사항이
된 때이다. 예를 들어 '2직각인 것'은 청동 이등변 삼각형에 있겠지만, 또
한 '청동임'과 '이등변임'이 제거되기도 할 것이다. 그러나 도형인 것이나
한계가 있음이 제거되었을 때에는 더 이상 있을 수 없을 것이다. 그럼에도
도형인 것이나 한계가 있음은 첫 번째인 것[118]이 아니다. 그렇다면 무엇이
첫 번째인 것인가? 여기서 문제 삼고 있는 것인 '삼각형이라는 것'이라면,
'삼각형이라는 것' 때문에 2직각인 것이 [이등변 삼각형이나 부등변 삼각
형이라는] 다른 것들에도 있는 것이며, 여기서 논증은 삼각형이라는 보편
적인 것에 관한 것이다.

제6장

[5]   그런데 만일 논증적 지식이 필연적인 원리로부터 출발하여 성립하는
것이고(지식이 되는 것은 다른 것으로 있을 수 없으니까), 또 해당 사항에
그 자체로서 있는 것이 그 사항에 필연적인 것이라면(그 자체로 있는 것[119]
은 해당 사항의 '그것은 무엇인가[본질] 안에 있는 사항이거나 그 사항에
대해 술어가 되고, 게다가 그 술어의 '그것은 무엇인가' 안에 있으며, 또한
반대 대립하는 사항 중의 어느 한쪽이 해당하는 사항에 필연적으로 있는 것
[10]   중 하나이니까), 논증적 추론이 이런 종류의 원리로부터 출발함은 분명하
다. 왜냐하면 어떤 사항에 있는 모든 것은 이런 방식으로 그 자체로서 있
거나 부대적인 방식으로 있으며, 부대적인 것은 필연적이지 않기 때문
이다.

---

117 Barnes를 좇아 huparchē 앞에 부정사 mē를 보태서 읽었다. 74b1에서 재차 '그
렇다면 무엇이 첫 번째인 것인가'라고 묻는 것에도 적합하다.
118 만일 첫 번째의 것마저 제거한다면 더 이상 그 속성은 속하지 않게 될 것이다.
119 그 자체로 대상에 속하는 것.

그래서 이렇게 말해야만 하거나, 아니면 논증은 필연적이라는 사항[120]에 대한 것이며, 무언가가 이미 논증되어 있다면, 그 논증된 것은 다른 것일 수 없다는 것을 출발점으로서 놓아야만 할 것이다. 그렇다면 논증하는 추론은 필연적인 원리로부터 출발해야 한다. 왜냐하면 참된 전제들로부터 출발해서 추론해도 필연적인 결론을 논증하지 않는 경우가 있지만, 필연적인 원리들로부터 출발하면서 필연적인 결론을 논증하지 않는 경우는 없기 때문이다. 즉 추론되는 결론이 필연적이라는 것이 바로 논증적이라는 것이기 때문이다.[121]

논증이 필연적인 원리로부터 출발한다는 증거로서는 논증하고 있다고 생각하는 사람들에 대해, 그 사항이 대체로 다른 것 같다거나, 적어도 그들의 논의와의 관계에서는 다른 것 같다고 우리가 생각할 때에는 우리는 그것이 필연적이지 않다는 반론을 제기할 수 있다.

이러한 것들로부터 미루어서, 추론함에서 추론의 전제가 일반적으로 받아들여지고 있는 것이며, 또한 참이기만 하면, 원리를 올바르게 파악하고 있다고 생각하는 사람들이 순진하다는 것은 분명하다. 예를 들어 소피스트들이 '**지식이 된다는 것**(이해)은 지식을 가진다'를 전제로 하는 경우가 그렇다.[122] 왜냐하면 우리에게서의 원리는 일반적으로 받아들여지고

---

120 Ross의 텍스트에 따르면, ana[n]gkaiōn('필연적인 것들') 대신에 '논증은 필연적인 것(ana[n]gkaion)이다'라고 하는 사본도 있다. Barnes는 그것을 따른다.

121 이 논의를 요약하면 이렇다. (1) P가 논증되었다면 P는 필연적이다. (2) 다시 말해 'P가 Q로부터 추론되었고, Q가 필연적이라면, P는 논증되었다.' 필연적인 원리들로부터 출발하면서 필연적인 결론을 논증하지 않는 경우는 없으니까. 따라서 '추론되는 결론이 필연적이라는 것이 바로 논증적이라는 것'이다. 『분석론 전서』 제1권 제9장에서는 제1격 추론에서는 대전제가 필연 양상인 경우에는 소전제가 무양상이어도, 결론은 필연 양상이라고 논의하고 있다. 여기서는 논증적 지식이기 위해서는 소전제도 필연 양상이어야 한다고 되어 있다. 모순이라고 볼 필요는 없을 것이다. 이끌린 결론이 필연 양상인 것 이상으로 논증적 지식인 것의 조건이 엄격해지고 있는 것으로 보인다.

[25] 있는 것이 아니라, 그것에 대해 논증이 증명되는 유(類) 중에 첫 번째인 사항이기 때문이다. 참이라고 해서 그것들이 모두 논증과의 관계해서 고유하게 어울리는 것은 아니다.

[논증에서는] 추론이 필연적인 사항으로부터 출발해야 한다는 것은 다음과 같은 점에서도 명백하다. '그런 이유는 무엇인가'('왜 그런가', dia ti)에 대한 이유에 대한 설명(logos)을 가지고 있지 않은 사람은 [외견적으로는] 논증이 있어도 지식을 가지고 있지 않다면, 즉 A가 C에 대해 [형식

[30] 적으로는] 필연적이게 되더라도 그것을 통해서 논증이 이루어진 중항인 B가 필연적이지 않다면, 그 사람은 '왜 그런지'를 알지 못한다.[123] 즉, [항 연쇄에 있어서는 필연적이지만,] 이것은 중항을 통해 그런 것이 아니니까. 왜냐하면 [중항과 두 끝항과의 항 연쇄는] 그렇지 않을 수 있지만, 결론은 [우연히] 필연적이기 때문이다.

또 어떤 사람이 ['그런 이유가 무엇인가'의] 이유에 대한 설명을 가지고 있는데, 자신이 살아서 유지되며, 그 사항[124]도 소멸하지 않고 유지되고 (sōzomenos), 잊지 않고 있다고 할지라도, 지금 모르면 이전에도 알지 못했던 것이다.[125] 그러나 중항은 필연적인 사항이 아니라면, 중항은 소멸할

---

122 to epistasthai to epistēmēn echein. 71b10, 74a28 참조. 플라톤, 『에우튀데모스』 277b("안다는 것은 앎을 가지고 있다는 것이겠지.") 참조. '안다는 것'과 '지식의 소유'는 다르다. 지식을 가지고 있다고 해도 그것을 적절하게 설명하지 못하는 상태에 있을 수 있다. 아리스토텔레스의 주장은 우리가 파악한 명제가 현실적으로 참된 원리일 때에만 지식(앎, 이해)의 상태에 있다는 것이다. 참된 원리를 파악한다는 것은 적절한 설명적 상태를 소유하는 것이다.

123 즉, LAaB, BaC⊢LAaC라는 추론식을 생각해 볼 수 있다(『분석론 전서』 제1권 제9장 30a15-23 참조). 갑이 비-필연적 전제로부터 필연적 명제 AaC를 논증했다고 해 보자. 그러면 갑은 왜 AaC인지를 알지 못한다. 따라서 AaC의 지식을 갖지 못한다.

124 P라는 명제의 주어.

125 't_1이 t_2보다 앞선다. (i) a는 P라는 것을 t_2에서 알지 못한다. (ii) t_1과 t_2에서 a는

수도 있다. 따라서 자신이 유지되고, 사항도 유지되고, 이유에 대한 설명 [35]
을 가지고 있다고 해도 그는 알지 못한다. 그래서 또 예전에도 몰랐던 것
이 된다. 게다가 중항이 소멸하는 일이 없었다고 해도, 소멸할 수 있는 것
이라면 소멸한다는 것이 귀결되는 것은 가능한 일이고,[126] 있을 수 있는
일이다. 그러나 상황이 이렇다면 그런 사실을 알기란 불가능하다.[127]

그런데 결론이 필연적인 것일 때 그것을 통해 그것이 증명되는 중항이 75a
필연적이지 않다는 것을 방해하는 것은 아무것도 없다. 왜냐하면 참이 아
닌 것들로부터 참임을 추론할 수 있듯이 필연적인 것이 필연적이지 않은
것들로부터 추론될 수 있기 때문이다.[128] 한편, 중항이 필연적인 것일 때
에는, 참인 것으로부터는 참인 것이 항상 추론되듯이 결론도 필연적인 것 [5]
이다(즉, A는 B에 대해 필연적이고, B가 C에 대해 필연적이라고 하자. 그렇
다면 A가 C에 있는 것도 필연이다). 게다가 결론이 필연적이지 않을 때에
는, 중항도 필연적일 수 없다(즉, A가 C에 필연적으로 있는 것은 아니지만,
B에는 필연적으로 있으며, 이 B는 C에 필연적으로 있다고 해 보자. 그렇다 [10]
면 A는 C에 필연적으로 있을 것이다. 그러나 그렇지 않은 것으로 가정되었
다.)[129]

그래서 우리가 어떤 사항에 대해 논증적인 방식으로 지식을 가진다면,
그 사항은 필연적으로 그래야만 하기 때문에, 필연적인 중항을 통해 논증

P라는 것에 대한 이유를 가지고 있다. (iii) a는 t_1에서 살아 있고 t_2에서도 살아 있다.
(iv) P는 t_1에서도 참이고, t_2에서도 참이다. (v) a는 t_1와 t_2 사이에 P라는 것을 잊지
않았다. 그렇다면 a는 t_1에서 P라는 것을 알지 못했다.'
126 전제 R이 t_2에서 거짓일 수 있다.
127 앞의 논증에서 결론; (a는 AaC라는 것을 t_1에서 안다) & (a는 AaC라는 것을
t_1에서 알지 못한다) 즉, 이 '결론'이 참이라는 것은 불가능하다. 혹은 '만일 우연적 전
제에 의지한다면, AaC라는 것을 알 수 없다.'(Zabarella)
128 즉, 하나의 전제가 필연이 아닌 경우에도, 필연적인 결론은 이끌어 낼 수 있다는
것이다.
129 AaB, BaC ⊢ AaC.

81

을 가져야 한다는 것은 또한 분명하다. 그렇지 않다면, 그 사람은 그 사항이 그렇게 있는 이유가 무엇인지, 또한 그 사항이 그렇게 되는 것이 필연적이라는 것을 알지 못할 것이다.[130] [다시 말해 이런 상황에서] 필연적이지 않은 사항을 필연적이라고 상정한다면, 모르면서 안다고 생각하게 될 것이고, 그렇지 않으면 그렇게[알고 있다고] 생각하지도 않을 것이다. 이는 어떤 사항이 그렇다는 것(to hoti)을 그가 중항을 통해 알고 있어도, 또 그 사항이 그렇다는 것은 왜 그러한지(dioti)를 무중항[의 전제]을 통해 알고 있어도 마찬가지이다.

[15]

'그 자체로서'라는 것에 대해 앞서 규정된 방식으로, '그 자체로서 있는 것'이 아닌 부대적인 것들에 대해서는 논증적 지식(epistēmē apodeiktikē)이 없다.[131] 이러한 사항에 대해서는 결론을 필연적이라고 증명할 수 없으니까. 이것을 증명할 수 없는 것은 부대적인 사항은 그렇지 않을 수도 있기 때문이다. 여기서 내가 말하고 있는 것은, 이러한 [그 자체로서 있는 것이 아닌] 부대적인 사항[132]에 관한 것이다.

[20]

그럼에도 이와 같이 논하면, 누군가는 [일반적으로 문답법적인 논의에서는] 그 결론이 그렇다는 것이 필연적이지 않다고 한다면, 무엇 때문에 이러한 결론에 대해 이러한 결론을 이끄는 것이 어떤 전제인가를 물어야[133] 하는지, 아마도 의문이 들 것이다. 왜냐하면 문답법적 논의에서는 임의적인 것을 묻고, 그런 다음에 어떤 결론을 말한다 해도 아무런 차이가 없기 때문이다.[134] 하지만 이러한 문답법적인 경우에서는, 누군가는 전제로서 질문받은 것을 통해서 그 결론이 그러한 것이 필연적이기 때문이 아

[25]

---

130 즉, 왜 AaC인지에 대한 이유와 AaC의 필연성.

131 제4장에서 논의된 (1), (2)의 의미에서, 즉 주어항과 술어항이 어떤 정의적 관계에 있음을 말하는 '그 자체로서 있다'이다.

132 그 주어에 그 자체로 속하는 것, 즉 고유한 의미에서의 부수성이 아니다.

133 부대성에 관한 변증술적(문답법적) 물음.

134 어떤 경우든 그 결론이 필연적이지 않다는 점은 아무런 차이가 없다.

니라, 오히려 전제를 말하는 사람에게서는 결론을 말하는 것도 필연적이기 때문이라고, 또 성립되어 있는 전제가 참으로 있다면 그 결론을 말하는 것도 참이기 때문이라며, [무엇이 전제되어 있는지를] 물어야 하는 것이다.[135]

어떤 유에 속하는 각각의 사항에 그 자체로서, 또 그 유에 속하는 각각의 사항인 한에서, 어떤 사항은 각각의 사항이 속하는 각각의 유에 대해서 필연적으로 있어야 하므로, 지식을 가져오는[학문적] 논증은 그 자체로서 [30] 있는 것들에 관련되며, 또 그와 같은 원리로부터 출발하는 것임은 분명하다. 왜냐하면 부대적인 것은 필연적인 것이 아니며, 그러므로 그러한 사항에 대한 결론이 왜 그러한가를 아는 것은 필연적이 아니기 때문이다. 설령 문제가 되고 있는 부대적인 사항이 항상 있다고 하더라도 그 자체로서 있는 것이 아니라고 한다면, 그것을 알지 못하는 것에 대해서는 마찬가지이다. 예를 들어 징표를 통한 추론[136]이 그렇다. 왜냐하면 이러한 경우에는 그 자체로 있는 사항에 대해서 그 자체로 있는 것으로 지식을 갖지 않으며, 그것이 왜 그런지에 대해서도 지식을 갖지 못하기 때문이다. (왜 그 [35] 런가에 대한 지식을 갖는 것은 원인을 통해 지식을 갖는 것이다.) 그러므로 중항은 제3항[작은 항]에, 첫 번째 항[큰 항]은 중항에 그 자체를 통해[137] 있어야 하는 것이다.

---

135 75a22-27에서 아리스토텔레스는 이른바 '추론되는 결론 내용의 필연성'(necessitas consequentis)과 '결론이 추론된다는 형식의 필연성'(necessitas consequentiae)을 구별하고 있다.

136 이 추론에 대해서는 『분석론 전서』 제2권 제27장 참조.

137 즉, '중항을 통하지 않고는' 논증될 수 없다는 것이다.

제7장

그러므로 어떤 사항을 다른 유에서 출발하여 논증하고자 하는 유로 넘어가서 증명할 수는 없다. 예를 들어 기하학적인 것을 산술적으로 증명
[40] 할 수 없다. 논증 안에는 세 가지가 있기 때문이다. 하나는 논증되는 사항으로, 즉 결론에서 술어가 되는 것이다[138](이것은 어떤 유에 그 자체로 있는 사항이다). 다른 하나는 공리이다(공리란 논증이 거기에서 출발하는 원리이
75b 다). 그리고 세 번째는 '기체'로 되어 있는 유인데, 이 유의 속성, 즉 이 유에 그 자체로서 부대되는 사항을, 논증은 분명히 하는 것이다.[139]

논증이 거기에서 출발하는 원리[공리]는 여러 논증에서 동일할 수 있다. 그러나 논증이 그것에 대해 이루어지는 유가 다른 것에 대해서는, 예
[5] 를 들어 산술과 기하학의 유가 그렇지만, 산술적인 논증을 크기에 부대하는 사항에 적용하는 것은 크기가 수(數)인 경우가 아니면 가능할 수 없다. 그러나 이것이 어떤 종의 사항에 대해서 어떻게 가능한지는 나중에 논하기로 하자.[140]

---

138 Barnes, p. 130 참조.
139 『분석론 전서』 제1권 제30장 46a20-25 참조. 세 가지를 확인해 두자. 첫째, 논증적 지식에서 직접적으로 탐구되는 것은 '이 유에 그 자체로서 부대하는 사항'의 원인이지, '이 유'의 '그것은 무엇인가'가 아니라는 것이다. 이 점은 무엇인가를 탐구하는 철학의 위치를 어떻게 생각하는가 하는 문제와의 관계에서 중요하다. 둘째, '그 자체로서 부대되는 사항'이라는 것 자체의 문제성을 확인해야 한다. '그 자체로 있다'와 '부대한다'라는 것은 맥락에서 대립한다. '그 자체로 부대되는 사항'은 문제가 되는 주어항의 '본질'은 아니지만, '단순한 속성'이라는 것도 아니고, 그 사항의 '고유속성'을 가진 대상이다. '내각의 합이 2직각인 것'은 삼각형의 '본질'이 아닌 '고유속성'이다. 셋째, 그럼에도 '이런 유에 그 자체로서 부대하는 사항'이 논증될 수 있도록 탐구를 행함으로써, 그러한 사항이 귀속되는 '이런 유'의 '그것은 무엇인가'가 간접적으로 해명되는 것을 목표로 삼고 있다.
140 아래의 75b9, 14-17, 제1권 제9장 76a9-15, 23-25, 제1장 77b1-2 참조.

그런데 산술적인 논증은 그 논증이 그것에 대한 논증인 유를 항상 가지고 있으며, 다른 학문이 관련된 논증에 대해서도 마찬가지이다. 그러므로 어떠한 논증이 있는 유에서 다른 유로 넘어가려고 한다면, 그 논증이 관련된 유는 필연적으로 단적으로 동일하거나 또는 어떤 식으로든 동일해야 한다. 이 외의 다른 방식이 불가능하다는 것은 분명하다. 왜냐하면 [논증 [10] 이 관련된] 두 끝항과 중항은 필연적으로 동일한 유로부터 이루어져야 하기 때문이다. 그 이유는 이들 **항 연관**이 동일한 유의 사항에 대하여 그 자체로서 있는 것이 아니라면, 이것들은 그것에 대하여 논증되지 않는 부대적인 사항이 될 것이라는 것이다.

그러므로 '서로 대립하는 사항에 대해 하나의 학문적 지식이 있다'[141]라는 것을, 그리고 '두 세제곱수의 곱은 세제곱수이다'[142]라는 것조차 기하학으로 증명할 수 없다. 또한 예를 들어 광학이 관계되는 것이 기하학적 지 [15] 식에 대한 것처럼, 또 화성학이 관계되는 것이 산술적 지식에 대한 것처럼, 한쪽의 학문적 지식이 다른 쪽의 학문적 지식의 아래에 포섭되는 관계에서 서로 관계되어 있는 것이 아닌 한, 어떤 지식에 의해 그것과는 다른 지식이 관계되는 사항을 증명할 수 없다. 나아가 어떤 것이 선(線)에 있는 것이라 하더라도 그러한 사항이 선인 한 선에 있는 것이 아니다. 즉, 선에 고유한 원리에서 출발하는 한의 사항이 아니라면, 예를 들어 '선 중에서는 직선이 가장 아름다운지 어떤지'라든가 '직선은 곡선과 대립적인가 아닌가'라는 것이 그러한 것인데, [이러한 사항들에 대해서 기하학으로 증명할 수 없다.] 왜냐하면 이러한 사항은, 그러한 사항의 고유한 유인 한에서 [20] 있는 것이 아니라, 그러한 사항에 공통적인 무언가인 한에서 있는 것이기 때문이다.

---

141 사람을 어떻게 죽이는지를 모르면, 의사는 어떻게 환자를 치료하는지를 알 수 없다.

142 $m = x^3$, $n = y^3$이면, $m \cdot n = z^3$; 에우클레이데스, 『원론』 제9권 명제 4 참조.

제8장

　추론이 거기로부터 출발하는 전제들이 보편적이라면, 이러한 형식의 논증, 즉 이른바 단적인(무조건적인) 논증의 결론 또한 영원하다는 것이 필연적임은 명백하다. 그러므로 소멸하는 것들에[143] 대해서는 논증이나
[25] 단적인 지식은 없으며, [있다고 하더라도] 단지 부수적인 방식으로만 논증이나 지식일 뿐이다. 그렇기에 그것들에 대해 보편적으로[144] 있는 것이 아니라, 단지 어떤 때와 어떤 방식으로만 있는 것이기 때문이다.[145]

　그러나 이러한 [부대적인 방식으로의] 논증이 있을 때, 전제들 중의 하나[소전제?]가 보편적이지 않다는 것, 또 소멸하는 것이[146] 필연적이다. 전제가 소멸적이라면, 그 결론 또한 소멸적일 것이기 때문이며, 보편적이지 않으면 논증이 그것에 대해 행해지는 것 중 어떤 것에는 있고 다른 어떤 것에는 없다는 것이 될 것이기 때문이다. 따라서 보편적으로 추론할 수
[30] 는 없고, 단지 지금은 이렇다고 추론하게 된다.

　정의(horismos)에 대해서도 또한, 정의는 논증의 원리이거나, 배치에서

---

143 여기서의 '소멸하는 것'은 '필연적이지 않은 사항'과 동의어이다.
144 OCT의 kath' holou 대신에 katholou로 읽는다.
145 소멸하는 것들에 관한 논증도 있을 수 있는데, 일차적으로는 그것들의 종에 관한 논증과 이차적으로는 그 종에 속하는 소멸하는 개별자에 관한 논증이 있다. 바로 밑에서 보듯이, P가 영원하지 않고 갑이 Q와 R로부터 P를 논증한다면, 전제들 중의 하나는 보편적이지 않고(특칭 전제, AiC) 소멸할 수 있는 것이어야 한다. 즉 AaB는 때때로 B일 수도 B가 아닐 수도 있기 때문에 '비-보편적'이다. 다시 말해 B의 어떤 것은 A일 것이고 다른 것은 A가 아닐 것이다. AaC가 '언제고 늘' 있지 않을 때, 갑이 AaB와 BaC로부터 AaC를 논증한다면, AaB나 BaC 둘 중의 하나는 단지 '부분적인 시간으로' 있는 것이다.
146 '전제가 소멸적이다'라는 것은 기묘하게 들리겠지만, 아리스토텔레스에게서 언어표현으로서 진술(언명, logos)과 그 '진술에 의해 이야기되고 있는 것'과는 떼려야 뗄 수 없는 관계를 지닌다.

다른 논증이거나, 혹은 논증의 결론 중 하나이기 때문에 마찬가지이다.[147]

여러 번 반복적으로 일어나는 사항, 예를 들어 달의 식과 같은 일에 대한 논증이나 지식이 분명히 달의 식과 같은 사항[지구에 의한 빛의 차단과 같은 사항]인 한, 항상 성립되는 일이지만, 달이 항상 그러한 방식으로 있는 것이 아닌 한 부분적으로(kata meros) 성립된다.[148] 달의 식이 그렇듯이, 여러 번 일어나는 다른 사항에서도 마찬가지로 성립한다. [35]

제9장

증명되는 사항이 그 사항이 그러한 한에 있는 것이라면, 각각의 사항을 논증하는 것은 각각의 사항에 고유한 원리로부터 출발하지 않고서는 증명할 수 없다는 것은 분명하므로, 참이고 논증되지 않는 무중항의 원리에서 출발했다고 해서, 이를 통해 즉시 증명된 사항에 대한 지식을 갖게 되는 것은 아니다. 왜냐하면 그러한 것이 있다면, 브뤼송[149]이 [원의] 정사각 [40]

---

147 만일 C인 것들이 소멸될 수 있다면, C는 정의될 수 없다. "감각되는 개별 실체에 대해서는 정의도 논증도 있을 수 없다."(『형이상학』 제7권 제15장 1040a1-3 참조) 논증과 정의의 관계에 대해서는 『분석론 후서』 제2권 제10장에서 논의된다. 정의의 의미로서 여기서 들고 있는 세 가지는 순서는 다르지만 제2권 제10장에서의 논의와 일치한다.

148 월식에 관한 법칙은 이런저런 특정한 월식에 한정되지 않고 보편적이다. 하지만 만유인력의 법칙과 같이 항시 예화되는 것은 아니다. 월식은 단지 때때로 일어나기 때문이다. '항상'과 '부분적으로'라는 대비는 '필연'과 '우연'의 대비도 아니고, 또 '전칭'과 '특칭'의 대비도 아니며, 굳이 말하자면 '비-시제'와 '시제'의 대비이다(Barnes, p. 134 참조).

149 이 브뤼송은 헤라클레이아 출신으로 메가라학파에 속했다. 아리스토텔레스와 동시대 사람으로 그 오류를 언급한 이 대목이 보여주는 바는 분명하지만, 오류의 구체적인 내용은 불명확하다. 『소피스트적 논박에 대하여』 171b15-18, 172a2-7 참조. '헬라스 기하학 역사에서 가장 당혹스러운 문제 중 하나인'(Heath, p. 48) 브뤼송의

형화를 증명한 것과 같은 방법으로 증명할 수 있기 때문이다. 왜냐하면 이러한 논의(로고스)는 다른 사항에도 있는 공통적인 (1) 속성[150]에 따라 증명하고 있기 때문이다. 그렇기에 이런 논의는 유를 같이하지 않는[151] 다른 사항에도 적용된다. 따라서 그 사항인 한, 그 사항에 대한 지식을 가진 것은 아니며, 부대적인 방식으로 지식을 갖게 될 것이다. 실제로 그렇지 않았다면, 그 논증이 다른 유에도 적용되지 않았을 것이다.

76a

[5] 어떤 사항 A가 사항 C에 있다는 것(AaC)에 대해 부대적인 방식이 아닌 지식을 갖는 것은 우리가 사항 B에 의해 A가 그 C에 있다는 것을, 그

사이비(거짓) 학적 증명은 이런 것이다. 필로포노스에 따르면, 프로클로스는 브뤼송이 다음과 같은 기하학적 증명을 했다고 보고한다. 프로클로스가 전하는 브뤼송의 원리는 "더 큰 것과 더 작은 것이 있는 그것에는 또한 동등한 것이 있다(hou de esti meizon kai elatton, toutou esti kai ison)"는 것이다(Proclus ap. Philop. *in An. Post*. 112.21-4). 브뤼송은 다음과 같은 '사이비 학적 추론'으로 자신의 결론을 이끌어 냈다고 한다.

(1) 더 큰 것과 더 작은 것이 있는 그것에는 또한 동등한 것이 있다.(브뤼송의 원리)

(2) 주어진 원은 모든 내접한 직선의 도형보다 더 크고, 또 모든 외접한 직선의 도형보다는 더 작다.

(3) [그러므로 주어진 원보다 더 크고 더 작은 직선의 도형이 있다.]

(4) 그러므로 주어진 원과 동등한(ison) 직선의 도형이 있다.

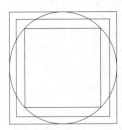

150 '수와 길이'에 공통된 것.
151 su[n]ggenōn(유를 같이하다, 동류이다). '유'를 어떻게 설정할 것인가는 논증적 지식의 핵심 문제이다.

B에 즉해서 그 자체인 한, C의 원리에서 출발하여 인식할 때이다.[152] 예를 들어 삼각형(C)이 2직각과 같은 각을 갖는 것(A)에 대해 부대적인 방식이 아니라 지식을 갖는 것은, 지금 말한 2직각과 같은 각을 갖는 것(A)이 그 자체로서의 삼각형(C)에 있다는 것을, 어떤 삼각형(C)의 원리에서 출발하여 인식할 때이다. 따라서 어떤 삼각형(C)이 그것이 있는 것(B)에 그 자체로서 있다면, 중항(B)이 항 A, C와 유를 같이하는 사항 안에 있다는 것이 필연적이다.

그렇지 않다면, 화성학과 관련된 것이 산술적인 것을 통해 증명되는 경우이다.[153] 이러한 사항은 앞의 경우와 같이 증명되지만, 차이도 있다. 그 이유는 증명되려고 하는 사항이 다른 [하위의] 지식에 속하지만(즉, 기체로 되어 있는 유가 다르기 때문인데), '그러한 것은 왜 그런가' 하는 것은 상위 지식에 속하고, 증명되려고 하는 속성은 그 자체로서는 이 상위 지식에 속하기 때문이다. 따라서 이러한 점에서도 또한 각각의 사항의 원리에서 출발하여 논증하는 것 외에는 각각의 사항을 단적으로 논증하는 것이 있을 수 없음이 분명하다. 그러나 이들 지식의 원리는 공통된 방식을 갖고 있다. [10] [15]

이 사실이 분명하다면, 각각의 사항에 고유한 원리를 논증할 수 없다는 것 또한 분명하다.[154] 이는 [이러한 고유의 원리를 논증할 수 있다면, 거기

---

152 여기서 중항 B는 특정되지 않았다. 만일 우리가 왜 A(AaC)인지를 설명하는 B항을 통해 A를 이끌어 냈다면, A에 대한 지식을 가진다. 즉 AaC를 안다면, 중항(B)는 C와 같은 동일한 유로부터 있어야 한다.

153 중항이 동일한 유에 있지 않다면, 화성학에서 발견되는 그런 것들에 대한 증명을 가질 것이다. AaB, BaC⊢AaC에서, AaC는 화성학의 정리이다. AaB는 산술학의 원리일 것이고, BaC는 화성학의 원리일 것이다. 이처럼 두 학문의 원리들은 공통적인 것, 즉 B항을 가진다. 그리고 BaC는 화성학과 산술학을 연결해 주는 원리이다.

154 이 대목에서 '원리'는 논증되지 않는다는 것을 명확하게 이야기하고 있다. AaB가 산술학의 원리, 즉 산술학 내에서 증명할 수 없으며 산술학에 특수한 항들을 포함한다고 가정하자. 이 원리에 대한 추정적 증명은 추론 안에서, 전제 AaC와 CaB를 사

서 출발하여 이러한 원리를 논증하는] 원리가 모든 사항의 원리가 되고, 이러한 원리에 대한 지식이 모든 사항에 권위가 있게 될 것이기 때문이다. 왜냐하면 더 높은 원인에서 출발해서 아는 사람이 더 뛰어난 지식을 갖기

[20] 때문이다. 즉, 원인이 될 수 없는 원인에서 출발해서 알 때, 사람은 더 앞선 것으로부터 알고 있는 것이기 때문이다. 그러므로 사람이 어떤 사항을 더 잘 알고, 가장 잘 안다면, 그 사항에 대한 지식 또한 더 뛰어나고, 더 나은 지식일 것이다.[155] 그러나 앞에서 말한 것처럼,[156] 기하학적 논증이 기계학적인 것이나 광학적인 것에, 또 산술적인 논증이 화성학적인 것에 적

[25] 용되는 경우 이외에는, 어떤 유에 대한 논증은 다른 유에는 적용되지 않는다.

사람이 무엇을 알고 있는지 아닌지를 아는 것은 어려운 일이다. 왜냐하면 우리가 각각의 사항의 원리에서 출발해서 알고 있는지, 그렇지 않은지를 알기 어렵기 때문이다. 그러나 바로 이것[157]을 인식하는 것이 아는 것이다. 하지만 그럼에도, 우리는 어떠한 참인 첫 번째 전제로부터 출발한 추론을 가지고 있다면, 지식을 가지고 있다고 생각한다. 하지만 그렇지 않

[30] 다. 지식을 갖기 위해서는 이 추론의 결론은 [[첫 번째 전제와]][158] 유를 같이 해야 한다.

용한다. 그러나 A와 B는 모두 산술적 항이다. 따라서 AaB는 결국 산술학 내에서 증명될 수 있다. 그러므로 학문에 고유한 원리가 있다면, 그것은 전혀 증명될 수 없다.
155 논증적 지식에서의 원리가 고유의 원리인 한, 유를 교차(交差)해서 적용할 수 없기 때문에 유사한 논증은 없는 것이 된다. 또 제1권 제10장, 제11장에서 논할 수 있는 '공통의 원리'는 실질적인 내용이 없기 때문에, 예를 들면, 플라톤의 '좋음의 이데아'와 같은 어떤 '최고 원리'를 정점으로 해서 구상되는 통일과학은 부정된다. 제1권 제32장 참조.
156 제1권 제7장 75b14-17, 이 장의 76a9-15 참조.
157 바로 앞 문장을 받는다. 즉 '각각의 사항의 원리에서 출발해서 아는 것.'
158 tois prōtois(Ross)를 생략하기도 한다(Solmsen, Barnes).

제10장

나는 그것들에 대해 '그렇다'는 것이 증명(논증)될 수 없는 원리를 논증적 지식이 성립하는 각각의 유의 원리라고 부른다.[159] 그런데 첫 번째 원리나 첫 번째 원리에서 파생되는 사항에 대해서는 그것들이 '무엇을 의미하는가'는 받아들이면서도, 그것들이 '그렇다'라는 원리에 대해서는 받아들여야만 하지만, 원리 이외의 다른 사항에 대해서는 증명(논증)해야 한다. 예를 들어 '단위'라든가, '곧음'이라든가, '삼각형'이라든가 하는 것에 대해서, 그것들이 무엇을 의미하고 있는지를 받아들인 다음, '단위'나 '크기'에 대해서는 '그렇다'라는 것을 받아들이고,[160] 그 밖의 사항에 대해서는 '그렇다'라는 것을 증명해야 한다.[161]

논증적 지식에서 사용되는 원리들 중 어떤 원리는 각각의 유에 따른 학문적 지식에 고유하지만, 어떤 원리는 공통이다.[162] 이러한 원리가 공통이라고 해도, 그것은 유비에 의해서이다. 왜냐하면 공통 원리가 유용한 것은

[35]

---

159 76b11에서도 확인되듯이, 논증적 지식이라는 규정에서 '유'가 차지하는 위치는 대단히 크다. '각각의 유의 원리'란 실질적으로는 해당 탐구에서 '밑에 놓이는 사항의 본질'이다. 이로써 논증적 지식은 단순히 '교수의 문맥'이나 '정당화의 맥락'에만 있는 것이 아니라, '발견의 문맥'에도 있는 셈이다.

160 (1) '점'(點)은 점을 의미한다. (2) '점'은 위치를 가진 단위를 의미한다.

161 여기서 아리스토텔레스는 '항'과 '그 의미를 밝히는 문장'을 구분하지 않는다. 오로지 '항'을 염두에 두고 논하고 있는 것처럼 보인다. 그러나 예를 들어 '삼각형이 있다'라는 것은 '삼각형은 이렇다'라는 것을, 즉 그것이 '참이다'라는 것을 논증함으로써 증명된다.

162 고유의 원리와 공통 원리에 대해서는 앞서 제1권 제7장과 제9장에서 개략적으로 논의되었다. 예를 들어 (1) '같은 것으로부터 같은 것을 제거하면 나머지는 같다'는 공통 원리이다. 이것을 기하학에 적용하면, (2) '같은 크기에서 같은 크기를 제거하면 나머지는 같다'가 된다. (1)은 양에 한정된다. 만일 (1)을 하나의 유 이상에 적용하면 '공통적인' 것이 된다. '공통적'이란 '모든 것에 공통되는' 것을 줄인 말이다 (77a26 아래 참조). 사실상 기하학자들은 (2)가 필요하며, (2)만을 사용한다.

[40]

76b

해당 지식 밑에 있는 유에 속하는 한 모든 사항에 관한 것이기 때문이다
(예를 들어 '선(線)은 이렇다'라거나 '곧음(直)은 이렇다'라는 것은 고유의 원
리이지만,¹⁶³ '같은 것으로부터 같은 것을 제거하면 나머지는 같다'라는 것은
공통의 원리이다). 이러한 공통 원리의 각각은 유에 속하는 모든 사항에
성립하면 공통 원리로서 충분하다. 그것은 이러한 원리에 대해서는, 그것
이 성립하는 것을, 모든 사항에 대해서 받아들이지 않더라도, 크기에 대해
서만 받아들이면 [기하학자에게서], 수에 대해서 받아들이면 산술학자에
게서 동일한 결과를 초래하기 때문이다.

각각의 학문적 지식의 고유 원리에 대해서도 사항이 '그렇다'라는 것을
받아들이고, 그다음에 그러한 원리가 관련된 사항에 대해서 학문적 지식
이 그 자체로서 성립하는 사항을 고찰하게 된다. 예를 들어 산술이라는 학

[5]

문적 지식은 단위에 대해, 기하학은 점(點)이나 선에 대해 그 자체로 성
립하는 사항을 고찰한다. 즉, 이러한 학문적 지식은 어떤 사항이 '그렇다'
라는 것과 그것이 '이것이다'라는 것을 원리로 받아들인다.¹⁶⁴ 한편, 이러
한 사항에 그 자체로서 어떤 속성에 대해서는 각각의 속성이 무엇을 의미
하고 있는지는 받아들이고, 예를 들어 산술은 '홀'이나 '짝'이나 '제곱'이
나 '세제곱'이 무엇을 의미하는지를, 기하학은 '비통약'이나 '굴절'이나 '기
울기'¹⁶⁵가 무엇을 의미하는지를 받아들이지만, 그것이 '그렇다'라는 것은

---

163 '선은 이렇다'나 '곧음(直)은 이렇다'라는 그 '무엇인가'를 밝히는 '정의'를 말하
는 것으로 이야기되고 있다. 고유 원리의 전형적인 예는 '정의'인 셈이다. 정의를 받아
들이는 것은 그 일이 '그렇다'라는 것을 받아들이는 것이다. 제1권 제32장 88a36-b9
참조.
164 즉 기하학은 '선이 있다'는 존재적 명제와 '정의에 의해 선이 그러한 것이다'라는
것을 가정한다.
165 A=nB/m이 되는 정수 n, m이 없는 경우, 선분 A는 B와 관련하여 비-통약적이
고, 각 ABC≠180°이면, 선분 AC가 B에서 굴절된다. 각 ABC=180°이면, AB는 한
점 C로 기운다.

공통 원리를 통해 이미 논증된 사항에서 출발해서[166] 증명한다. 천문학에 [10]
대해서도 마찬가지다.[167]

모든 논증적 지식은 세 가지 사항과 관련이 있다. 그것이 '있다'(그렇
다)[168]라고 놓이는 한에서의 사항(이것들은 유이며, 논증적인 지식은 이 유
에 대해 그 자체로서 어떤 속성에 대해 고찰하는 것이다), 공통적으로 이야
기되는 공리(이것들은 첫 번째 공리에서 출발하여 논증한다), 그리고 세 번 [15]
째는 그 자체로서 어떤 속성이다(이것들 각각이 무엇을 의미하는지 논증적
지식은 받아들이고 있다). 그럼에도 어떤 지식이 이들 세 가지 사항 중 어
느 하나를 무시해도 아무런 지장이 없다. 예를 들어 그것이 '그렇다'라는
것이 분명하다면, 그런 유의 사항에 대해서는 '그렇다'라는 것을 일부러
밑에 놓을 필요가 없다(실제로 수가 '그렇다'라는 것과 차가운 것이나 뜨거
운 것이 '그렇다'라는 것은 마찬가지로 분명한 것은 아니다).[169] 또한 그것이
명백한 한, 속성이 무엇을 의미하는지를 받아들이지도 않는다. 그것은 '같 [20]

---

166 '통해'(dia)와 '…에서 출발해서'(ek)의 차이는 분명치 않다. Ross(p. 531)는 이
른바 '추론 규칙을 통해'(dia)와 '전제로부터'(ek)라는 구별에 대응한다는 해석을 내
놓고 있지만, Barnes도 지적했듯이(p. 139) 서로 엇갈려서 사용되기도 한다('공통
원리로부터' 75a42, 76b14, 77a27; '전제를 통해' 78a30, 『토피카』 제1권 제1장
100a26). 오히려 여기에서의 예(76b14 참조)가 보여주는 바와 같이 공통의 원리(공
리)와 고유의 원리, 정리(전제)에 대응하는 것으로 생각되지만, 이것도 엄밀한 것은
아니다.

167 수론에서의 '단위', '점'이나 '선분'이라고 하는, 즉 후대의 에우클레이데스 기하
학에서 '정의'로 되어 있는 것과 같은 가장 기본적인 사항이 '고유의 원리'로 여겨지
며, 이들과 '공통의 원리'에 의해 정작 학문적 지식 체계가 논증적으로 나타나는 일종
의 '공리론적 학문'이 '지식'의 모델로 여겨지고 있는 것으로 보인다. 그러나 단위, 점,
선은 오히려 '유'를 놓는 역할을 하고 있다.

168 여기서 '있다'(einai)는 존재로서의 '있다'이다. 유의 존재의 놓음이 그에 속하는
주어항의 '존재'를 놓도록 한다.

169 '수'는 그 '있다'는 것이 분명한, 따라서 밑에 놓지 않아도 되는 '유'이지만, '차가
운 것'이나 '뜨거운 것'은 속성이기 때문에 그 '있다'는 것은 논증되어야 한다.

76b

은 것으로부터 같은 것을 제거하면, 나머지는 같다'라고 하는 공통의 원리에 대해서, '동일한 것으로부터 같은 것을 제거한다'라는 것이 무엇을 의미하는지는 인식되고 있다는 이유로, 공통의 원리가 무엇을 의미하는지를 구태여 받아들이지 않는 것과 같다. 그럼에도 본성적으로는 이 세 가지 사항, 즉 논증적 지식이 (3) 그것에 관해 증명할 사항, (1) 그것을 증명할 사항, 그리고 (2) 그것으로부터 출발하여 증명할 사항이 있다.

'그렇다'라는 것은 그 자체로 필연적이며, 더구나 '그렇다'라고 사람에게 필연적으로 생각되는 사항은[170] 가정('밑에 놓음')이 아니며, '요청'도 아니다. 왜냐하면 논증은 외적인 논의(로고스)를 지향하는 것이 아니라, 혼 속에 있는 이유(로고스)를 향하고 있기 때문이다(추론도 그렇다).

[25] 사실 반론은 외적인 논의에 대해서는 언제든지 할 수 있지만, 내적인 이유에 대해서는 언제든지 할 수 있는 것이 아니다. 그런데 '그렇다'는 것은 증명(논증)할 수 있는 사항이면서, 그 사실을 스스로 증명하지 않고, 사람이 받아들이는 한에서의 모든 사항은, 그 사항이 배우는 사람에 의해 '그렇다'고 생각되어 받아들여진다면 '밑에 놓인' 사항이다. 게다가 이것은 단적으로 '밑에 놓인 것'이 아니라, 그것을 배우는 사람만을 관계해서 밑에 놓인

[30] 것이다. 이에 반해 동일한 사항에 대해 배우는 자에게는 '그렇다'라는 여부에 대해 어떠한 생각도 가지지 않는 또는 대립하는 생각을 갖고 있음에도 불구하고, 배우는 자가 받아들인다면 그것은 '요청된' 사항이다. 이 점에서 '밑에 놓인 것'과 요청은 다르다. 즉, 배우는 자의 생각에 어긋나거나 [혹은][171] 논증할 수 있는 것임에도 불구하고, 증명하지 않고 사람이 받아

---

170 이른바 '공리'라고도, 또는 일반적으로 중항이 없이 논증될 수 없는 '원리'를 말하는 것으로도 해석할 수 있는데, 여기에서는 '원리'로 해석했다. '밑에 놓음'이나 '요청'이란 '그렇다'는 것이 '그 자체를 통해서'인지 아닌지에 따라 구별된다. 또한 76b27 아래에서 논하고 있듯이 여기서 '밑에 놓음'은 앞서 제1권 제2장에서 규정된 논증될 수 없는 '밑에 놓음'이 아니라 논증 없이 상대방에게 받아들여졌다는 의미에서의 '가정'이며, 또 '요청'도 에우클레이데스의 '요청'(공준)과는 달리 논증되는 사항이다.

들이고 사용하는 사항은 요청이다.

그런데 정의항[172]은 '밑에 놓음'(가정)이 아니다(이러한 정의항은 '있다' [35] [그렇다]라고도 '없다'라고도 말하지 않았기 때문이다). 오히려 '밑에 놓음' 은 전제 명제 속에 있다. 정의항은 단지 파악하고 있으면 된다. 이를 파악 하고 있는 것은 '밑에 놓음'이 아니다(누군가가 '항이 말해지는 것을 듣는 것이 밑에 놓는 것이다'라고 주장하는 것이 아니라면[173]). '밑에 놓음'이란 오 히려 그러한 사항들이 그럴 경우, 그러한 사항들이 그렇게 있음으로써 결 론이 생겨나는 한에서의 사항이다.

(또한 기하학자들은 어떤 사람들이 주장했던 것처럼, 거짓을 '밑에 놓고' [40] 있지 않다. 즉, 그들은 기하학자들이 거짓을 사용해서는 안 되는데, 한 걸음 길이[174]가 아닌 것을 한 걸음 길이라고 말하고, 그려진 직(直, 곧음)이 아닌 선을 직이라고 말하며, 거짓을 말하고 있다고 말한다. 하지만 기하학자들은 77a 자신이 그린 이 선이 이런 것들로 인해 어떤 것을 결론으로 이끌지 않고, 이 선들을 통해 밝혀짐으로써 그 결론을 이끌어가고 있는 것이다.)[175]

---

171 76b33의 ē를 삭제하기도 한다(Barnes).

172 horos(정의항)을 Barnes는 '항'(term)으로 번역한다. 다만 Barnes는 명제인 '밑 에 놓음'(가정)과 구별하기 위해, "horoi는 '있다'라고도 '없다'라고도 말하지 않는다" 고 주장하는 것을 근거로(『명제론』 제3장 16b19-22: '이름으로서 동사도 무언가를 의미하지만, 어떤 것이 있는지 여부를 의미하는 것은 아니다' 제1장 16a9-18 참조) 명제인 '정의'가 아니라 '명사'(名辭)로 해석한다. 반드시 '항'으로 해야 하는지는 의문 의 여지가 있다. 실제로 제2권 제19장에서 전형적인 것처럼 '항'의 파악이 그 '정의'의 이해와 겹치고 있다.

173 즉 항의 파악이 가정으로 간주되는 것이 아니라면.

174 podiaios는 길이의 단위. 약 31센티미터 정도.

175 이와 유사한 논의가 언급되는 『분석론 전서』 제1권 제41장 49b33-50a4, 『형이 상학』 제13권 제4장 1078a19-21, 제14권 제2장 1089a22-25 참조. "감각되는 선들은 기하학자가 말하는 그런 선들이 아니다(감각되는 어떤 것들도 이런 방식으로 '곧다', '굽어 있다'가 아니다. 원은 한 점에서 자에 닿지 않고, 프로타고라스가 기하학자를 반 박할 때 말했던 방식으로 자를 따라 여러 곳에서 닿기 때문이다)"(『형이상학』 제3권

게다가 요청과 '밑에 놓음'(가정)은 모두 전체적으로 있든지 부분적으로 있든지일 터인데, 정의항은 이것들 중 어느 것도 아니다.[176]

제11장

[5] 논증이 성립하려면 형상(에이도스)[177]이 있다는 것, 혹은 많은 것에서 떨어져 있는 하나의 무언가가 있다는 것은 필연적이지 않지만, 많은 것에 대해 하나의 것을 말하는 것은 참으로 필연적이다.[178] 왜냐하면 이것이 참이 아닌 한, 보편적인 것이 없어지기 때문이다. 그리고 보편적인 것이 없

제2장 997b35-998a4).

176 정의는 보편 명제이다(제1권 제14장 79a24-29, 제2권 제3장 90b3-7 참조). Barnes는 '정의항'이 '양화'되지 않는다고 말하고 있는 점을 들어서, horos가 '정의'가 아니라 '항'을 의미하는 것임을 보여주는 것으로 해석하고 있지만(p. 143), 정의는 대개 양화된 형태로는 사용되지 않기 때문에 결정적인 것은 아니다.

177 eidos(eidē, 형상)는 플라톤의 '이데아'를 말하는 것은 아니다. 이 장은 인식의 보편성을 다룬다. 인식의 대상은 보편적이다. 모든 실재적인 것은 개별적이다. 그렇다면 어떻게 실재적인 것에 대한 지식을 얻는가?(『형이상학』 제3권 제4장 999a24-b24 참조) 지식은 전칭(보편) 명제에 대한 것이다. 단지 개별적인 대상들만이 실재적이다. 전칭 명제는 그 기체(주어)로서 보편적 대상을 요구하지 않는다. 바로 이런 문제를 여기서 논의하고 있다.

178 여기서 아리스토텔레스는 플라톤이 주장하는 바와 같은(『형이상학』 제1권 제9장 990b12), 개별자들과 떨어진(para) 독립적으로 존재하는 보편자(eidos)가 있다는 것을 요구하지는 않는다. 그러나 하나 이상의 것에 대해 술어가 되는 보편자가 있다는 것을 요구한다. 즉 "'모든 것들에 걸친 하나'가 있지 않다면, 어떻게 지식이 성립할 수 있겠는가?"(『형이상학』 제3권 제4장 999b26). 따라서 논증적 지식은 AaB & AaC 형식의 참인 두 쌍의 전제를 요구한다는 것이다. "전칭이란 무엇인가가 무엇인가의 모든 것에 있는가"(『분석론 전서』 제1권 제1장 24a17) 끝으로, 보편자는 비-동명이의적으로 있어야 한다고 요구한다. 플라톤의 이데아에 대한 비판에 대해서는 제1권 제22장 83a32-35, 제24장 85a32-b1, 85b15-22 참조.

다면 중항도 없어질 것이다. 그 결과 논증도 없다. 그러므로 논증이 성립하려면 무엇인가 어떤 동일한 것이 많은 것에 대해 비-동명이의적[179]으로 있어야 하는 것이다.

'어떤 일을 긍정하는 동시에 부정하는 것은 가능하지 않다'[180]라는 것은 [10] 이끌리는 결론이 또한 그런 방식으로 증명되어야 하는 경우를 제외하면, 논증이 거기서 출발하여 이루어지는 전제로서 받아들이지 않는다.[181] 이는 다음과 같이 증명된다.[182] 우선 첫 번째 항[큰 항]을 중항에 대해 긍정하는 것은 참이고, 부정하는 것은 참이 아니라고 받아들인다. 중항이 '있다'라고 받아들여지든 '있지 않다'라고 받아들여지든 아무런 차이가 없다. 이는 세 번째 항[작은 항]에 대해서도 마찬가지이다. 왜냐하면 그것에 대 [15] 해 '인간이다'라고 말하는 것이 참인 것으로 주어졌다면, 설령 그것이 '인

---

179 제1권 제24장 85b15-18, 제2권 제13장 97b36-37 참조. 아리스토텔레스에게서 '동명이의'에 대한 최근의 포괄적인 연구로는 Shields(1999), Ward(2008)가 있다. 『분석론 후서』와 관련해서는 유를 초월한 영역을 가로지르는 포괄적인 학문적 지식의 가능성을 논하는 가운데 두 가지 의미를 갖는 논점을 검토하고 있다. '동명이의'로 여겨지는 대상에는 '다리'와 '눈'과 같은 단순한 '우연적인 동명이의'와 후에 명확하게 주장되는 '하나로 향한 유비(pros hen analogia)를 통한 동명이의'가 있기 때문이다. 후자는 '있는 것'이 여러 가지 방식으로 말해지지만 어떤 한 가지 것에 관계 맺듯이, '모든 건강한 것이 건강과 관계' 맺음과 같은 그런 것이다(『형이상학』 제4권 제2장 1003a 34-b6 참조). 여기에서는 문제의 영역이 동일한 '유'인지 '동명이의'인지를 양립할 수 없는 것처럼 논하고 있지만, 이 책에서는 후자의 가능성을 거부하고 있지는 않다. 나아가 보다 적극적으로 '발견적' 방법으로서 기능하고 있는 것으로 생각된다.

180 모순율.

181 이른바 '모순율'(다음 항에서 논의되는 '배중률')은, 구체적인 논증에서의 전제로서 작용하는 '공통의 원리'가 아니라, 논증이 하는 일을 지지하는 메타 차원의 원리이다. 대조적으로, '같은 것으로부터 같은 것을 제거하면, 나머지는 같다'(77a31, 제1권 제10장 76a41)라는 '공통의 원리'는 '같음은 무엇인가'가 특정되면 구체적인 논증에서의 전제로서 작용하는 '공리'이다.

182 77a10-22는 이해하기 어려운 텍스트이다. 요점은 추론에는 중항이 불가결하지만 모순율이 관련된 추론에서는 중항이 무엇이든 간에 성립하는 것을 확인하는 데 있다.

간이 아니다'라고 말하는 것이 참인 것[183]이었다고 해도, '인간은 동물이지 동물이 아닌 것은 아니다'라는 것만으로도 성립된다면, 칼리아스는 설령 '칼리아스가 아니다'라고 해도, 그럼에도 '동물이지 동물이 아닌 것은 아니다'라고 말하는 것은 참일 것이기 때문이다. 그 원인은 첫 번째 항이 더 많은 것에 있는 것이므로, 중항에 대해서뿐만 아니라 다른 것에 대해서도 [20] 말해질 수 있기 때문에, 따라서 중항이 그 자신이든 자신이 아니든,[184] 결론에 관련해서는 아무런 차이도 없기 때문이다.

불가능한 것으로 이끄는 논증은 '모든 것을 긍정하거나 부정하는 것이다'[185]를 받아들인다.[186] 그러나 그것은 항상 보편적으로 받아들이는 것이 [25] 아니라, 충분한, 즉 유에서 충분한 한에서다. 여기서의 '유에서'란 앞에서도 말했듯이,[187] '논증이 그것에 대해서 향하고 있는 유'를 말한다.

모든 학문적 지식은 공통의 원리에 의해 서로 연결되어 있다(여기서 말하는 '공통의 원리'란 거기에서 논증하고자 하는 사람이 사용하는 원리이지 학문적 지식이 증명하고자 하는 유에 대해서, 혹은 증명하고자 하는 그 유의

---

183 아래에서는 '큰 항'(첫 번째 항)인 '동물'에 속하는 '인간이 아닌 것', '칼리아스가 아닌 것'이라는 부정(否定)의 사항이 고려되고 있다.

184 B와 not-B가 중항으로 있든 아니든. 즉, BaC와 (not-B)aC가 가정된다고 할지라도, AaB & Aa(not-B)⊢AaC가 성립한다.

185 배중률(LEM).

186 '불가능한 것으로 이끄는 논증'(귀류법, 『분석론 전서』 제1권 제23장 41a37-b1 참조)이 왜 LEM을 받아들이는지에 대한 설명이 명확하게 나오지 않는다. 이렇게 생각해 볼 수 있다. '환원 증명'에서 not-Q를 가정함으로써, 일련의 전제 Π로부터 결론 Q를 추론했다고 하자. 전제 Π와 [결론의 부정으로 가정했던] not-Q로부터 불가능한 것에 도달한다. 따라서 not-Q를 거부한다. 따라서 Q 또는 not-Q이기 때문에, Q를 추론한다. 여기서 환원의 마지막 단계에서 LEM이 특정한 형식(즉 'Q 또는 not-Q' 형식)으로 사용된다. 이를 아리스토텔레스는 환원에서 LEM을 가정한다고 말하고 있다. 이 말을 문자 그대로 받아들이면, LEM의 어떤 특정한 형식이 환원에서 실제로 전제로 간주된다고 가정해야 한다.

187 제1권 제10장 76a37-b2 참조.

속성에 대한 원리는 아니다). 또한 문답법[변증술]도[188] 모든 학문적 지식과 연결되어 있지만, 게다가 그 이외에도 공통의 원리를, 예를 들어 '모든 것이 긍정하거나 부정하는 것 중 하나이다'와 같은 원리, 혹은 '같은 것으로부터 같은 것을 제거하면 나머지는 같다'와 같은 그러한 종류의 원리를 보편적으로 증명하려고 시도하는 어떤 방법이 있다면, 그 기술들 또한 모든 학문적 지식과 연결되어 있다. 하지만 문답법은 학문적 지식이 관련된 방식으로 어떤 한정된 사항에 관련된 것이 아니라, 또 어떤 하나의 유에 관련된 것도 아니다. 사실상 그랬다면, 문답법은 [문답법이 실제로 하고 있는 것처럼] 묻지 않았을 것이다. 무엇인가를 논증하고자 한다면, 하나의 동일한 것[결론]이 대립하는 것[전제]을 통해 증명되는 것은 아니므로, 문답법이 묻기 위해서는 [즉, 대립하는 전제 중 어느 것을 받아들일 것인가를 묻고, 거기에서 어떤 결론이 따라 나오지를 논하는 방식으로는] 물을 수 없는 것이다.[189] 이것은 '추론에 대한 책'[190]에서 증명되었다.[191]

[30]

[35]

---

188 변증술은 '우리에게 제기된 온갖 문제에 대해 논의할 수 있는 방법'이다(『토피카』, 제1권 제1장 100a18-20, 『소피스트적 논박에 대하여』 제34장 183a37-39, 『형이상학』 제4권 1004b19-20 참조). 이렇듯 변증술은 '공통된 것'과 모든 것에 관련된 것을 다룬다. 따라서 '어떤 한정된 사항에 관련된 것'(77a32)이 아니다. 변증술은 철학과 같은 종류의 탐구 대상을 지향한다. 변증술과 철학과의 관계를 논하는 『형이상학』 제4권 제3장 1004b22-26 참조. 이 대목에서는 변증술의 학적 탐구의 방법에서의 특징을 몇 가지로 나누어 설명하고 있다. 앞서 언급한 사항 외에도, (1) 모든 학문적 지식과 연결되어 있다. (2) 원리를 보편적으로 증명하려고 시도하는 어떤 방법이다. (3) 어떤 하나의 유에 관련된 것도 아니다. 그랬다면 논증 학문이 되었을 것이다. 논증 학문이었다면 물음을 묻지 않았을 것이다.

189 대립되는 P와 not-P로부터 Q를 증명하는 것은 불가능하다.

190 즉 『분석론 전서』를 말한다.

191 『분석론 전서』 제2권 제4장 57a36-b17, 제15장(64b7-9: "거짓 전제로부터 참인 결론을 추론할 수는 있지만, 대립하는 전제로부터 그렇게 하는 것이 있을 수 없다는 것 또한 분명하다.") 참조. P와 P′이 대립하고 Q는 참이라면, Q는 P와 P′으로부터 따라 나올 수 없다.

제12장

추론에서의 물음이 모순 대립하는 전제 명제의 한쪽과 같으며, 또 각각의 개별 영역의 학적 지식마다 그러한 전제 명제로부터 출발하여 각각의 추론이 이루어지는 전제 명제가 있다면, 그 경우에는 그러한 물음으로부터 출발하여 각각의 개별 영역의 학적 지식에 고유한 추론이 생기는 개별 영역의 학적 물음이 있을 것이다.

[40]　그러므로 모든 물음이 기하학적인 물음이 될 수도 없을 것이고, 또 의술적인 물음이 될 수도 없을 것임은 분명하다.[192] 이는 다른 개별 영역의 학적 지식의 경우에서도 마찬가지다. 기하학의 물음은 기하학이 그것과 관련된 사항에 대해, 거기서 출발해서 무엇인가가 증명되는 물음, 혹은 광학적인 사항들과 같이 기하학과 같은 원리에서 출발해서 증명되는 사항에 대한 물음이다. 이것 또한 다른 개별 영역의 학적 지식의 경우도 마찬가지이다. 그리고 이러한 [기하학에 종속하는 광학적인] 사항에 대해 기하학자는 기하학의 원리와 결론으로부터 출발해서 추론에 의한 설명(로고스)을 주어야 한다. 하지만 기하학의 원리에 대해서는 기하학자는 기하학자로서 이유에 대한 설명을 주지 말아야 한다.[193]

다른 개별 영역의 학적 지식의 경우에서도 마찬가지이다. 그러므로 우

77b

[5]

---

192 P⊢Q에서. Q가 기하학이나 기하학에 종속되는 학문 중의 하나의 정리일 경우 그때에만, P는 기하학적 명제(전제)이다.

193 아리스토텔레스는 종속된 하위 학문을 염두에 두고 논증함에 있어서는 원리의 올바름을 동시에 문제 삼아서는 안 되며, 즉 그 원리에 대한 물음은 정작 논증 학문의 물음이 아니라고 논하고 있다. 최상위 원리에 대하여 누가 묻는 것이 적합한지는 언급하지 않았다. "왜냐하면 각 해당하는 학문의 원리들은 모든 것들 중 첫 번째 것이므로, 그 학문에 고유한 원리들로부터 원리들 그 자체에 대해 무엇인가를 말한다는 것은 불가능하기 때문이다. 그러한 출발점을 따져 묻는 것은 필연적으로 각각의 것에 관해 일반적으로 그렇다고 생각되는 것(통념)들을 통해야만 하니까."(『토피카』 제1권 제2장 101a37-b1)

리는 각각의 개별 영역의 학문에 대한 지식이 있는 사람에게 모든 질문을 해서는 안 되며, 질문받은 사람도 그 영역의 각각의 문제에 대해 질문받은 모든 것에 대답해서는 안 되며, 각각의 학문적 지식에 따라 한정된 사항에 답해야 한다.

기하학자로서의 기하학자와 이런 식으로 문답법적으로 대화할 때에는, 이러한 물음(명제)에서 출발하여 무언가를 증명한다면 분명히 제대로 논 [10] 의한 것이다. 그러나 그렇게 대화하는 것이 아니라면 제대로 논의한 것이 아니다. 그리고 그러한 경우에는 부대적인 방식 이외에는 기하학자를 논박하지 못한 것은 분명하다.[194] 그렇다면 기하학을 모르는 사람들 사이에서 기하학에 대해 문답법적으로 대화해서는 안 될 것이다. 왜냐하면 서투른 방식으로 대화하는 사람은 자신이 제대로 대화하고 있지 못하다는 것을 깨닫지 못하기 때문이다. 다른 지식의 경우도 마찬가지다. [15]

기하학적 물음이 있다면, 비(非)기하학적 물음 또한 있는 것일까?[195] 또 각각의 지식, 예를 들어 기하학에서 어떤 무지에 따른 물음이 기하학적 물음이고 비기하학적 물음인가? 또, 예를 들어 기하학에서의 무지에 따른 추론은, 이러한 [올바른 원리에] 대립하는 명제로부터 출발하는 추론인

---

194 앞서 언급한 브뤼송에 대한 비판을 기억하라(제1권 제9장 75b37-76a3). '기하학의 원리로부터 논의한다면,' 브뤼송이 기껏해야 기학학적 정리에 대한 '부대적' 지식을 얻는 것과 마찬가지로. 그는 기껏해야 기하학을 부대적으로 논박할 뿐이다. 그렇다면 기하학의 원리에 대해 논의하지 않아야 한다.
195 여기서는 세 가지 질문이 제기된다. (1) 비-기하학적 질문이 있는가? (2) 어떤 의미에서는 기하학적임에도 기하학인 무지한 질문이 있는가? (3) 기하학에서 무지의 추론이란 무엇인가? 질문에 대한 답변은 생략적으로 '비-기하학적'과 '무지'에 적용되는 의미의 구별에 달려 있다('무지'에 관해서는 제1권 제16-18장 참조). 암묵적으로 답변이 주어진다(77b26). 또한 여기에 세 가지 무지의 추론이 있다. (1) 대립하는 명제로부터의 추론, (2) 참인 기하학적 전제로부터의 기하학적 오류 추론, 즉 참인 기하학적 전제들로부터의 타당하지 않은 추론 (3) 다른 기술로부터의 추론, 즉 기하학과 관련이 없는 전제들로부터의 논증.

77b

[20] 가, 즉[196] 추론의 전제는 기하학에 따른 것이기는 하지만, 오류 추론[197]인가? 아니면 기하학 이외의 다른 기술로부터의 추론인가? 예를 들어 기하학에 대한 음악적 물음은 비기하학적 물음이지만, 평행선이 교차한다고 생각하는 것은 무엇인가 기하학적이긴 하지만, 다른 방식으로는 비기하

[25] 적인가? 왜냐하면 '비기하학적이다'라는 말은 '비-뤼트모스[비-박자적]이다'라는 말이 그렇듯이, 두 가지 뜻을 갖기(二義的) 때문이다. 즉, 하나는 '기하학적인 내용을 가지고 있지 않다'라는 의미이고, 다른 하나는 '그것을 잘못된 방식으로 가지고 있다'라는 의미에서 비기하학적이기 때문이다. 그리고 이 두 번째 의미에 대응하는 무지, 즉 이런 잘못된 방식으로 가지고 있는 잘못된 원리들에서 출발한 무지가 지식에 반대되는 무지이다.[198]

수학에서의 오류 추론은 [문답법적으로 논하는 경우와] 동일한 방식은 아니다. 왜냐하면 이의적인[모호한 것]은 항상 중항이기 때문이다. 즉 중

---

196 ē(혹은)를 '즉'으로 이해한다.

197 '오류 추론'에 대해서는 『토피카』 제1권 제1장 101a5-17("그[잘못된 도형을 그리는 사람]는 마땅히 그려야 하는 방식대로 반원을 그리지 않거나 혹은 마땅히 이을 수 없는 방식으로 어떤 선분을 그음으로써 오류 추론을 만들어 내기 때문이다."), 『소피스트적 논박에 대하여』 제11장 171b34-38("잘못된 도형을 그리는 사람은 [참된] 기하학자와 마찬가지로 동일한 원리들에 기초해서 잘못을 저지르기 때문이다. … 그 사람이 그리는 잘못된 도형이 그 전문 지식(기하학적 기술)에 포섭되는 원리들과 결론들에 기초해서 거짓 증명을 내놓고 있기 때문이며 …") 참조.

198 agnoia(무지)에 대한 두 가지 의미가 준별(峻別)되고 있다. 즉 P에 관한 무지는, '(참인) P를 알지 못함'이거나 'P를 잘못 아는 것, 즉 P가 아니라고 생각하는 것'이다. 아래의 제16장 79b23에서는 (1) 부정에 의한 무지와 (2) 상태(성향)에 따른 무지로 구분된다. 『토피카』에서는 '부정(否定)에 의해 말하는 사람의 무지'와 '성향에 의한 무지'('속임에 의한 무지')를 구별하고 있다(제6권 제9장 148a3-9 참조). 앞서 제기된 세 가지 질문에 대한 암묵적인 대답은 이렇다(각주 195 참조). (1´) 비기하학적 물음이 있으며, 이는 두 가지 의미로 나타난다. (2´) '잘못된' 지식을 보여준다는 의미에서 무지한 물음은 어떤 의미에서 기하학적이다. (3´) 잘못된 기하학적 명제로부터의 추론은 기하학에서의 무지의 추론이다.

102

항이란, 그 모든 것에 대해 큰 항이 말해지고, 그다음에 그 중항이 다른 작은 항의 모든 것에 대해 말해지는 것이며(술어 되는 것에 대해 '모든 것'이라고 명시적으로 말하지 않는다[199]), 이러한 것을 [수학에서는] 말하자면 이성의 작용에 의해서 볼 수 있지만, [문답법적인] 논의(로고스)에서는 간과되어 버리기 때문이다. '원(圓)은 모두 도형인가?' 그림으로 그리면, 그렇다는 것은 분명하다. 그렇다면 '서사시는 원인가?' 그렇지 않다는 것은 분명하다.[200]

  문제의 전제 명제가 귀납적 명제[201]라면 반론을 제기해서는 안 된다. 왜냐하면 많은 것에 있는 것이 아니라면 전제 명제에서 있을 수 없듯이(즉, [많은 사항에 있는 것이 아닌 것은] 모든 것에 있는 것은 아니겠지만, 추론은 보편적인 것에서 출발하기 때문이다), [많은 사항에 있지 않다면] 반론으로도 있을 수 없음이 분명하기 때문이다. 전제 명제와 반론은 같은 것이

---

199 즉, 추론적 명제에서 술어는 양화되지 않는다. 즉, 중항의 술어는 모든 다른 것에 있다고 말해지지 않는다. 그렇다면 중항은 두 번 나타난 것이 아니다. "'모든 인간은 모든 동물이다'라든가, '정의는 모든 좋음이다'라는 선택은 불필요하기도 하고, 또 불가능하기도 하기 때문이다. 오히려 부수되는 것이 그것에 의해 부수되는 그것에 '모든'이라는 표현이 말해지는 것이다."(『분석론 전서』 제1권 제27장 43b17-22, 『명제론』 제7장 17b13 참조)

200 '원(圓)은 모두 도형인가?' 그렇다면 '서사시는 원인가?' '서사시는 원이다'라는 것은 기하학적 명제가 아니다. kuklos는 '원'(circle)이지만, (서사시에서는) '순환'(cycle)이다. 중항("중항이란, 그 모든 것에 대해 큰 항이 말해지고, 그다음에 그 중항이 다른 작은 항의 모든 것에 대해 말해지는 것")만이 전제에서 두 번(ditton) 나타나는 유일한 '항'이다('모호하다'와 '이중'[두 번]은 일종의 말장난이다). 어떤 항이라도 모호할 수 있지만 모호한('이의적인') 중항만이 '오류'를 일으킬 수 있다. '원'을 그림으로 그리면 분명하지만, '말'로만 하면 모호할 수 있다. 여기서 '원'은 두 전제에서 다른 의미를 갖는다.

201 즉, 귀납을 통해 얻게 된 명제 혹은 귀납에서 사용된 명제. 아마도 후자일 듯하다(Barnes). '서사시는 원이다'에 대해서 '일리아스는 원이 아니다'라는 단칭 명제로 이의를 제기해서는 안 된다. 이 명제는 단지 하나의 것에만 있으니까.

니까. 실제로 사람이 반론(이의)²⁰²으로서 제시하는 것이 논증적 추론이든 문답법적 추론이든 전제 명제가 될 것이기 때문이다.

[40]   어떤 사람들은 두 항(큰 항과 작은 항)에 부수되는 사항들을 중항으로 받아들임으로써 '비 추론적 방식으로'²⁰³ 말하게 된다. 예를 들어 카이네우

78a 스²⁰⁴는 '불은 배수(倍數) 비례²⁰⁵로 이루어진다'라고 말하고 있다. 그가 말하길, 불은 급속히 증대되고 배수 비례 또한 급속히 증대되기 때문이다. 이런 식으로는 추론이 없다. 추론이 있게 되는 것은 가장 급속한 비례에 배수 비례가 부수되고, 운동에서의 가장 급속한 비례가 불에 부수되는 경우이다.

[5]   이렇게 해서 어떤 경우에는 받아들인 사항에서 출발해서 추론할 수 없으며, 어떤 경우에는 추론할 수 있지만 추론할 수 있다는 것을 볼 수 없다.²⁰⁶

거짓인 전제로부터 참된 결론을 증명하는 것이 불가능했다면 분석하는 것은 쉬웠을 것이다.²⁰⁷ 전제와 결론은 필연적으로 치환되었을 것이기 때

---

202 원어로는 enstasis(반론, 이의). (1) 논의가 결론에 이르는 것을 방해하는 것을 말한다(『토피카』 제8권 제10장 161a1-15 참조). (2) "이의(異議)란 상대방이 제출한 전제와 대립하는 전제를 말한다"(『분석론 전서』 제2권 제26장 69a37) "하지만 이의가 전제와 다른 것은, 이의가 특칭[부분에 관한 것]일 수도 있는 데 반해, 전제는 어떤 경우에도 특칭일 수 없거나, 혹은 전칭 추론에서는 특칭일 수 없거나, 그 둘 중 어느 쪽이라는 점이다."(69a38-b1) 반론이 '많은 사항에 있다'는 것은 『분석론 전서』에서 말한 것과 모순되는 것처럼 보인다.
203 AaC & AaB⊢BaC.
204 포세이돈에 의해 여성에서 남성으로 전환된 카이네우스는 테살리아 지방의 반-신화상의 민족 라피테스의 한 사람. 여기서는 안티파네스의 희극(*Caineus*)에 대한 언급으로 여겨진다(『시학』 제21장 1457b21 참조).
205 기하학적 비례.
206 어떤 때는, AaB가 BaA로 환위된다면, AaC, AaB⊢BaC로 해석할 수 있다. 어떤 경우에도 BaC는 AaC와 AaB로부터 따라 나오지 않는다.
207 '분석'(analusis, analuein[분석하다])이란 일반적으로 성립되어 있는 사항이 어떤 식으로든 '더 앞선 것'으로 분석되어 밝혀진다는 것이다. 『분석론 전서』에서는 주

문이다. A인 경우가 있다고 하자. A가 있으면 그것들이 있다. 그것들이
있다는 것을 나는 알고 있다(이것들을 B라고 한다). 그러면 이러한 사항 [10]
B에서 출발하여, 그 사항 A를 나는 증명할 것이다.[208] 수학적인 경우에서,
전제와 결론은 오히려 더 많이 치환된다. 수학에서의 전제나 결론은 부대
적인 사항을 받아들이지 않고(수학에서의 경우는 이것에서도 문답법적인
대화에서의[209] 사항들과 다르다), 받아들이는 것은 정의이기 때문이다.

중항을 통해서가 아니라 부가에 의해 추론은 확장된다.[210] 예를 들어 [15]
A가 B에, B가 C에, 또 C가 D에 있다는 식으로 항의 부가는 무한정 진행
된다.[211] 또 사선 방향에서도, 예를 들어 A는 C에 대해서도 E에 대해서도

로 기본적인 '격과 식'으로 환원된다는 의미에서의 '분석'이 논의되었으며, 『분석론 후
서』에서는 우리가 받아들이고 있는 결론으로 이끄는 그것만으로 명확하지 않은 원인
과 근거를 나타내는 전제를 탐구한다는 의미에서 '분석'이 문제 되고 있다. 다시 말해
'분석이란, 우리가 추구하는 것이 이미 이루어진 것처럼 가정하고, 이것이 무엇으로부
터 나오는지를 탐구하는 것이다'. 『니코마코스 윤리학』 제3권 제3장 1112b20-24, 『소
피스트적 논박에 대하여』 제16장 175a17 참조.

208 즉 A가 B를 수반한다면(entail), 그러면 B가 참이면 P가 참이라는 것은 필연적
이다.

209 77b31 참조.

210 이 대목은 제12장과 연결되지 않는다. 전자는 일직선상으로 A - B - C ---, 후
자는 A에 대해 B와 D가, 다시 B에 대해서 C, F --- 하는 식으로, 또 D에 대해서는
E, G --- 하는 식으로 사선 방향으로 이어지는 것을 말한다.

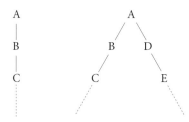

211 수학을 논증적 지식의 모델로 하면서도 수학의 특수성을 의식했음을 보여주는
대목이다.

있다고 하고, A를 한정된 것이든 한정되지 않은 것이든 수(數)라고 하고,
[20] B를 일정한 홀수, C를 홀수로 한다. 그러므로 A는 C에 대해 있다. 또한
D를 일정한 짝수, E를 짝수로 한다. 그러므로 A는 E에 대해 있는 것이다.

제13장

 '그렇다는 것'(사실)의 지식을 가지는 것과 '그런 것은 왜인가'(이유)의
지식을 가지는 것은, 우선 (A) 동일한 개별 영역의 학적인 지식 중에서 다
르고, 게다가 두 가지 방식에서 다르다. (a) 한 가지 방식은 추론이 무중
[25] 항의 전제를 통하지 않고 생기는 경우이다(즉, 이 경우에는 첫 번째 원인이
받아들여지지 않지만, '그런 이유는 무엇인가'에 대한 지식은 첫 번째 원인에
따라서 발생하기 때문이다).²¹² (b) 또 다른 방식은 추론이 무중항의 전제를
통해서는 있지만, 그 무중항의 전제가 원인이라는 것을 통해서가 아니라
주어항과 술어항이 서로 치환되는 것 중에서 우리에게 더 잘 인식되는 것
을 통해서 생기는 경우이다. 왜냐하면 서로 술어 되는 것 중에서 원인이 아
닌 것이 때로는 우리에게 더 잘 인식되는 것을 방해하는 것은 아무것도 없
기 때문이다. 따라서 이 원인이 아닌 것을 통해 논증²¹³이 있게 될 것이다.
[30] 예를 들어 '행성이 가까이 있음'을 '깜빡이지 않음'을 통해 논증하는 경

---

212 여기서의 '첫 번째 원인'(prōton aition)이란 결론의 술어항에 가장 가까운 원인
이라고 하는 의미에서의 '첫 번째' 원인이다. 여기에서는 주어항과 술어항이 서로 치
환되는 경우를 염두에 두고 있으므로, 주어항에 가장 가까운 원인을 중항으로 한 추
론도 어떤 의미에서는 원인(중항)에 따르고 있는데, 예를 들어 A, B, C, D, E, F라는
'항 연쇄'에서는 AF라는 논증적 지식에서 원인은 술어항 F에 가장 가까운 E이지, B나
C나 D가 아니라는 주장이다. 제1권 제24-25장 참조.
213 이 논증은 원인을 통한 추론에 의한 것이 아니므로 정확하게 말하면 '논증'이 아
니다.

우다. C를 '행성', B를 '깜빡이지 않음', A를 '가까이에 있음'이라고 하자. B를 C에 대해 말하는 것은 참이다. 즉, '행성은 깜박이지 않는다'. 그런데 A를 B에 대해 말하는 것 또한 참이다. 즉, 깜빡이지 않는 것은 가까이에 있다. 그런데 이것은 귀납을 통해서나 감각을 통해서 받아들여지고 있었다고 하자. 그러면 A는 C에 있는 것이 필연이다. 따라서 행성이 가까이 있음이 논증된 셈이다. 이 추론은 '그런 것은 왜인가'의 추론이 아니라, '그렇다는 것'[사실]의 추론이다. 행성은 '깜빡이지 않는 것' 때문에 가까이 있는 것이 아니라 '가까이 있는 것' 때문에 깜박이지 않기 때문이다. [35]

하지만 '깜빡이지 않는 것'이 '가까이에 있는 것'을 통해서 증명될 수도 있는 것이며, 그것은 '그런 것은 왜인가'의 논증이 될 것이다. 예를 들어 C를 '행성', B를 '가까이에 있음', A를 '깜빡이지 않음'이라고 하자. 그러면 B가 C에 있고, A가 B에 있다. 따라서 C에도 A가 있다. 이 추론은 '그런 것은 왜인가'에 관한 것이다. 그 이유는 첫째 원인이 파악되고 있기 때문이다. [40] 78b

또한 달이 증대함으로써 구형임을 증명하는 방식을 말하자면, 즉, 이와 같이 증대하는 것은 구형이라고 하고, 달이 증대한다면 달이 구형임은 명백하다. 이렇게 해서 '그렇다는 것'에 대한 추론이 생겼는데, 중항을 반대로 놓게 되면 '그런 것은 왜인가'에 대한 추론이 된다. 왜냐하면 증대 때문에 구형인 것이 아니라 구형이기 때문에 이러한 증대를 받아들이기 때문이다. C를 '달', B를 '구형', A를 '증대'라고 하자. [5] [10]

하지만[214] (i) 중항을 치환할 수 없어 원인이 아닌 사항이 더 잘 인식되는 사항에 대해서는 '그렇다는 것'은 증명되지만, '그런 것은 왜인가'는 증명되지 않는다.[215]

---

214 아래에서는 '두 가지 방법' 중 어느 하나도 아닌 제3의 경우가 제안된 것으로 보인다. '두 가지 방법'으로 나눈다면, (i)이 (b)의 사례이고, 다른 두 가지((ii), (iii))는 (a)의 사례가 된다.

215 '원인'을 나타내고, 또 '중항이 치환되는' 논증이 논증적 지식의 전형이다. 즉, 논

또한 (ii) 중항이 대소의 두 항 바깥에 놓이는 사항에 대해서도 앞과 마찬가지다.[216] 왜냐하면 이러한 경우에도, 논증은 '그렇다는 것'에 대해서이지, '그런 것은 왜인가'에 대해서는 아니다. 즉, 원인이 밝혀지지 않았기 때문이다. 예를 들어 '벽이 숨을 쉬지 않는 이유는 무엇인가'라는 질문을 [15] 받고 '동물이 아니기 때문이다'라고 대답하는 경우이다. 동물이 아닌 것이 호흡하지 않는 것의 원인이었다면, 동물인 것은 호흡하는 것의 원인이어야 한다. 즉, 중항의 부정이 큰 항이 없는 것의 원인이라면, 중항의 긍정은 큰 항이 있는 것의 원인이기 때문이다(마치 뜨거운 것과 차가운 것의 불 [20] 균형이 건강하지 못한 것의 원인이라면, 그러한 균형이 건강한 것의 원인이 듯이). 마찬가지로 긍정이 있는 것의 원인이라면 부정은 없는 것의 원인이다. 그러나 앞서 언급된 사항에 대해서는 지금 말한 것은 귀결되지 않는다. 왜냐하면 모든 동물이 호흡하는 것은 아니기 때문이다. 이러한 원인에 대한 추론은 중간격(제2격)에서 생긴다. 예를 들어 A를 동물, B를 호흡하는 [25] 것, C를 벽이라고 하자. 그러면 모든 B에게 A는 있고(숨 쉬는 것은 모두 동물이다), 어떤 C에도 A는 없다. 따라서 B는 어느 C에도 없다.[217] 그래서

증적 지식에서 추론은 '쌍방향'이다. 본문에서 주어진 상황은 AaB, BaC ⊢ AaC인 것으로 간주된다. 여기서 AaB는 환위되지 않으며, B보다는 사실 A가 원인이다. 그러나 A가 BaC에 대한 원인이라면, BaC는 BaA & AaC로부터 추론할 수 있다. 그래서 AaB가 환위된다. Barnes는 다음과 같은 예를 든다. '모든 왈라비(wallaby)는 육아낭(育兒囊)을 가진다. 모든 육아낭을 가진 동물은 포유동물이다. 그러므로 왈라비는 포유동물이다.' 두 번째 전제는 환위되지 않는다. 왈라비가 유대목(有袋目)이라는 사실이 그들이 태생이라는 사실보다 더 잘 인식된다. 태생이라는 것이 그들이 포유동물임에 대한 실제적인 원인이라고 가정하자. 만일 이 예가 적절하다면, 그렇다면 '원인이 밝혀지지 않았다.'(78a15)
216 중항은 두 전제에 등장한다는 의미에서 '중항'이다. 그런데 이러한 의미에서의 중항이 큰 항과 작은 항 밖에 있다는 것(to meson exō tithetai)은 추론의 성격상 큰 항과 작은 항 모두에 대해서 술어가 되거나 주어가 되는 경우이며, 제2격(AEE, Camestres, 『분석론 전서』 제1권 제5장 26b39 참조), 제3격인 경우이다.
217 AaB, AeC ⊢ BeC.

벽은 숨을 쉬지 않는다.

(iii) 이런 원인에 대한 추론은 터무니없는 이야기와 비슷하다. 터무니없는 이야기는 중항을 너무 멀리 놓는 것이다. 예컨대 '스퀴티아에 아울로스 부는 여자가 없는 것은 포도나무가 없기 때문이다'라는 아나카르시스의 말이 그렇다.[218] [30]

이처럼 '그렇다는 것'[사실]에 대한 추론과 '그런 것은 왜인가'에 대한 추론 사이에는 동일한 개별 영역의 학적 지식에 관련해서, 또 그 중항의 위치에 관련해서도 이러한 차이가 있다.

하지만 (B) '그런 것은 왜인가'와 '그렇다는 것'의 추론과는, 이러한 각각의 사항을 고찰하는 것이 각각 다른 개별 영역의 학적 지식을 통해서 이루어짐에 따라, 다른 방식으로도 다르다.[219] 한쪽 지식이 다른 쪽 지식 아래 있다는 식으로 서로 관계하고 있는 지식이 그렇다. 예를 들어 광학이 관계되는 것이 평면 기하학에 대해서, 기계학에 관계되는 것이 입체 기하학에 대해서, 화성학이 관계되는 것이 산술학에 대해서, 천체 관측술이 관계되는 것이 천문학에 대해서, 이러한 관계에 있다. 또한 이러한 지식들 [35] [40]

---

218 아무런 인과관계가 없는 사태를 마구잡이식으로 늘어놓는다는 이야기다. 아나카르시스에 대해서는 헤로도토스, 『역사』 제4권 76-77, 디오게네스 라에르티오스, 『유명한 철학자들의 생애와 사상』 제1권 101-105 참조("스퀴티아 사람에게 아울로스(aulos)가 있는지 질문받았을 때, 그는 '아니오, 포도나무도 없소'라고 대답했다"). 아나카르시스는 헬라스 지방을 여행하며 여러 관습을 익히고 고향에 돌아가서는 모든 것을 헬라스풍으로 행하는 것을 좋아하던 인물이었다. 그는 형제의 활에 맞아 죽으면서 '말(logos) 때문에 헬라스에서 안전하게 돌아왔지만, 자신의 나라에서는 질시(phthonos) 때문에 파멸하게 되었다'라는 말을 남겼다고 한다.

219 그룹 (B)는 그룹 (A)와 다르다. AaB, BaC⊢AaC가 완전하게 '원인'을 보여주는 논증이라고 하면, (A)는 사람이 어떻게 그것을 놓치고 대신 관련은 있지만 비-원인인 논의에 의해 오도될 수 있는지를 보여준다. 그 반면에 (B)는 논증에서 다양한 명제가 어떻게 상이한 학문의 영역에 속할 수 있는지를 보여준다(예를 들어 AaC가 의학의 정리임에도 불구하고, 의사로서의 의사는 왜 그것이 있는지에 대한 이유를 가질 수 없다. AaB는 다른 기술의 정리이다).

78b

중 몇 가지는 거의 동일한 이름이다. 예를 들어 수학에 대한 지식과 항해
에 대한 지식을 천문학이라고 부르며 수학에 대한 지식과 청각에 대한 지
식을 화성학이라고 부른다. 이것들에 있어서, '그렇다는 것'을 아는 것은
감각하는 사람들[경험을 하는 학자들]이 하는 일이고, '그런 것은 왜인가'
를 아는 것은 수학하는 사람들이 하는 일이다. 후자는 원인에 대한 논증을
가지기는 하지만, 종종 '그렇다는 것'을 모르기 때문이다.²²⁰ 그것은 마치
보편적인 사항을 고찰하는 사람들이 관찰하는 일이 없기 때문에 종종 몇
몇의 개별적인 사항을 모르는 것과 같다.²²¹

이러한 복수의 지식이 관련된 사항은 그 본질에서는 뭔가 다른 사항이
지만, [유를 넘어선 수학적인] 형상을 사용하는 한에서의 사항이다. 수학
적인 것은 형상과 관련된 것이며, 어떤 기체['밑에 놓여 있는 것']에 대해
술어 되는 대상이 아니기 때문이다. 왜냐하면 기하학적인 대상들은 어떤
기체에 대해 술어가 된다고 해도, 어떤 기체에 대해 술어가 되는 한, 있는
것은 아니기 때문이다.

광학에 대해서도 광학이 기하학에 대해 있는 것과 동일하게 관련되어
있는 다른 지식이 있다. 예를 들어 무지개에 대한 지식이다. 무지개에 대
해 '그렇다는 것'을 아는 것은 자연학자가 하는 일이지만, '그런 것이 왜
그럴까'를 아는 것은 단적으로 광학자가 하는 일이거나 수학을 따르는 광
학자가 하는 일이기 때문이다. 서로 간에 한쪽이 다른 쪽 밑에 있는 것이
아닌 지식의 상당수도 이런 관계에 있다. 예를 들어 의술의 기하학에 대
한 관계가 그렇다. 왜냐하면 '둥근 상처의 치유는 더디다는 것'을 아는 것
은 의사가 하는 일이지만, '그것이 왜 그런가'를 아는 것은 기하학자들이
하는 일이기 때문이다.

---

220 보편자와 개별자의 관계. 이론에 의한 사실에 대한 예측과 같은 경우를 생각할
수 있다.
221 보편자와 개별자의 관계. 이것은 '공리공담'(空理空談)과 '실증'이라는 대비이다.

110

제14장

세 가지 추론의 격 중 제1격이 지식에 가장 적합한 격이다. 그 이유는 다양한 지식 중에서도 예를 들어 산술이나 기하학, 또 광학 같은 수학적 지식은 이 격을 통해서 논증을 수행하고, 또 대체적으로 말하자면, '그런 것은 왜인가'를 탐구[222]하는 한의 지식도 그렇게 하기 때문이다.[223] 왜냐하면 '그런 것은 왜인가'에 대한 추론은 일반적으로 혹은 대개의 경우,[224] 즉 대부분의 경우에 이 격을 통해 이루어지기 때문이다. 따라서 이것에 의해서도 제1격이 가장 지식에 적합한 것이 될 것이다. 왜냐하면 그것이 '그런 것은 왜인가'를 고찰하는 것을 아는 것에 대해 가장 권위 있는 일이기 때문이다. [20]

---

222 '탐구'의 원어는 skepsis('감각에 의한 지각')로 동사는 skopein(고찰하다, 탐구하다)이다. 그렇게 자주 등장하지 않지만, '탐구하다'라고 옮겨지는 zētein 계열의 말과 특별히 구별할 필요는 없다고 생각한다. 후자는 제1권에는 거의 등장하지 않는 것에 비해, 제2권에 자주 등장한다. 이는 제2권이 제1권보다 '탐구'라는 맥락에 치우쳐 있음을 암시한다. 나는 두 말을 구별하지 않고 '탐구하다'로 옮겼다.

223 이 장은 논증을 통한 지식의 전형적인 사례가 수학적인 학문이라는 것을 보여준다. 가장 수학적인 논증은 전칭 긍정 명제를 사용한다. 또 원인을 보여주는 논증은 제1격(Barbara)에서 이루어진다. 사실상 헬라스 수학에서 추론을 사용하지는 않는다. 그럼에도 논증이 수학적 학문과의 관계는 일종의 '동치 변형'으로 볼 수 있으며, 자연학과는 '유를 같이하는 추론'의 관계로 말할 수 있다고 주장한다.

224 '대개의 경우'(hōs epi to polu)는 필연은 아니지만, 그렇게 되는 것이 자연스러운 일이다. 『분석론 전서』제1권 제13장 32b5-10("우리는 더 나아가 '…임이 가능하다'가 두 가지 방식으로 말해질 수 있음을 논하기로 하자. 즉, 한 가지 의미에서는 대개의 경우에 그렇게 되지만 필연까지는 이르지 않는 것으로, 예를 들어 인간이 흰머리가 된다든가, 성장하거나 쇠약해진다든가 하는 등 일반적으로 그렇게 있는 것이 자연 본성에 속하는 일이다(이것은 인간이 항상[영원히] 존재하는 것이 아니기 때문에 '연속된 필연성'을 갖지는 않지만, 인간이 존재하는 한 필연적으로 또는 대부분의 경우에 일어나기 때문이다).") 참조.

[25]   다음으로, '그것은 무엇인가'에 대한 지식은 이 격을 통해서만 사냥할 수 있다.[225] 그것은 중간격(제2격)에서는 긍정하는 추론이 생기지 않지만, '그것은 무엇인가'에 대한 지식은 긍정이기 때문이다.[226] 또 마지막 격(제3격)에서는 긍정하는 추론이 생기지만, 그것은 보편적이지 않다.[227] 그러나 어떤 사항의 '그것은 무엇인가'는 그 사항에 보편적인 것이다. 즉, 인간은 어떤 한정적인 방식으로[228] 두 발의 동물인 것이 아니기 때문이다.

[30]   더욱이 제1격은 그 성립의 증명에 다른 격을 필요로 하지 않지만, 다른 격은 무중항인 것에 도달할 때까지 제1격을 통해 두꺼워지고 증대하게 되는 것이다[간극(間隙)이 메워져야 한다].[229] 따라서 지식을 가지는 것에 대해서 제1격이 가장 권위가 있다는 것은 명백하다.

---

225 '무엇인가'가 제1격의 추론에 의해 '논증된다'는 의미가 아니라, 제1격을 통한 합당한 추론을 구성하는 탐구에서 '사냥할 수 있고' 또 밝혀질 수 있다는 것이다.
226 여기서 강조하는 학문에서 본질에 대한 지식의 중요성과 논증과의 관련성에 대해서는 제2권 제2-10장에서 논의된다.
227 제2격의 결론은 부정이며, 제3격의 결론은 특칭이다. 각각 『분석론 전서』 제1권 제5장, 제6장 참조.
228 즉, 인간 중 일부만이.
229 제1격으로 어떻게든 '환원'된다는 것이다. 그 절차에 대하여, 예를 들어 제1권 제23장 84b31 아래 참조. '두꺼워지거나' 혹은 '증대'하는 것은 격이 아니라 명제이다. 따라서 제2격에는 제1격이 필요하다. 제2격 추론의 전제를 두껍게 하려면 제1격 추론에 의해 이루어져야 하는 한, 명제 AxB를 '두껍게' 또는 '증대'시키는 것은 AyC, CzB⊢AxB와 같은 항 C를 발견하는 것이다(제1권 제23장 84b35, 제25장 86b13; Einarson, p. 158). 두꺼워지는 것은 그것이 만들어 내는 전제가 무중항이 될 때까지 계속될 것이다. 아리스토텔레스의 텍스트는 다음과 같은 명제를 암시한다. 따라서 만일 P, Q⊢R이 그 전제가 두꺼워야만 하는 하나의 추론이라면, 그것이 무슨 격이 되었든 적어도 두 개의 두꺼워지는 추론 중 하나는 제1격에 있다. 이것은 거짓이다. 즉, Ferio(1격), Festino(2격) 및 Ferison(3격)은 각각 Cesare(2격) 및 Darapti(3격)에 의해 두꺼워질 수 있다. 아리스토텔레스는 자신이 보편적인 결론을 지닌 추론에만 관심이 있다고 대답할 수도 있을 것이거나, 또는 첫 번째 두꺼워지는 과정 이후에 그의 논의는 이 세 가지 추론에 대해서조차도 해당된다고 할 것이다. 따라서 모든 길이의

제15장

A가 B에 불가분적인 방식230으로 있을 수 있듯이, 또한 A가 B에 불가분적인 방식으로 있지 않을 수도 있다. 여기서 '불가분적 방식이 있거나 없다는 것'이란 그러한 사항들 사이에 중항이 없다는 것이다. 이와 같이 불 [35] 가분적인 방식으로 있거나 없다는 것은 더 이상 '다른 무엇인가(중항)에 따라서 그렇게 있는 것이거나 그렇게 없는 것이다'라는 것은 아닐 것이기 때문이다.

그런데 A, B 중 하나가, 혹은 그 둘이, 다른 어떤 것인 C 전체 안에 있을231 때에는, A가 B에 첫 번째의 불가분적인 방식인 사항으로 있지 않다는 것은 가능할 수 없다. 이제 A가 C의 전체에 있다고 하자. 그렇다면 B가 C의 전체에 있지 않다면(A는 전체로서 어떤 것 안에 있지만, B는 그것 [40] 안에 있지 않을 수 있기 때문이니까), A가 B에 있지 않다는 것에 대한 추론이 있게 될 것이다. 왜냐하면 A의 전체에 C가 있고 어떤 B에도 C가 없다 79b 면, 어떤 B에도 A는 없을 것이기 때문이다.232 또한 B가 전체로서 어떤 것에 있는, 예를 들어 D 안에 있는 경우도 마찬가지이다. 왜냐하면 이 경우

논증적 연쇄는 제1격과 완전히 독립적일 수 없지만, 어떤 길이의 연쇄는 제1격 논의만을 포함할 수 있다(Barnes, pp. 162-163).

230 아리스토텔레스 논리학(*Organon*)에서 '불가분적인 방식이다'(atomōs)란 말에는 여러 다른 의미도 있다(Bonitz, 120a32-b6). 그러나 여기서는 '무중항'(amesōs)과 동의어이다. 부정의 결론을 이끄는 중항이라는 생각은 기묘하게 느껴질지도 모른다. 부정의 결론은, 그것이 문제를 명확하게 한정했을 경우의 부정이 아닌 한, 즉 이른바 '무한 판단'이라면 원래 논증적 지식이 되지 않는다. 여기서는 그러한 한정적인 경우에 대해서도 부정의 결론을 이끄는 추론 관계를 구성할 수 없다는 것이며, 그것에 한해서 중항이 없다는 것이다. Celarent가(EAE) 성립하지 않는 경우를 생각하게 된다.

231 A가 '전체로서' B 안에 있다는 것과 B가 A의 모두에 대해 술어가 된다는 것은 같다(『분석론 전서』 제1권 제1장 24b26-28 참조).

232 Camestres.

[5] 에는 D는 B 전체에 있고, A는 어떤 D에도 없는 것이 된다. 따라서 추론을 통해 어떤 B에도 A는 없을 것이기 때문이다.²³³ AB의 양쪽이 모두 어떤 것의 전체 안에 있는 경우에도 동일한 방식으로 증명될 것이다.

A가 그 전체에 있는 사항 중에 B가 없을 수 있다는 것, 혹은 반대로 B가 그 전체에 있는 사항 중에 A가 없을 수 있다는 것은 서로 겹치는 일이 없는 한, 항의 연쇄(sustoichia)에서 명백하다.²³⁴ 왜냐하면 ACD라는 항의 연쇄 안에 있는 사항 중 어떤 하나도 BEF라는 항의 연쇄 안에 있는
[10] 사항 중 어느 하나에 대해서도 술어 되지 않으며, A가 같은 연쇄[ACD]에 있는 H의 전체 안에 있다면, B가 H 안에 없을 것임은 분명하다. 그렇지 않으면 두 개의 연쇄가 겹칠 것이기 때문이다. B가 전체로서 어떤 것 안에 있는 경우도 마찬가지이다.

하지만 A와 B 모두 전체로서 어떤 것 안에도 없고, 또 A가 B에 없다면, A와 B가 불가분적인 방식이 아닌 것은 필연이다. 왜냐하면 A와 B 사이에 무엇인가 중항이 있다면, 그것들 A와 B 중 어느 쪽이든 한쪽은 그 어떤
[15] 전체 안에 있다는 것이 필연이기 때문이다. 즉, 이 경우에는 제1격에서, 혹은 중간격[제2격]에서 추론이 있게 될 것이다. 그런데 제1격에서는, B가 전체로서 어떤 것 안에 있을 것이다(주어로서 B와 관련된 전제는 긍정이어야 하니까). 그리고 중간격에서는, A나 B의 임의 중 어느 하나가 전체로서 어떤 것 안에 있게 될 것이다(왜냐하면 A나 B의 어느 한 항에 대해서
[20] 부정이 받아들여졌다고 해도 추론은 생기지만, 양자가 모두 부정인 경우에는 추론은 성립하지 않을 것이기 때문이다).

이렇게 해서 어떤 것이 다른 어떤 것에 불가분적인 방식이 아닐 수 있음은 명백하고, 또 언제 어떻게 할 수 있는지도 말한 셈이다.

---

233 Celarent.
234 현대적으로 말하면, 일단 나누어 갈라진 후에는 섞이지 않는, 즉 '교차 분류'가 되지 않는 분류가 성립하는 경우이다.

제16장

무지에는 여러 가지 무지가 있지만,[235] (2) 부정에 의한 무지가 아니라 (1) 상태에 따른 것이라고 부르는 무지[236] 중의 한 종류는 (1b) 추론을 통해 생기는 오류이다. 이 무지는 (i) 어떤 것이 다른 어떤 것에 첫 번째 로 있거나, 혹은 (ii) 첫 번째로 있지 않은 경우에 두 가지 방식으로 귀결 [25]

---

235 이 장부터 제18장까지는 제5장에서 도입되어 제12장에서 확인된 '무지'에 대한 논점을 보완하는 형태로 그 다양한 양상에 대해 논하고 있다. 두 종류의 무지에 대해서는 제12장 77b26 참조. 또한 Lear(1980), pp. 90-97 참조. 제16장과 제17장에서는 결론이 틀렸다는 것을 알고 있는 경우에, 어디에서 그 오류에 빠졌는지를 밝히는 체계적인 방법이 있는지를 고찰하고 있다. 참이라고 생각되는 전제로부터 거짓임을 알고 있는 결론이 도출되는 경우가 있다는 것은, 거짓인 전제로부터 참인 결론이 도출되는 경우가 있다는 것과 더불어, 논증적 지식을 아는 방식에서 중요한 문제이다. 거짓임을 알 수 없는 결론에 이끌렸을 가능성이 발생하기 때문이다. 아리스토텔레스는 이 문제 전체에 답하지는 않지만, 문제로서 제시하며 부분적인 답을 시도하고 있다. 제16장, 제17장의 분석 배경과 사례에 대해서는 『분석론 전서』 제2권 제24장 참조.
236 부정에 의한 무지는 문제가 되는 사항에 대해 아무것도 믿지 않을 때의 무지이다. 이 무지에 대해서는 제1권 제18장에서 논해진다. '상태에 따른 무지'는 잘못된 것을 믿는다는 의미의 무지이다. 그래서 전체적으로 무지는 아래와 같은 방식으로 분류되어 논해진다. 이 분류는 제16장-제18장 구조에 정확하게 반영된다. 79b23-27에서는 이것을 정확하게 기술하고 있지 않다. 다음과 같이 나누어져서 논해진다.
  (1) 상태에 따른 무지(제16장)
    (1a) 단순한 무지
    (1b) 추론에 의한 무지
      (i) 불가분적인 첫 번째 사항에 대한
        (ib) 부정적인 무지 79b29
        (ia) 긍정적인 무지 80a6
      (ii) 첫 번째가 아닌 사항에 대한(제17장)
        (iib) 부정적인 무지 80b17
        (iia) 긍정적인 무지 81a15
  (2) 부정에 의한 무지(제18장)

된다.[237] 즉, 오류를 범하는 사람이 (1a) [추론에 의하지 않고] 단적으로 있거나 없다고 판단하는[238] 경우이거나,[239] (1b) 추론을 통해서 그 판단을 내리는 경우이다. (1a) 단적인 판단의 오류는 단순한 것[하나의 종류][240]이지만, (1b) 추론을 통한 오류에는 여러 가지가 있다.[241]

[30] (ib) A가 어떤 B에도 불가분적인 방식으로 없다고 하자. 그러면 실수로 C를 중항으로 파악하고 A가 B에 있다고 추론한다면, 추론을 통해 오류를 범하고 있는 것이 될 것이다.[242] 그런데 이 경우, (a) 두 전제가 모두 거짓일 수도, (b) 한쪽만이 거짓일 수도 있다. 왜냐하면 (a) A가 C의 어떤 것에도 없고, C가 B의 어떤 것에도 없음에도 불구하고, 각각을 반대로 받아 [35] 들인다면, 둘 다 거짓이 될 것이기 때문이다. 하지만 C가 A와 B에 대해서, A 아래에[243] 있는 것도, B에 보편적으로[244] 있는 것도 아니라는 관계에 있을 수도 있다. 왜냐하면 B가 전체로서 어떤 것 안에 있는 것은 불가능하지만(A는 B에 첫 번째 사항으로 있는 것은 아니라고 말해졌으므로), A가

---

237 제16장-제17장에서는 전칭 명제만을 다룬다. 즉 XaY이거나 XeY.

238 '판단(하다)'은 hupolēpsis와 그 유사한 말의 번역어이다. 여기에서는 논증적 지식이 문제가 되고 있기 때문에, 『토피카』에서 논의되고 있는 '있음직한 추론'도 아니고, 『소피스트적 논박에 대하여』에서 논의되고 있는 '외견상의 추론'도 아니며, 참인 전제에 반하는 전제로부터 도출되는 추론에 대해서 긍정과 부정의 전칭 판단이 다루어진다.

239 즉 '추론에 근거하지 않은 P를 믿게 되는 경우'에 '단적으로(haplous) P를 믿는 경우'라고 말한다. '단순한 무지'(1a)는 어떤 잘못을 추론에 근거하지 않고 'P'를 믿는데서 비롯된 무지이다. 즉, 추론되지 않은 믿음.

240 '단순하다'는 것은 잘못됨의 방식이 오직 하나라는 것이다.

241 전칭 긍정과 전칭 부정의 경우로 한정하여 논한 아래의 논의는 형식적으로는 문제가 없다. 논리학의 역사적 의의에 대해서는 Lear(1980), pp. 90-97 참조.

242 AaC, CaB⊢AaB. 불가분적인 참인 AeB라는 항 연쇄에 있음'에도 불구하고, 중항 C를 통한 Barbara에 의해 AaB가 성립되었다고 잘못 추론하는 경우이다. 이 장에서는 불가분적이기 때문에 논증되지 않는 항 연쇄 AB가 논증된다고 잘못 생각되는 경우의 오류의 발생에 대해서 논의하고 있다.

'그렇다'라고 여겨지는 모든 것에 보편적으로 있는 것은 필연적이지 않기 때문이다. 따라서 두 전제는 거짓일 것이다. [40]

    그러나 또한 (b) 한쪽을 참이라고 받아들일 수도 있다. 단, 어느 쪽이라도 좋은 것이 아니라, 전제 AC(대전제)이다. 왜냐하면 전제 CB는 B가 어떤 사항 안에도 없음으로써 항상 거짓이 되겠지만, 전제 AC가 참일 수는 있기 때문이다. 예를 들어 A가 불가분적인 방식으로 B와 C에 있다면 그렇다[245](왜냐하면 동일한 사항이 많은 사항에 첫 번째 사항으로 술어 될 때에는, 이 많은 사항 중 하나라도 다른 사항 중에는 없기 때문이다). 불가분적인 [5] 방식은 아니더라도 아무런 차이가 없다. '무언가가 무엇인가에 있다'라는 (긍정의 결론을 이끄는) 오류는 이러한 것들을 통해서 이와 같은 식으로 [제1격에서만] 발생한다(왜냐하면 다른 격에서는 이 '보편적으로 무엇인가에 있다'라는 추론은 없었기 때문이다). 하지만 '무언가가 무엇인가에 없다'라는 (부정의 결론을 이끄는) 오류는 제1격과 중간격(제2격)에서 생긴다.

    그럼 먼저, 우리는 제1격에서 얼마나 많은 방식으로, 어떤 전제를 가질 [10] 때 오류가 생기는지를 말하기로 하자.[246] 그런데 두 전제가 거짓인 경우에

---

243 아리스토텔레스가 항의 관계에 대해 '벤 도형'(Venn-Diagram)과 같은 것이 아니라 아래 그림과 같은 상하로 나열한 선분으로 설명했음을 연상시키는 발언이다.

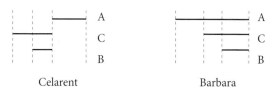

Celarent   Barbara

244 여기서의 '보편적'은, 제1권 제4장에서 정의된 엄밀한 의미가 아니라, 단지 '전칭'이라는 의미이다.

245 실수로 CaB가 참이라고 생각하는 경우이다. 마찬가지로 AaC를 참이라고 하는 경우도 형식적으로는 있을 수 있지만, 앞서 언급했듯이 아리스토텔레스는 전적으로 전칭의 전제를 생각하고 있기 때문에 AaC가 참이라고 하면 CeB이어야 하기 때문에 AeB가 이끌리게 된다.

246 Celarent(AeC, CaB⊢AeB)이다. 가정에 따라 AaB는 불가분적이며, CaB이면

는, 그러한 오류가 있을 수 있다. 예를 들어 A가 B에도 C에도 불가분적인 방식으로 있는 경우이다. A는 어떤 C에도 없고, C가 모든 B에 있다고 받아들여졌다면, 전제 둘 다는 거짓이기 때문이다. 하지만 전제 중 하나가 어느 쪽이든 상관없지만 거짓일 경우에도 오류는 있을 수 있다. 왜냐하면 전제 AC가 참이고 전제 CB가 거짓일 수 있기 때문이다. 전제 AC는 A가 '그렇다'라고 여겨지는 모든 것에 있는 것은 아니기 때문에 참이고, 전제 CB는 A가 그 어느 것에도 없는 것인 C가 모든 B에 있는 것은 불가능하기 때문에 거짓이다. 그렇지 않으면 전제 AC는 더 이상 참이 아니기 때문이다. 동시에 두 전제가 참이라면 결론 또한 참일 것이다. 그러나 또 다른 전제는 거짓일지라도 전제 CB가 참일 수는 있다. 예를 들어 B가 C와 A 안에 있는 경우이다. 왜냐하면 한쪽이 다른 쪽 아래에 있는 것이 필연이기 때문이다. 따라서 A가 어느 C에도 없음을 받아들인다면, 이 전제는 거짓이 될 것이다.

[25]   그러므로 전제 중 하나가 거짓이든 양쪽이 거짓이든, 추론[의 결론]은[247] 거짓이 될 것은 명백하다.

중간격(제2격)에서는 두 전제가 모두 전체적으로 거짓일 수가 없다.[248] 왜냐하면 A가 모든 B에 있을 때, A와 B 중 어느 한쪽의 모든 것에 있으면서 다른 한쪽의 어느 것에도 없는 중항 C를 받아들일 수는 없을 것이기 때문이다. 하지만 이 추론이 성립된다고 하면, 한쪽에는 있고 다른 쪽에는 없는 것이 되는 전제를 받아들여야 한다. 그러므로 이런 식으로 두 전제가 받아들여지고 거짓이라면, 그 반대의 방식으로 받아들여졌다면 두

[15]
[20]
[30]

AaC이어야 한다.

247 『분석론 전서』 제2권 제18장 66a21 참조.

248 Camestres(CaA, CeB⊢AeB), Cesare(CeA, CaB⊢AeB)의 추론에 따르지만, 가정의 AaB에 반한다. 만일 두 전제가 전적으로 거짓이라면, "그 반대의 방식으로 받아들여졌다면, 두 전제는 반대로 [참으로] 될 것임은 분명하다." 즉 CeA & CaB 혹은 CaA & CeB인 경우.

전제는 반대로 [참으로] 될 것임은 분명하다. 하지만 이것은 불가능하다.

그러나 전제의 각각이 부분적으로 거짓인 것을 방해하는 것은 아무것도 없다.[249] 예를 들어 C가 A와 B의 일부에 있는 경우이다.[250] C가 모든 A에 있고 어떤 B에도 없다고 받아들여진다면, 두 전제는 모두 거짓이 되겠지만, 그러나 거짓인 것은 전체적으로가 아니라 일부로서 그런 것이다. 부정이 반대로 놓였다고 하더라도 마찬가지이다[Cesare]. [35]

전제 중 하나가 어느 쪽이든 거짓일 수 있다. 왜냐하면 모든 A에게 있는 것은, 또 B에도 있기 때문이다. 그래서 C가 A의 전체에 있고 B의 전체에 없다는 전제를 받아들인다면, 전제 CA는 참이고 전제 CB는 거짓인 셈이다.[251] 게다가, 어떤 B에도 없는 것은 또한 모든 A에게 있지 않을 것이다. 왜냐하면 A에 있다면 B에도 있기 때문이다. 그러나 B에는 없었던 것이다. 그래서 C가 A의 전체에 있고 어느 B에도 없다고 받아들인다면, 전제 CB는 참이고 다른 전제는 거짓인 셈이 될 것이다. [40] 80b [5]

부정이 바뀌어도 마찬가지다. 어떤 A에도 없는 것은 어느 B에도 없을 테니까. 그래서 C가 A의 전체에 있지 않고 B의 전체에 있다고 받아들인다면, 전제 CA는 참이고 다른 전제는 거짓이 될 것이다. 더욱이 모든 B에 있는 것이 어떤 A에도 없다고 받아들이는 것은 거짓이다. 왜냐하면 모든 B에 있다면 어떤 A에 있는 것은 필연이기 때문이다. 그래서 C가 모든 B에 있고 어떤 A에도 없다고 받아들인다면, 전제 CB는 참이고 전제 CA는 거짓이 될 것이다. [10]

이렇게 해서 두 전제가 거짓이든 한쪽만 거짓이든 불가분적인 항 연쇄에서 오류 추론이 있을 것임은 분명하다. [15]

---

249 CiA, CoA, CiB, CoB와 불가분적인 AaB는 양립 가능하다(『분석론 전서』 제1권 제5장 27b36-39 참조).

250 즉, '전부는 아니지만 일부에'. CiA & CoA & CiB & CoB.

251 CaA, CeB⊢AeB이고, CaA가 참이라면, CeB는 거짓이다. AaB, CaA와 CeB는 양립 가능하지 않고, CaA, CaB, 불가분적인 사항 AaB는 양립 가능하다.

제17장

(iib)(a) 비-불가분적으로 있는 [[혹은 없음]]²⁵² 항 연쇄에서, 거짓인 추론이 고유의 중항을 통해 생기는 때에는, 두 전제 명제가 모두 거짓일 수 없으며, 오히려 큰 항에 대한 전제(대전제)만이 거짓일 수 있다(여기서 '고유의 중항'이란, 거짓인 결론을 이끄는 추론에 모순 대립하는²⁵³ 참인 결론을 이끄는 추론이 그것을 통해 생기는 중항을 말한다). 그럼 A가 중항 C를 통해 B에 있다고 하자. 그러면 추론이 생긴다면, 전제 CB(소전제)가 긍정의 전제로서 받아들여지는 것이 필연이므로, 이 전제가 항상 참이 되는 것은 분명하다. 이것은 치환할 수 없기 때문이다.²⁵⁴ 반대로 전제 AC(대전제)는 거짓이다.²⁵⁵ 왜냐하면 이것이 치환(환위)되는 경우에, 서로 대립하는 추론이 생기기 때문이다.

(b) 중항이 [고유의 중항이 아닌] 다른 항 연쇄(sustoichia)로부터 취하고 [있지만 타당한 추론이 성립하는 경우에]도 마찬가지이다. 예를 들어 D가, A의 전체 안에 있고 모든 B에 대해 술어가 되는 경우이다. 왜냐하면 전제 DB(소전제)는 머무르고 다른 전제(대전제)가 치환되는 것이 필연이기 때문이다. 따라서 전자는 항상 참이고, 후자는 항상 거짓이다. 이러한 오류는 고유의 중항을 통한 오류와 거의 같다.

그러나 (c) 추론이 생기는 것이 고유의 중항을 통해서가 아니라면, 중항 D가 A 아래에 있고 어떤 B에도 없을 때에는,²⁵⁶ 두 전제가 거짓인 것은

---

252 삭제한다.

253 여기서는 결론이 거짓인 추론 AeC, CaB⊢AeB(Celarent)와 참인 추론인 AaC, Cab⊢AaB(Barbara)를 염두에 두고 있다. 대전제는 전칭 부정과 전칭 긍정이 되므로 정확히는 '모순' 대립은 아니다.

254 즉, 반대에 의해 치환된 경우에는, 타당한 추론이 성립할 수 없기 때문이다. 여기서 '치환'은 긍정과 부정의 치환이다.

255 거짓인 추론 Celarent와 참인 추론인 Barbara에서 소전제는 공통이며 참이다.

필연이다. 왜냐하면 [거짓인 결론을 이끄는] 추론이 [타당한 추론]이어야 [35]
한다면, 두 전제는 실제로 있는 것과는 반대로 받아들여져야 하기 때문이
다. 하지만 그런 식으로 받아들여진다면, 두 전제는 모두 거짓이다. 예를
들어 A가 D의 전체에 있지만, D가 어떤 B에도 없는 경우이다. 이 전제들
이 치환(환위)될 때, 추론이 있을 것이고, 두 전제는 모두 거짓일 것이기
때문이다.[257]

하지만 (b) 중항, 예를 들어 D가 A 아래에 없을 때에는 전제 AD(대전 [40] 81a
제)는 참이고 전제 DB(소전제)는 거짓이 될 것이다. 전제 AD가 참인 것
은 D가 A 안에 없었기 때문이고, 전제 DB가 거짓인 것은, 이것이 참이었
다면 결론 또한 참이었을 것이기 때문이다. 그러나 결론은 거짓이었다.[258]

(e) 중간격[제2격]을 통해 오류가 발생할 때에는 두 전제 명제가 모두 [5]
전체적으로 거짓일 수는 없다(B가 A 아래에 있을 때에는, 앞서도 말했듯이
무엇인가가 한쪽 전제에는 있지만 다른 쪽 어느 것에도 없다는 것은 있을 수
없기 때문이다). 하지만 전제의 하나가, 어느 쪽이든 좋으나, 거짓일 수는
있는 것이다. 왜냐하면 C가 A에도 B에도 있을 때, A에 있지만 B에는 없 [10]
다고 받아들인다면, 전제 CA는 참이지만 다른 쪽은 거짓이 되기 때문이
다. 또 C가 B에는 있지만 어떤 A에도 없다고 받아들인다면, 전제 CA는
참이지만 다른 쪽은 거짓이 될 것이기 때문이다.[259]

오류의 추론이 부정의 결론을 이끄는 추론일 때, 오류가 언제, 어떤 전 [15]
제를 통해 일어나는지는 이야기되었다.

(iia)(a) 긍정의 추론일 때에는 고유의 중항을 통해서인 경우에 양 전제
가 모두 거짓인 것은 불가능하다.[260] 왜냐하면 추론이 성립한다고 하면, 앞서

---

256 AaD, DeB.
257 AaD, DeB.
258 AeD, DeB.
259 제1권 제16장 80a27-b14 참조.
260 AaC, CaB⊢AaB, 사실상 AeB일 때.

말한 것처럼 전제 CB가 머무는 것이 필연적이기 때문이다. 따라서 전제
[20]   AC는 항상 거짓일 것이다. 환위(치환)되는 것은 이 전제이기 때문이다.[261]

(b) 중항이 다른 항 연쇄로부터 받아들여진다고 하더라도, 부정의 오류
에 대해 이야기한 바와 마찬가지다. 왜냐하면 전제 DB가 머무르고, 전제
AD가 환위되는 것은 필연이며, 그 오류는 앞의 경우와 같기 때문이다.[262]

하지만 오류 추론이 생기는 것이 고유의 중항을 통해서가 아닐 때에는,
[25]   (c) D가 A 아래에 있다면, 이 전제는 참이고 또 다른 전제는 거짓이 될 것
이다. 왜냐하면 서로 밑에 있는 것이 아닌 많은 것에 A가 있을 수 있기 때
문이다.[263] 하지만 (d) D가 A 아래에 있지 않다면, 이 전제가 항상 거짓이
될 것임은 분명하다(긍정으로 받아들여지고 있으니까[264]). 하지만 (e) 전제
[30]   DB는 참일 수도 거짓일 수도 있을 것이다. A가 어떤 D에도 없고, D가 모
든 B에 있는 것을 아무것도 방해하지 않기 때문이다. 예를 들어 동물이 어
떤 지식에도 없고, 지식이 모든 음악에 있는 경우이다. 게다가 A가 D의
어떤 것에도 없고, D가 B의 어떤 것에도 없는 것을 아무것도 방해하지 않
기 때문이다.[265]

[[따라서 중항이 A 아래에 없을 때에는 두 전제가 거짓이라는 것도, 전
제 중 하나가 어느 쪽이든 좋으나 거짓일 수 있음은 명백하다.]][266]

[35]   이렇게 해서 추론에 관한 오류가 얼마만큼의 방식으로, 또 어떠한 전제
명제를 통해 무중항의 항 연쇄 중에, 또 논증을 통한 항 연쇄 중에 생길 수

---

261 80b18-26 참조.
262 80b26-32 참조.
263 AaD, DeB.
264 AeD, DaB.
265 AeD, DeB.
266 명백하게 잘못되었기 때문에 Ross는 전체 문장을 삭제한다. Barnes는 79b40-41
에 비추어서 '전제의 하나가, 어느 쪽이든 좋은 것은 아니지만(tēn heteran, ou men-
toi), 거짓이다'라고 읽도록 텍스트를 개정하고 있지만 사본으로 뒷받침되지는 않는다.

있는지는 명백하다.

제18장

어떤 감각이 애초에 결여되어 있다면, 그 감각 없이는 그것을 파악하기가 불가능한 어떤 지식도 결여하고 있음이 필연적이라는 것 또한 분명하다.[267] 그것은 우리가 무엇인가를 배우는 것은 귀납에 의해서이든가 논증에 의해서이며, 논증은 보편적인 사항에서 출발하고 귀납은 부분적인 사항[268]에서 출발한다고 한다면, 또 보편적인 사항은 귀납을 통하지 않고는 고찰할 수 없다고 한다면(왜냐하면 '사상[捨象, '없앰, 제거함]'에 따른다'라고 우리가 말하는 사항[269]에 대해서도 그러한 사항 중 어떤 사항이 있는[감각되는 사항이 속하는] 유에 있는 것은, 그 사항이 떨어져 있는 것은 아니라고 하더라도 개별적인 사항이 '사상에 의한다'고 여겨지는 사항인 한, 사람은 귀납을 통해 인식될 수 있도록 할 수 있기 때문이지만), 나아가 감각을 갖지

---

267 인식에 대하여 감각의 작용과 관련하여 어떤 종류의 경험주의적 주장을 말하고 있다. 제1권 제31장, 제2권 제19장 참조.

268 여기서 '부분적인 사항'은 감각-지각의 대상인 개별적인 사항을 말한다.

269 여기서 아리스토텔레스가 '없앰에 따르는 것'(ta ex aphaireseōs)으로서 염두에 두고 있는 것은 개념 일반의 '추상'이 아니라, '수학이나 기하학이 관련된 것'을 말한다. 수학적 대상의 문제에 대해서는 『형이상학』 제13권, 제14권에서 논의하고 있지만, 여기서는 그 원리의 파악에 대해서도 경험주의적 입장에 서 있다. "아리스토텔레스는 '추상에 기초하여 우리가 말하는 사항'이란 실제로 분리할 수 없는 속성 중 일부를 일상적 대상으로부터 정신적으로 추상할 때 우리가 고려하는 유사-대상을 의미한다. ··· 따라서 아리스토텔레스는 수학 명제의 일부(전부는 아님)가 귀납법을 통해 학습된다는 밀(Mill)의 견해에 자신을 위임하도록 말한다. 아리스토텔레스의 수리 철학은 자신을 응용과학으로서의 수학 개념, 또는 적어도 수학적 정리가 세계의 일상적인 알갱이(furniture)에 대한 진리를 진술한다는 견해로 이끌었다. 그러한 견해는 밀의 논제, 즉 응용 수학은 경험 과학이라는 것에 잘 들어맞는다."(Barnes, p. 168)

81b

않고서는 귀납하는 것이 불가능하다면, 그 감각이 결여된 것에 대한 지식을 파악하는 것은 불가능하기 때문이다. 감각은 개별적인 것들에 관한 것이기 때문이다. 즉, 그것에 대한 감각이 결여된 개별적인 것들에 대한 지식을 파악할 수 없기 때문이다.[270] 왜냐하면 이러한 사항에 대해서 귀납 없이 보편적인 것으로부터 논증을 통해 지식을 파악할 수 없으며, 감각 없이는 귀납을 통해 지식을 파악할 수 없기 때문이다.[271]

제19장

[10]   모든 추론은 세 가지 항을 통해 성립한다.[272] 이러한 추론의 종류 중 하나는 긍정의 결론을 이끄는 추론으로, A가 B에 있고 B가 C에 있다는 두 가지 전제를 통해 A가 C에 있다는 결론을 증명할 수 있다. 다른 종류의 추론은 부정의 추론으로, 그 전제 중 하나는 어떤 무언가가 다른 무언가에 있다고 하고, 또 다른 전제는 어떤 무언가가 다른 무언가에 없다고 하는 추론이다.[273] 그래서 이러한 전제가 추론의 원리이며 이른바 '밑에 놓음'(가

---

270 Barnes처럼 이런 입장을 경험주의라고 정리하는 것이 얼마나 의미가 있는지는 잘 모르겠다. 이러한 견해는 '응용 수학은 경험 과학이다.' 이른바 필요조건을 들고 있을 뿐이기 때문이다. 반대로 다른 곳에서 언급에 따라 '이성주의'로 정리해서, 이른바 '충분조건'을 들고 있지만 이쪽도 잘 이해되지 않는다. 뒷받침되지 않는 단순한 구두선(口頭禪)일 뿐이다.

271 이 장의 요지는 이렇다. '귀납 없이는 어떤 지식도 없다. 지각 없이는 귀납이 없다. 그래서 지각 없이는 어떤 지식도 없다.'

272 이 장부터 제23장까지의 일련의 논의에서 아리스토텔레스는 논증과 관련된 항 연쇄가 무한히 계속되는 일은 있을 수 없으며, 따라서 또한 논증 과정도 무한정으로 있을 수 없음을 밝히려 하고 있다. 아리스토텔레스가 문제 삼고 있는 것은 전칭 긍정을 이끄는 Barbara로, 게다가 주어와 술어, 두 항의 외연이 동일한 항 연쇄이다. 일반화된 경우, 논의의 기술적인 문제에 대해서는 Lear, pp. 15-33 참조.

정)인 것은 분명하다. 추론하는 사람은 이러한 전제들을 받아들여 다음과 [15]
같이 증명해야만 하기 때문이다. 예를 들어 A가 C에 있음을 중항 B를 통
해 증명하고, 다시 A가 B에 있음을 다른 중항 D를 통해 증명하고, 또 B가
C에 있음을 동일한 방식으로 중항 E를 통해 증명하는 것처럼 말이다.[274]

그런데 어떤 생각에[275] 따라 추론하는 사람, 즉 단지 문답법적으로 추론
하는 사람에게서는, 그 추론이 가능한 한 많은 사람들에게 가장 받아들여 [20]
지고 있는 통념으로부터 출발해서 일어나고 있는지를 탐구하면 된다는 것
은 분명하다. 따라서 참으로 A와 B 사이에 중항이 아무것도 없더라도 '있
다'라고 사람에게 생각되고 있을 때, 이 생각되는 것을 통해 추론하는 사
람은, 문답법적으로 추론한 것이다. 그러나 참인 것과 관련해서는 [생각
되고 있을 뿐만 아니라 실제로 있는] 어떤 일에서 출발하여 탐구해야 한
다.[276] 즉, 이런 것이다. 그것(A)이 다른 것(B)에 대해서 부대적으로가 아

---

273 '모든 추론'이라고 말하며 논의를 시작했는데, 여기서 아리스토텔레스는 결론이
전칭(긍정, 부정)인 추론만을 문제 삼고 있다.
274 이것을 도식화하면 다음과 같다.

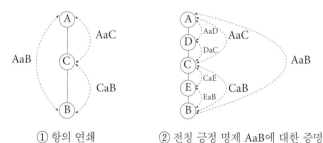

① 항의 연쇄　　② 전칭 긍정 명제 AaB에 대한 증명

275 '생각'(doxa)에 대해서는, 제1권 제33장 참조.
276 진리에 따른 논의에 대해서는『분석론 전서』제1권 제30장 46a3-10 참조. "논증
에서는 참에 입각하여 그와 같이 있는 항 연관[전제]의 경우이며, 변증술적 추론에서
는 일반 통념(endoxa)에 따른 항 연관의 경우이다."(『분석론 전서』제2권 제16장
65a35-37) 생각(DOXa), 평판, 통념이란 말은 모두 dok-라는 어근으로부터 유래한
다. 변증론자는 '평판을 가진 전제'(통념, enDOXa)로부터 출발한다. 따라서 중항이

[25] 니라 술어 되는 것(A)이 있으니까─ '부대적이다' 란, 예를 들어 우리가 때로는 '그 하얀 것은 인간이다' 라고 말하는 경우를 말한다. 이것은 '그 인간은 하얗다' 라고 말하는 경우와 같지 않다. 왜냐하면 그 인간은 (흰 것이 그 자체로서 술어 된다) 무엇인가에 의해서 흰 것이 아니라, 그 흰 것은 분명히 인간이지만, 그것은 흰 것이 인간에게 우연히 부대하고 있기 때문이다. 그래서 그 자체로서 술어가 되는 몇 가지 사항이 있는 것이다.[277]

[30] 그러면[278] (1) C를, 그 자체는 결코 다른 것에 술어항으로서 있는 것은 아니지만, B가 그것(C)에 첫 번째 것으로서, 이것들(B와 C)의 중간에는 다른 것이 아무것도 없는 것이라고 하자. 또 E는 F에, 그리고 F는 B에 대해 (B가 C에 대한 것과) 같다고 하자. 그렇다면 이 항 연쇄(CBFE⋯)는 필연적으로 멈출 것인가, 아니면 무한정하게 진행될 수 있는 것인가?

또한, (2) 어떤 것도 그 자체로 A에 대해 술어 되지 않고, 또 A는 H에 [35] 첫 번째 것으로서 그 중간에는 A가 H에 있는 것보다 앞서 있는 것이 아무것도 없으며, 더욱이 H는 F에, F는 B에 있다면, 이 항 연쇄(⋯BFHA) 또한 멈추는 것은 필연적인 것일까, 아니면 이 항 연쇄 또한 무한정으로 진행될 수 있는 것일까? 이 경우와 앞의 경우의 차이는, (1) 앞의 경우 자신은 어떠한 다른 것에도 없이 다른 일이 거기에 있는 것과 같은 것(궁극 [40] 의 주어항)으로부터 시작해서 위쪽으로 (술어항의 연쇄가) 무한정하게 진 82a 행될 수 있는지를, (2) 이 경우는 자신이 다른 일에 대해 술어 되고, 그것에 대해서는 아무것도 술어 되지 않는 것(궁극의 술어항)으로부터 시작해서 아래쪽으로 (주어항의 연쇄가) 무한정으로 진행될 수 있는지를 탐구하는 데 있다.[279]

있다고 생각되면(DOKei), 그로서는 충분하다. 그는 생각에 관련해서(kata DOXan) 논의하고 있기 때문이다. 즉, 그의 결론이 믿어지면 충분한 것이다.
277 '부대적으로 술어 되는 사항'에 대해서는 제1권 제4장 73b5-10, 제22장 83a1-18, Barnes, pp. 114-117 참조.
278 항 연쇄가 무제한일 수 있는지 여부를 세 가지 경우로 나누어 묻고 있다.

게다가 (3) 양 끝의 항이 그것으로서 한정되어 있을 때 그 중간 항이 무한정일 수 있을까? 즉, 예를 들어 A가 C에 있고, B가 그것들 중항이며, 또 B와 A 사이에는 다른 중항(D)이 있고, 게다가 이들(AD) 사이에 다른 [5] 중항(E)이 있다면, 이러한 일(CBDE…A)이 무한정 진행될 수 있을까, 아니면 그것은 불가능할까.

이것은[280] 논증이 무한정 진행되는지를 탐구하는 것, 즉 모든 사항에 대한 논증이 있는지, 아니면 결론의 주어항과 술어항이 서로 한계를 두고 있는지를 탐구하는 것과 같다.[281]

부정의 결론을 이끄는 추론이나 전제에 대해서도 마찬가지라고 나는 주장한다. 예를 들어 A가 어떤 B에도 없다고 한다면, 예를 들어 이것은 [10] 첫 번째 것으로서 그러하거나 혹은 A가 있는 것이 아닌 것보다 먼저 무엇인가(예를 들어 모든 B에 있는 G)가 중간에 있고, 또 이보다 더 앞서는 다른 것(예를 들어 모든 G에 있는 H)이 있는가 하는 것이 된다.[282] 왜냐하면 이러한 부정의 경우에도, 보다 앞선 것에 있는 (혹은 없는) 사항은 무한하거나 멈추거나 둘 중 하나이기 때문이다.

하지만 주어항과 술어항이 치환되는 사항에 대해서는 이와 동일하지 [15] 않다. 왜냐하면 주어항과 술어항이 서로 술어 되는 경우에는 그것에 대해 첫 번째 사항으로 술어 되는 사항이나, 그것에 대해 맨 나중의 사항으로

---

279 '위쪽으로', '아래쪽으로'의 항 연쇄란 다음 장에서 보여지듯이 일반적으로는 '더 보편적인 것', '더 개별적인 것'으로의 항 연쇄이다.

280 바로 앞의 (3)을 가리킨다.

281 아리스토텔레스의 추론 구조에서는 무언가가 추론되려면 '중항'이 있어야 하지만, 어떤 항 연쇄에도 중항이 항상 있다면, 무중항의 항 연쇄는 없는 것이 된다. 그러나 무중항 명제가 없다면 추론은 있을 수 있어도, 논증은 없는 셈이다. 모든 것에 대한 증명이 있는지 여부의 물음은 '순환' 증명(제1권 제3장 72b25-73a20)의 문제를 포함하지만 이 장에서는 이를 다루지 않는다.

282 여기에서는 Celarent의 경우를 생각할 수 있다. 나중에 제21장에 가서 일반화된다.

술어 되는 사항 등은 없기 때문이다(왜냐하면 치환되는 항은 서로 치환되는 항에 술어 되는 항이 무한하든, 이 문제를 초래하고 있는 항이 양방향으로 무한하든,[283] 모든 항의 것은 다른 항에 대하여, 주어항이 되기도 하고 술어항이 되기도 한다는 점에서는 동일한 관계에 있기 때문이다). 단, 동일한 방식으로가 아니라 치환될 수 있다면, 즉 어떤 경우에는 부대적인 사항으로, 또 다른 경우에는 본래의 카테고리아[284](술어)로서 치환되는 것이라면 다른 것이다.

[20]

제20장

그런데 술어 되는 사항이 아래쪽을 향하든, 위쪽을 향하든 멈춘다면, 중간 항이 무한할 수 없다는 것은 분명하다[285]('위쪽'이란 보다 보편적인 사항을 향해서 술어가 되는 것이고, '아래쪽'이란 보다 부분적인[개별적인] 사항을 향하는 술어가 되는 것이다). 왜냐하면 만일 F에 대해 A가 술어가 되어 F와 A의 중간 항이 무한한 것이고, 그것들을 'B인 것들'이라고 한다면 A에서 시작해서 아래쪽을 향해서 어떤 항이 다른 항에 무한정으로 술어 될 수 있다는 것은 분명하며(즉, F에 이르기까지 중간 항은 무한정하게 있기 때문이다), 또 F로부터 시작해서 위쪽으로, A에 이르기까지 무한정하

[25]

---

283 Ross에 따라 옮겼는데, Philoponos에 따른 Barnes의 독해는 다음과 같다. "모든 항의 각각은 다른 모든 항의 각각에 대해 이 주어항이 되기도 하고 술어항이 되기도 한다는 점에서는 같은 관계에 있다. 그리고 치환되는 모든 항은 그 서로 치환되는 항에 술어 되는 항이 무한한 것이라면, 이 문제를 초래하고 있는 항은 양방향으로 무한한 것이 된다." 즉, 치환되는 항 연쇄의 무제한적임에 대해 아리스토텔레스는 보다 한정적으로 생각하고 있다.

284 katēgoria는 '술어 되는 것'을 가리킨다.

285 앞 장의 (1), (2)의 물음에 부정적으로 대답한다면 (3)에도 부정적으로 대답하게 된다. 이 논의의 기술적인 문제에 대해서는 Lear, pp. 19-25 참조.

게 술어가 되는 사항이 있을 수 있다는 것도 분명하기 때문이다. 따라서 이러한 것이 불가능하다면, A와 F의 중간에 항들이 무한하다는 것도 불가능하다.

그 이유는 누군가 ABF라는 항 연쇄[286]에 대해 '그것들은 서로 연결되어 있으므로 어떤 항도 그 중간에 없다'라고 말하든, '그들 이외의 다른 항의 연쇄는 받아들일 수 없다'라고 말하든, 이 두 주장에는 아무런 차이가 없기 때문이다. 왜냐하면 B인 것들 중 무엇이든, 내가 받아들이는 항은 A쪽으로 혹은 F쪽으로 중간 항이 무한정으로 있는지 없는지 하는 여부일 것이기 때문이다.[287] 어디서부터 시작해서 첫 번째 중항이 무한정하게 되는지는 즉시든 즉시가 아니든 아무런 차이도 없다. 어쨌든 그 항의 뒤에 항들이 무한정하게 있으니까.

[30]

[35]

제21장

긍정의 논증에서 항 연쇄가 아래 위 두 방향에서 멈춘다면, 부정의 논증에서도 멈출 것이 명백하다.[288] 우선, 마지막 항에서 시작해서 위쪽으로 무한정으로 진행된다는 것은 있을 수 없고(여기서 말하는 '마지막 항'이란 그 자체는 다른 어떤 항에도 없고, 거기에 다른 항이 있는 항을 말하는 것이

82b

---

286 'ABF라는 항 연쇄'에서 B는 '무한히 많은 항들'을 나타낸다(82a5 참조).
287 즉, 'A-F의 일부 하위 집합이 유한하다면, 어떤 Bi에 대해 A-Bi 또는 Bi-F는 무한한 경우로 남아 있다.'(Barnes, p. 171)
288 제21장의 목적은 긍정적인 논증의 무한 연속(sequence)이 없다면 부정적인 논증의 무한 연속도 있을 수 없음을 보여주는 것이다. 부정적인 결론을 만드는 추론의 추론식은 아홉 가지가 있다. 따라서 아리스토텔레스가 탐구해야 하는 9가지 유형의 시퀀스가 있지만, 실제로 그는 세 가지 방식으로 제한한다. 이 세 가지 방식은 Celarent, Camestres 및 Bocardo이다. 여기서 아리스토텔레스는 관심을 이 세 가지 방식과 대개 『분석론 후서』에서 그렇게 하는 것처럼, 보편적 명제로 한정하고 있다.

며, 예를 들면 F를 말한다), 첫 번째 항에서 시작해서 마지막 항으로 무한 정하게 진행하는 것도 있을 수 없다고 하자('첫 번째 항'이란 그 자체는 다른 항에 대해 술어가 되지만, 그것에 대해 다른 항이 술어가 되지 않는 그런 항이다). 그렇다면 부정의 논증에서도 멈출 것이다.

[5] 그 이유는 '어떤 것이 다른 어떤 것에 없다'라는 것은 다음의 세 가지 방식 중 하나로 증명되기 때문이다. 첫째, 거기에 C가 있는 모든 것에 B가 있고, B가 있는 것 모두에 A가 없다는 방식이다.[289] 그런데 이 경우에는 전제 BC, 즉 두 전제의 한쪽(소전제) 항 간격에[290] 대해서는 항상 무중항에 도달하는 것이 필연이다. 왜냐하면 이 항 간격은 긍정적인 술어이기 때문이다.[291] 하지만 다른 쪽(대전제)의 항 간격 AB에 대해서는 A가 보다 앞선 다른 것, 예를 들어 D에 없다면 D는 모든 B에 있어야 한다는 것은 분명하다. 더욱이 D보다 앞선 다른 것에 없다면, 이것은 모든 D에 있어야 한 [10] 다는 것도 분명하다. 따라서 위쪽으로 가는 길이 멈추므로, A로 향하는 길도 멈출 것이고, 거기에 A가 없게 되는 첫 번째 어떤 항이 있게 될 것이다.

또 두 번째로, B는 A의 모든 것에 있지만, 어떤 C에도 없다면, A는 어떤 C에도 없다는 방식이다.[292] 게다가 이 B가 어떤 C에도 없다는 것[소전 [15] 제]을 증명해야 한다면,[293] 앞의 첫 번째 방식을 통해서이든지, 이 방식을 통해서이든지, 혹은 또 세 번째 방식 중 하나를 통해서 증명될 것이 분명하다. 첫 번째 방식에 대해서는 이미 언급되었다. 두 번째 방식은 다음에

---

289 BaC, AeB라는 전제의 성립을 말하고 있다. 이 장에서는 평소와는 달리 B를 중항으로 하도록 기술(記述)되어 있는데, Celarent가 성립하는 경우이다.

290 '항 간격'(diastēma)이란 음악에서의 '음의 간격'(음정)에서 유래하는 것으로, 두 항이 주술 구조를 이루고 있는 '명제'이다. 주어와 술어, 두 항 사이에 중항이 없으면 항의 간격이 없는 무중항 명제가 된다. 『분석론 전서』 제1권 제4장 참조.

291 이 점은 제1권 제19~20장에 제시되었다.

292 Camestres이다.

293 즉, BeC.

증명될 것이다. 다음과 같은 식으로 증명하게 될 것이다. 예를 들어 증명되는 무엇인가가 B에 있는 것이 필연적인 것이라면, D가 모든 B에 있고, 어떤 C에도 없다는 것을 증명하게 된다.

다음으로, 증명되는 것인 D가 C에 없는 것이라면, 다른 사항 ED에 있 [20] 지만, 그 E는 C에 있지 않다는 것을 증명하게 될 것이다. 이렇게 해서 항상 더 위쪽 항에 '뭔가가 있다'라는 것은 멈추는 것이다. 그러니까 '어떤 것에도 없다'라고 하는 것도 멈출 것이다.

셋째 방식도 있었다. A가 모든 B에 있지만 C가 모든 B에 있는 것은 아니라면, B에 A가 있는 모든 것에 C가 있는 것은 아니라고 증명하는 방식이다.[294] 이 C가 모든 B에 있는 것은 아니라는 것에 대해서도 또한 앞에 말했던 두 가지 방식을 통해서이든지, 혹은 동일한 방식으로 증명될 것이다. 앞의 방식으로 이루어진다면 멈출 것이고,[295] 뒤의 방식으로 이루어진 [25] 다면 'B는 E에 있지만 이 E의 모든 것에 C가 있는 것은 아니다'라는 것이 받아들여질 것이다. 그리고 이 CE의 모든 것에 있는 것은 아니라는 것은 다시 같은 방식으로 증명될 것이다. 하지만 아래를 향해도 다시 멈추는 것이 가정되어 있기 때문에, 거기에 C가 없는 항 또한 멈출 것이 분명하다.[296]

부정의 논증에서도 하나의 길에 의해서가 아니라 모든 길에 의해서, 즉 때로는 제1격으로부터의 길에 의해서, 또 때로는 제2격이나 제3격으로 [30] 부터의 길에 의해서 증명된다고 해도, 그렇게 한다고 해도 항 연쇄가 멈출 것은 명백하다. 그 이유는 이러한 길은 수에서 한정되어 있고, 한정되어

---

294 여기서 논의되고 있는 제3의 방식은 Bocardo이지만, Barnes가 지적하고 있듯이 특칭 부정의 경우를 논의한다고 해도 의미는 거의 없다. 82b21-28은 있을 만한 가능성을 다 보여주기 위한 예로 거론했거나, 후세의 편집자가 오해에 근거해서 섞여 들어갔을 가능성이 높다(p. 173 참조).

295 82a36-b21 참조.

296 아리스토텔레스의 결론은 참이나, 그의 논증은 건전하지 않다(Lear[1980], pp. 27-30 참조).

82b

있는 것은 한정된 횟수를 거듭해도 전체적으로 한정되어 있다는 것은 필연적이기 때문이다.[297]

[35] 그러므로 연쇄가 어떤 것이 거기에 있다고 [긍정]하는 논증에서 멈춘다면, 부정하는 논증에서도 멈출 것이 분명하다. 하지만 전자에 대해서는 언어상의 방식으로[298] 고찰한다면, 아래와 같이 명백하다.

제22장

그런데 '그것은 무엇인가'(to ti esti) 안에서 술어 되는 것에 대해서는, 이 항의 연쇄가 멈출 것은 분명하다.[299] 왜냐하면 만일 '그것은 원래 무엇이었는가'(to ti ēn einai)[300]가 정의될 수 있는 사항, 혹은 인식될 수 있는

---

297 이 논의에 대해서는 Lear, pp. 25-30 참조.

298 '언어상의 방식으로'(logikōs)는 '우리의 말하는 방식을 반영하여', '일반적으로', '대략적으로'라는 말로 새길 수 있다. '문답법적인'(dialektikos)이라는 말과 거의 동의어이다. logikos는 특정 과학에 고유한 개념이나 원리를 사용하지 않는 논증을 가리키기 위해서 아리스토텔레스가 자주 사용하는 단어이다. "논의에 사용될 수 있는 문제라는 것은 그것에 관해 수많은 적절한 논의들(logoi)이 생겨나게 할 수 있다면 일반적이다(logikon)."(『토피카』 제5권 제1장 129a29-31) "하지만 어쩌면, 논리에 근거한 논증(apodeixis logikē)이 지금까지 말해 온 것보다 한층 설득적이라고 생각될지도 모른다. 내가 '논리에 근거한다'(logikēn)라고 말하는 것은, 그것이 일반적일수록 대상에 속하는 고유한 원리로부터 멀어지기 때문이다."(『동물의 생성에 대하여』 제2권 제8장 747b27-30) 즉, '일반적'이라는 것은 무엇보다 설득력이 있다는 것을 함축한다. 명제가 더 '일반적'일수록 그것을 검사하고 거부할 수 있는 방식이 더 많아진다.(『분석론 후서』 제1권 제22장 84a7-8, 제32장 88a19-30 참조)

299 이 장에서는 제1권 제19장의 (1), (2)에 대해 부정적임을 보여주려고 하고 있다. 이 장의 논의상의 문제점에 대해서는 Lear, pp. 30-32 참조.

300 ti esti(what a thing/something/it is)는 문자적으로 '그것이 무엇이라는 것?'이다. '그것은 무엇인가'로 옮긴다. '그것'에 해당하는 것은 '하나의 사항'(X)이다. 'X는

132

사항이며, 또한 무한한 사항을 다 확인할 수 없다면, '그것은 무엇인가' 안에서 술어 되는 사항이 한정되어 있다는 것은 필연적이기 때문이다.[301]

(1) 그래서 우리는 다음과 같이 보편적으로 논하는 것이다. 즉, '흰 것이 걷고 있다'거나 '저 큰 것은 목재다'라고 한 것을 사람은 참인 것으로 말할 수 있다. 그리고 또 '목재가 크다'라든가 '인간이 걷고 있다'라고 하는 것을 참인 것으로 말할 수도 있다. 하지만 이렇게 말하는 것과 앞서 말한 것은 다르다. '흰 것이 목재다'라고 내가 주장할 때, 흰 것이 그것에 우연히 부대되어 있는 것이 목재라고 말하는 것이지, 흰 것이 목재에서의 기체라고 말하는 것은 아니다. 왜냐하면 그것이 목재가 된 것은 흰 것, 혹은 바로 흰색인 무엇인가에 의해서가 아니기 때문이다. 따라서 '그 흰 것이 목재이다'라는 것은 부대적인 방식일 뿐이다. 한편 '목재가 하얗다'[302]라고 내가

무엇인가?'는 '본질'이거나 'X에 대한 정의'를 말한다. 유(genus)에 대한 단순한 설명일 뿐만 아니라 '완전한 정의'가 문제라는 것을 보여주기 위해서, 아리스토텔레스는 때때로 'X가 된다는 것이 무엇인가'를 표현하는 to ti ēn einai라는 표현을 사용한다. 이 말은 문법적으로 다 설명될 수 없는 아리스토텔레스의 조어인데(ēn은 philosophical imperfect), 영어로는 'What it was to be?'(여기서 'was'[is]는 시제에 영향받지 않는다)로 옮겨진다. 여기서 나는 '그것은 원래 무엇이었는가'('있다'는 것은 [본디] 무엇인가)로 옮겼다. 간단히 옮기면 '무엇이 될 것인가'로 할 수 있다. 이것은 '그러그러한 것에게 이러이러한 것이 무엇인지' 또는 'a가 X가 되는 것이 무엇인지'를 나타낸다. 'a가 X라는 것은 무엇인가?'는 'a는 X이다'에서 발생하는 'X'의 정의에 대한 요청으로 이해되며, 'a가 X라는 것'은 'X에 대한 정의(horismos)' 또는 '설명(logos)'에 상응한다(Barnes, p. 174 참조, 김재홍, 『토피카』, p. 35, 각주 55 참조).

301 아래에서 두 가지 논증, '일반적인' 즉 언어상의 방식으로의 논의(83a1-b31, b32-84a6)와 하나의 분석론적인 논의(84a7-28)가 이루어진다. 첫 번째 논증의 아리스토텔레스의 전략은 다음과 같다. 먼저 본질적인 술어의 무한한 계열이 있을 수 없다고 주장한다(82b37-83a1). 그런 다음, 83a1-39에서 비본질적인 술어의 파생적 성격을 설명한다. 마지막으로 그는 비본질적 술어도 무한 시퀀스를 생성할 수 없다고 추론한다.

302 '희다', '하얗다'라는 말은 동일한 말(leukon)을 옮긴 것이다. 편의상 맥락에 따라 우리말을 바꿔 사용했을 뿐이다.

[10] 주장할 때에는, 예를 들어 '음악적인 것이 하얗다'라고 내가 주장할 때에 그런 것처럼(즉, 이 경우에는 '음악적인 것이 우연히 부대되어 있는 인간이 하얗다'라고 주장하고 있는데), '다른 무엇이 하얗고, 여기에 목재인 것이 우연히 부대되어 있다'라고 말하는 것은 아니다. 오히려 목재가 기체이며 바로 이 목재, 혹은 목재의 일종일 뿐인 이것이 하얗게 된 것이다. 그래서 여기서 '무엇인가가 무엇인가이다'라고 말하는 방식에 대해서 약정을 한

[15] 다면, 뒤와 같이 말하는 것이 '술어하는 것'이고, 앞서 말한 것은 '전혀 술어하는 것이 아니다'라거나 '술어하는 것이지만 단적으로가 아니라 부대적으로 술어하는 것'이라고 할 수 있다('흰 것'과 같은 것은 '술어 되는 것'이고, '목재'와 같은 것은 '그것에 대해 술어 되는 것'이다).

  그래서 우리는 '술어 되는 것'은 '그것에 대해 술어 되는 것'에 대해 항상 부대적으로가 아니라 단적으로 술어 된다고 밑에 놓도록[가정하기로]

[20] 하자. 왜냐하면 여러 논증들은 이와 같이 단적으로 술어 되고 있는 것들에 대해 논증하기 때문이다.[303] 따라서 어떤 한 가지 것이 다른 것에 대해 술어 될 때, 술어 되는 것은 '그것은 무엇인가' 안에 있는가, '어떤가'(성질), '얼마큼인가'(양), '무엇에 대해서인가'(관계), '무엇을 할 것인가'(능동), '무엇을 겪을 것인가'(수동), '어디에 있는가'(장소), '언제인가'(시간) 중 하나인 것이다.[304]

  게다가, 실체[305]를 의미하는 항[306]은 그 항이 그것에 대해 술어 되는 바로

[25] 그것, 혹은 그 일종인 것[개별자]을 의미한다.[307] 한편, 실체를 의미하지

---

303 논증되는 것은 단적으로 술어 되는 것이다. 즉, 실체를 주어항으로 하는 것이라는 주장이겠지만, 그대로는 이것 자체도 무리한 주장일 뿐만 아니라 더욱이 이른바 '수학적인 것'은 실체가 아니기 때문에 주어항에 있는 것의 범위가 애초에 확장되어 있다. 부대적인 술어가 이루어지는 것이 논증되는 경우가 있다면 부대적인 술어화가 이루어지고 있는 것은 단적인 술어화가 이루어지고 있는 것과 어떤 식으로든 관련이 있다고 생각했을 가능성도 있다.
304 10가지 카테고리아(범주) 중 '성향'(hexis), '상태'(diathesis)를 제외한 여덟 가지가 열거되고 있다. 『범주론』 제4장 1b25-2a4 참조.

않고 다른 기체에 대해 말해지는 항, 즉 바로 그것이 아닌 것, 혹은 그 일종이 아닌 것은 실체에 부대된 것을 의미한다. 예를 들어 인간에 대해서 '하얀 것'이 그렇다. 인간은 바로 흰 것도 흰 것의 일종도 아니며, 오히려 아마도 동물이기 때문이다. 즉, 인간은 바로 동물인 것이기 때문이다. 하 [30] 지만 실체를 의미하지 않는 한에서의 항은 어떤 기체에 대해 술어 되어야 하고, 또 다른 어떤 기체인 것이 없다면 하얗게 있는 것 같은 하얀 무언가가 있을 수 없다.

이렇게 해서 형상(에이도스)에는 이별을 고하자. 그것은 지저귐(의미 없는 소리)이며, 만일 에이도스가 있다고 해도, 사항을 밝히는 논의(로고스)에는 도움이 되지 않기 때문이다.[308] 왜냐하면 논증은 지금까지 논해 온 것들과 같은 사항에 관한 것이기 때문이다.[309] [35]

---

305 이 책에서 ousia는 대체로 '본질'이라고 번역하는 것이 자연스럽다. 아리스토텔레스 철학에서 '실체'와 '본질'은 그 극점(極點)에서는 일치하게 되지만, '본질'은 실체 이외의 카테고리아에 대해서도 파생하는 의미로 이야기된다. 이 책에서 '실체' 이외의 카테고리아에 속하는 사항에 대해서도 그 '본질'이라고 표현되고 있으나, 오히려 일반적으로는 후자의 의미로 말해지고 있다.
306 '실체를 의미한다'라는 것은 단순히 그러한 실체를 지시하는 것만이 아니다. 만일 단순히 지시하는 것이라면 '그 하얀 것'으로도 그 의미를 다할 수 있는 것이겠지만, 지시되는 실체의 본질을 '무언가'로 의미하는 것이다.
307 실체를 뜻하는 항이 속한 '유'를 의미한다.
308 자체적으로 존재하는 '이데아'에 대한 부정이 가장 명시적으로 이루어지고 있는 텍스트 중 하나이다. 이 논의와 평행하는 것으로서『니코마코스 윤리학』제1권 제6장 1096a34-b5, b32-1097a14의 논의를 지적할 수 있다. '이데아는 없다. 설령 있다고 하더라도 우리의 문제와는 아무런 관계가 없다.'
309 이 단락(83a24-35)에서는 다음의 네 가지가 주장된다. 첫째, 실체적 술어는 본질적 술어이다. AaB와 A가 실체의 범주에 있다면, A는 B의 본질에 속한다. 둘째, 비실체적 술어는 비본질적이며, 부대적이다. 그러나 '두 발을 가짐'과 같은 종차는 본질적이지만, 비본질적이다. 종차는 성질을 나타낸다. 셋째, 비실체적 술어는 실체(ousia)가 아니다. 'x는 ousia다'는 'x는 실체다'와 같다. 'x는 y의 ousia다'는 'x는 y의 본질이다'와 같다. '우시아'는 '본질'과 '실체' 사이에서 모호한 지점을 차지하고 있다. 넷째, 아

게다가 이것이 그것의 성질이고, 그것이 이것의 성질인 것, 즉 무엇인가가 성질의 성질인 것이 없다면, 앞과 같은 그러한 방식으로 서로 반대로 술어가 되는 것[310]은 불가능하다. 즉, [부대적인 방식으로] 참임을 말할 수는 있지만 참인 것으로 서로 반대로 술어 되는 일은 있을 수 없는 것이다.[311]

왜냐하면 술어 되는 항은 때로는 실체로서, 즉 술어 되는 것[주어]의 유나 종차로서 술어 될 것이기 때문이다. 하지만 이것들이 아래쪽에도 위쪽에도 무한정하지 않을 것이라는 것은 이미 증명되었다(예를 들어 '인간은 두 발이다', '두 발은 동물이다', 그리고 '동물은 다른 무엇인가이다'와 같이 위쪽에 무한정하다는 것이나, 또 '동물은 인간에 대해 술어 된다', '인간은 칼리아스에 대해 술어 된다', 그리고 "칼리아스는 '그것은 무엇인가' 안에 있는 다른 무엇인가에 대해 술어 된다"와 같이 아래쪽에 무한정한 것은 아니다).
[5] 이러한 종류의 실체는 그 모든 것을 정의할 수 있지만,[312] 무한한 것을 사고함으로써 온전히 드러낼 수는 없기 때문이다. 따라서 항들은 위쪽에도

리스토텔레스는 독립적인 플라톤의 '형상'을 거부한다. '이데아'는 가사 없이 노래 부르는 사람의 '음음'대는 소리인 teretismata와 같다(hē anthrōpou phōnē, hē aneu logou;『자연학적 문제들』제19권 제10장 918a30 참조).
310 counterpredication(antikatēgoreisthai, '교환해도 술어가 되는')을 말한다. 즉 'X가 Y의 성질이라면, Y는 X의 성질이 아니다.' 혹은 'X가 Y의 성질이라면, Z는 X의 성질이 아니다.' 이 두 전제로부터, 아리스토텔레스는 'X와 Y는 교환해도 술어가 되지 않는다'라고 추리한다. 예를 들어 'A는 B의 고유속성이다'(A is unique property of B)인 경우에는, 'A는 B와 교환해도(환위해도) 그것의 술어가 된다'(A counter-predicates with B, 즉 'A는 B와 환위 가능하다')와 동치이다. to A antikatēgoreitai tou B라는 문장은, 'A는 교환해도 B의 술어가 된다'(A is counterpredicated of B)라고 옮겨진다. 이 문장의 의미는 기호적으로 분석해 보면 (x)(Ax↔Bx)가 된다. 다시 이것은 (x)(Ax→Bx) & (x)(Bx→Ax)와 동치이다. 즉 상호 간에 서로를 '수반'(entailment)한다는 것이다. 이에 대한 보다 자세한 논의에 대해서는 김재홍,『토피카』, pp. 39-40, 각주 73 참조.
311 '부대적인 방식으로 참임을 말하다'와 '참인 것으로 술어 된다'는 것이 구별되고 있다.

아래쪽에도 무한정하지 않다. 실제로 그것에 대해 무한한 사항이 술어 되는 것과 같은 실체를 정의할 수 없기 때문이다. 이렇게 술어 되는 항들은 서로의 유로서 서로 반대로 술어 되지는 않을 것이다. 그런 일이 있다면, 그것 자체가 바로 그 자체의 일종이 될 것이기 때문이다. 하지만 성질이나 다른 어느 것 하나로서 부대적인 방식으로 술어가 되는 것이 아니라면, 서로 반대로 술어가 되지는 않을 것이다. 이 모든 것은 실체에 부대되어 있고, 실체에 대해 술어 되고 있기 때문이다.[313]

그러나 술어 되는 사항이 위쪽에 무한정하게 있을 수는 없을 것이다.[314] 왜냐하면 각각의 사항에 무엇인가가 술어 될 때, 거기서 술어 되는 것은 '어떤가'나 '얼마만큼이나 되는가' 혹은 다른 이러한 것들, 심지어 실체 안에 있는 것들을 의미하는 것이지만, 실체 안에 있는 것들은 한정되어 있으며, 카테고리아의 유들도 한정되어 있기 때문이다. 즉, 카테고리아의 유는 '어떤가', '얼마만큼인가', '무엇에 대해서인가', '무엇을 할 것인가', '무엇을 겪을 것인가', '어디에 있는가', '언제인가' 중 하나인 것이다.

어떤 한 가지 것이 다른 것에 대해 술어 된다는 것, 또 '그것은 무엇인가'가 아닌 한 모든 것은 그것이 자신에게 술어가 되지 않는다는 것이 가정되어[밑에 놓여] 있다.[315] 이 모든 것은 실체에 부대되는 것이기 때문인

[10]

[15]

---

312 정의가 '원래 무엇이었는가'(to ti ēn einai)를 분명히 하는 것이라고 생각되는 한, 어느 시점에서 정의를 줄 수 없는 것은 흔한 일이다. 예를 들어 '물'의 정의가 'H$_2$O'라면, 그것이 제시된 것은 대략 200년 전의 일이다. 우리가 정의를 내릴 수 없는 경우가 많다.

313 서로 무한정한 술어가 되지 않으면, 부대적인 사항 또한 무한정한 술어가 되지 않는다는 것이다.

314 즉, '모든 Ai는 부대적이거나 본질적 술어이다; 본질적 술어의 모든 시퀀스는 한정돼 있다. 그리고 단지 부대적 술어의 한정된 유의 수만이 있다. 그러므로 (Σ)에서의 술어는 부대적이다.'

315 즉, '흰 것은 희다'와 같은 문장은 자연적 술어를 표현하지 못한다. '희다'는 그 자신에 대해 술어가 되지 않는다. '흰 것은 희다'는 '다른 어떤 것'이 흰 한에서 참이다.

[20] 데, 그중 어떤 것은 그 자체로 부대하고[316] 다른 어떤 것은 다른 방식으로 부대하고 있는 것이다. 그리고 우리는 이 모든 것이 기체인 무엇인가에 대해 술어하고 있으며, 기체에 부대되는 것은 기체인 무엇인가가 아니라고 주장한다. 왜냐하면 [말해지는 것들 중 그 자체와는] 다른 무언가이기 때문에 그렇다고 말해지는 것이 아니라, 말해지는 것(실체)은 이러한 부대적인 것들 중 어느 것도 아니고, 이러한 부대적인 사항 자체는 다른 것(실체)의 무언가이며, 이러한 사항들은 다른 것(실체)에 대해 술어 된다고 우리는 놓고 있기 때문이다.[317]

[25] 이렇게 해서 어떤 한 가지 것에 대해서 다른 것이 술어 되는 것이 위쪽에, 또 아래쪽에 무한정하게 있다고 말해지지는 않을 것이다. 왜냐하면 그것에 대해 부대되는 사항이 말해지는 것은 각각의 실체 안에 있는 한 모든 것이며, 이것들은 무한한 것이 아니기 때문이다. 또한 위쪽에는 이것들이 [실체 안에 있는] 것과 부대되는 것이 있는데, 그 둘 다 무한정하지 않다. 그러므로 거기에 대해서 최초의 무중항의 무엇인가가 술어가 되고, 그 무엇인가에 또 다른 무엇인가가 술어가 되는 것 같은 무언가(궁극적인 주어

[30] 항)가 있다는 것, 또 이렇게 술어가 되는 것이 멈춘다는 것, 그리고 더 앞선 다른 무엇인가에 술어가 되는 것이 없고, 더 앞선 다른 무엇인가가 그것에 대해서 술어가 되지 않는 무언가(궁극적인 술어항)가 있다는 것이 필연적인 것이다.[318]

---

316 '그 자체로서 부대되는 것'이란 제1권 제4장의 (2) 의미에서의 '그 자체로서 있는 것'을 말한다.

317 '일반적 논의'의 결론인 83b22-24는 빙 돌려서 말하고 있지만, 말하려고 하는 바는 분명하다. 즉, '실체 이외의 사항은 실체에 부대되어 실체에 술어가 된다'는 것이다.

318 '궁극적인 주어항'인 '궁극적 실체'(개체)에는 '실체'(본질)가 무중항의 관계에서 술어를 붙일 수 있다고 말할 수 있는데, '궁극적인 술어항'에는 그 앞에 있는 술어항이 없고, 그것과 무중항의 관계에 있는 술어하는 관계란 없다. 다른 관점에서 말하자면, 그것들에 대한 학문, 즉 '철학'은 논증적 지식이 아닌 것이다.

이상은 항 연쇄가 무한하지 않다는 논증의 한 방식이지만, (2) 또 다른 논증의 방식이 있다.[319] 무엇인가에 대해서 보다 앞선 어떤 것이 술어 될 때, 한편으로 이 무언가(결론)에 대해서 논증이 있다면, 그리고 논증될 것 (결론)에 대해서는 그것을 아는 것 이상으로 더 나은 상태에 있을 여지가 없고, 또한 그것을 논증 없이 알 수도 없다면, 다른 한편으로, 이것(결론)

[35]

반즈는 83b28-31을 이렇게 설명하고 있다. 즉, 논증의 일반적인 결론에 대한 아리스토텔레스의 진술은 짜증스러울 정도로 모호하다. 약간의 망설임에도 불구하고, 나는 그가 이것을 의미한다고 생각한다. '(a) "그러므로 거기에 대해서 최초의 무중항의 무엇인가가 …", 즉 무중항의 술어가 있어야 한다. … DaE, EaF, … [제20장에서 주장한 것처럼, 시퀀스가 위쪽과 아래쪽 방향으로 한정된다면, 그 사이에 무한히 많은 항이 있을 수 없다]. 그리고 (b) "이렇게 술어가 되는 것이 멈추는 것…", 즉 무중항의 술어의 시퀀스는 어느 방향으로든 무한정하게 확장될 수 없다. 또는 다른 말로 (b$_i$) "무언가(궁극적인 술어항)가 있는 것이 필연적인 것이다", 즉 각 시퀀스는 Z가 어떤 것에 대해서도 술어 되지 않는 것과 같은, 마지막[궁극적] 사항 YaZ를 가질 것이다. 그리고 (b$_{ii}$) "더 앞선 다른 무엇인가가 그것에 대해서 술어가 되지 않는 …" 사항이 있어야만 한다. 즉, 각 시퀀스는 어떤 것도 A에 대해 술어가 되지 않는 것과 같은 첫 번째 사항인 AaB를 가질 것이다.' 그러나 헬라스어에서 (b$_{ii}$)를 읽는 것은 쉽지 않다. 마지막 절에 대한 대안적 설명은 이렇다: '… 또는 다른 말로(b*), 즉 (i) A는 B에 앞서는 어떤 것에 대해 술어가 되는 것이 아니며[AaB는 최초의 것이다], 또 그 어떤 것도 A에 대해 술어가 되지 않는 것과 같은, B에 대해 술어가 되는 항 A가 있어야만 한다.' 이 두 번째 해석은 헬라스어에 더 가깝다. 그러나 시퀀스의 마지막 사항에 대한 언급은 생략되고 있다(Barnes, p. 179).

319 논증(2): 제1권 제3장과 연관되는 주장의 요지는 이렇다. 무한한 순서의 명제를 가정해 보자. P_1, P_2, P_3, … , P_n, … 여기서 각 P_i는 이전 것보다 앞선다. 각 P_i는 논증 가능하다('그들 모두에 대해 논증이 있을 것이다': 84a2). 따라서 P_{i+1}을 기반으로 P_i를 논증할 경우에만 P_i를 인식할 수 있다. 그러므로 'P_i인 것들'의 무한한 시퀀스 각각을 논증할 수 있는 경우에만 P_i를 인식할 수 있다. 그러나 이것은 불가능하다. 따라서 어떤 논증적 지식이 있다면, 모든 (S)가 무한하지 않다(제1권 제3장 72b5-18 참조). 물론 아리스토텔레스는 어떤 (S)도 무한하지 않다고 결론을 내릴 수 없으며, 또한 논증이 있는 경우에도 어떤 (S)도 무한하지 않다는 것조차 결론지을 수 없다(Barnes, p. 180).

이 이러한 것(전제)을 통해 인식되는 일이면서도, 우리가 이러한 것(전제)을 알지 못하고, 이러한 것에 대해서는 그러한 것을 아는 것 이상으로 우리가 더 나은 상태에 있는 일이 없다면, 이러한 것을 통해 인식되는 것(결론)에 대해서 우리가 지식을 갖지 못할 것이다.

그래서 논증을 통해 무엇인가를 받아들여진 어떤 사항에서 출발하여, 즉 가정으로부터 아는 것이 아니라 단적으로[320] 알 수 있다면, 중간 카테고리아가 멈추는 것은 필연적이다. 왜냐하면 카테고리아가 멈추지 않고 받아들여진 술어항 위에 항상 어떤 카테고리아가 있다면, 모든 사항에 대해 논증이 있게 될 것이기 때문이다. 그 결과 무한한 사항을 다 드러낼 수 없다면, 그것에 대해 논증이 있는 사항에 대해 우리가 논증을 통해 알 수 없는 것이다. 그래서 이것에 대해 우리가 알고 있는 것보다 더 나은 상태에 있는 것이 없다면, 논증을 통해 단적으로 지식을 가질 수는 없고 단지 가정[밑에 놓음]으로부터 알게 될 것이다.[321]

이러한 논의로부터 지금까지 이야기된 것에 대해 사람은 언어적 방식에 근거하여[일반적으로] 믿음을 주겠지만, (3) '분석론적으로는' 아래의 논점을 통해서 이 탐구가 문제 삼고 있는 논증적 지식 중에서 술어항이 위쪽에도 아래쪽에도 무한정일 수 없다는 것은 보다 간결하고도 명백하다.[322]

[84a in margin]
[5] in margin
[10] in margin

---

320 즉, '다른 어떤 것의 기반에서가 아닌.'

321 설령 그것이 참이라 하더라도 부대적으로만 알게 되는, 제1권 제19장 81b18 아래에서 문답법적으로 간주된 추론이다. 이러한 '가정(밑에 놓음)으로부터의 추론'이란, 이른바 '가정적 추론'(hypothetical syllogism)이지만, Lear도 말했듯이(p. 44) 조건문으로 표현되는 전제로부터의 가정적 추론은 아니다.

322 아리스토텔레스는 탐구함에 있어서 대개는 언어적 방식에 근거하는 것(logikōs)과 사물의 본성에 근거한 것(phusikōs)이란 두 종류를 구별하고 있다. 여기서는 넓은 의미의 전자가 더욱 문답법적인 것과 분석론적인 것(제1권 제21장 82b35)으로 구별되고 있다. 이 각각은 통념에서 출발하는 탐구와 결론에서 출발하는 탐구 방법이다. '논증적 탐구'는 분석론적 탐구의 일부이다. 이에 대한 설명은 Byrne, pp. 75-80 참조.

사실상 논증은 여러 가지 대상 그 자체로서 있는 모든 것에 관한 것이기 때문이다. '그 자체로서 있다'라고 하는 것에는 두 가지 방식이 있다. 즉, 그 사항의 '그것은 무엇인가'에 내재하고 있는 한, '그것은 무엇인가' 안에 그러한 사항이 있는 한 무엇인가이다.[323] 예를 들어 '홀인 것'은 두 번째 방식으로 수(數)에 있는데, 그것은 '홀인 것'이 수에 있는 동시에 '수인 것인 그것'이 '홀인 것'의 정의(로고스)에 내재되어 있기 때문이다. 또 '많은 것'이나 '분할할 수 있는 것'은 수(數)임의 정의에 내재하고 있다. [15]

하지만 이 두 가지 방식으로 '그 자체로서' 어떤 사항 중 무엇 하나로서 수에 대한 '홀인 것'처럼 해도 무한한 것은 있을 수 없다(왜냐하면 수에 대한 '홀인 것'처럼 무한하다면 '홀인 것'에 또 다른 무언가가 있고, '홀인 것'은 그것의 정의에 내재하게 되었을 것이기 때문이다. 그러나 그렇다고 하면, 수는 수에 있는 것에 첫 번째 사항으로 내재하게 될 것이다. 그러면 이러한 것들이 무한정 한 가지 것 안에 있을 수 없다면, 위쪽으로 무한정일 수는 없을 것이다. 그러나 [지금 문제 삼고 있는 경우에는] 이 모든 것이 첫 번째 것에 있는 것이, 예를 들어 그러한 일이 수에 있는 것이, 그리고 수가 그러한 것에 있는 것이 필연적이다. 따라서 그러한 사항들은 수와 치환되며, 수의 확대를 넘어 나오지는 않을 것이다). 그러나 '그것은 무엇인가'에 내재하는 한, 항들도 무한한 것은 아니다. 왜냐하면 그러한 항들이 무한한 경우 정의할 수 없게 되기 때문이다. [20] [25]

따라서 술어 되는 모든 것이 그 자체로 말해진다면, 또 이 술어 되는 것들이 무한한 것이 아니라면, 위쪽 항은 멈출 것이고, 따라서 아래쪽 항도 멈출 것이다. 그렇다면, 두 항의 중간에 있는 항 또한 항상 한계에 처해 있는 것이 된다.[324]

그렇다면, 논증될 사항에는 원리가 있는 것이 필연적이라는 것, 또 우 [30]

---

323 제1권 제4장에서 이루어진 네 가지 구별 중 (1)과 (2)이다.
324 제1권 제20장 참조.

리가 처음에 말한 것이지만,[325] 어떤 사람들이 말하는 것처럼 '모든 것에 대해 논증이 있다'라는 경우가 아니라는 것은 이미 분명하다. 왜냐하면 원리가 있다면, 모든 것이 논증될 수도 없고 [논증의 과정을] 무한정으로 걸을 수도[지속하는 것도] 없기 때문이다. 사실상 이것들 중 어느 하나라면,

[35] 무중항인 것과 같은 항의 간격(間隔), 즉 분할할 수 없는 항의 간격 등은 없으며, 모든 항의 간격은 분할할 수 있게 되기 때문이다. 논증되는 사항이 논증되는 것은 항이 안쪽에 삽입됨으로써이지, 항이 바깥쪽에 부가됨으로써가 아니기 때문이다. 따라서 이 삽입하는 것을 무한정으로 할 수 있다면, 두 항의 중간에는 무한정의 중항이 있을 수 있게 될 것이다. 그러나

84b 카테고리아가 위쪽이든 아래쪽이든 멈춘다면, 이는 불가능하다. 그것들이 멈춘다는 것은, 앞서 언어가 어떻게 작동하는지에 근거하여(logikōs), 그리고 이제는 분석론적으로 증명되었다.[326]

제23장

이러한 것들이 증명되었으므로,[327] 다음의 것 (1) 즉, 동일한 하나의 무언가가 두 가지 사항에 있다고 해도, (예를 들어 A가 C와 D에 있다고 해

[5] 서), 이것들 C와 D가 서로 한쪽이 다른 쪽에 술어가 되지 않는다면 (전혀 술어가 되지 않더라도[전칭 부정], 모든 것에 대해 술어가 되는 것은 아니더라도[특칭 부정]), 이것, 즉 A가 C와 D에 있는 것이 항상 어떤 C와 D에 공통된 것에 따르는 것은 아니라는 것은 분명하다.[328] 예를 들어 이등

---

325 제1권 제3장 72b6-7 참조.

326 아리스토텔레스는 논증이 유한한 과정에서 이루어져야 한다고 생각할 뿐만 아니라, Barnes도 지적했듯이 논증될 수 있는 사항, 나아가 진리인 것과 같은 사항이 무한히 있다고 생각하지도 않는다(p. 181 참조).

327 앞 장까지의 논의를 받아들여 이 장에서는 두 가지 보충적인 논의를 내놓고 있다.

변 삼각형과 부등변 삼각형에 '2직각과 같은 각을 가지는 것'은 어떤 공통된 것에 따르고 있는 것이다(왜냐하면 '2직각과 같은 각을 가지는 것'은 이등변 삼각형과 부등변 삼각형이 있는 종류의 도형, 즉 삼각형인 한, 그것들에 있는 것이지 삼각형인 것과 다른 무언가인 한 그것이 아니기 때문이다). 하지만 동일한 무언가가 두 가지 것에 있다는 것은 항상 이와 같이 어떤 공통된 것에 따르는 것은 아니다. 즉 B를 그것에 따라서 A가 C와 D에 있는 무언가라고 하자. 이때 B가 C와 D에 있다는 것 또한 다른 공통적인 사항 [10] (E)에 따르는 것이며, 또 이 사항(E)이 [C와 D에 있다는 것도] 다른 사항 (F)에 따르는 것이 분명하다. 따라서 [같은 한 가지 사항이 두 가지 사항에 있는 것이 항상 공통적인 무언가에 따르는 것이라면] 두 항의 중간에는 무한정의 항이 들어가게 될 것이다. 그러나 이것은 불가능하다.[329]

그래서 실제로 무중항인 간격이 있으면, 동일한 항이 많은 사항에 있다는 것은, 항상 어떤 공통된 것에 의해서라는 것이 필연이 아니라는 것이다. 단, 이 공통된 것이 그 자체로서 어떤 사항이라면, 이들 항이 같은 [15] 유 안에 있고, 동일한 불가분적인 사항으로부터 나오는 항임은 필연적이다.[330] 왜냐하면 증명될 사항이 어떤 한 종류에서 다른 종류로 옮겨가는 것은 있을 수 없는 일이었기 때문이다.[331]

또, (2) A가 B에 있을 때, 뭔가 중항이 있으면, A가 B에 있음을 증명 [20] 할 수 있다는 것은 명백하다. 그리고 A가 B에 있음을 증명하는 것과 관련된 요소는 중항과 동일한 사항이며, 중항인 한 모든 사항과 동일한 수만큼

---

328 Barnes의 기호적 해석: ¬((AaC & AaD & ¬CaD & ¬DaC) → (∃X)(AaX & XaC & XaD)) ** 여기서 부정(nagation)은 '¬', It is not the case that('…인 경우는 아니다')는 '¬(…)'로 기호 표기되며, ∃는 존재 양화 기호이다.

329 제1권 제19-22장의 논의에서 언급된 것이다.

330 C와 D가 같은 유 안에 있고, 동일한 불가분적인 사항으로부터 나오는 항으로 정의되어야 한다.

331 제1권 제7장 참조.

있다.[332]

왜냐하면 이러한 무중항의 전제가 그들 전부이든 보편적인 전제이든 요소이기 때문이다. 그러나 중항이 없으면, 더 이상 논증은 없고, 이것은 원리로 향해 가는 길이다.[333]

[25]   마찬가지로 A가 B에 없을 때에는, 중항 혹은[334] A가 B보다 먼저 거기에 없는 사항 C가 있다면 논증이 있다.[335] 그러나 그렇지 않으면, 논증은 없으며, 그것은 원리이다. 그리고 그 요소는 중항인 한, 모든 것과 같은 수만큼 있다. 이 중항을 포함한 전제가 논증의 원리이기 때문이다. 게다가 몇 가지 논증되지 않은 원리, 즉 '이것은 이것이다'라든가 '이것은 이것에 있다'라고 하는 원리가 있듯이, 다른 몇 가지 원리, 즉 '이것은 이것이 아니다'라든가 '이것은 이것에 없다'라고 하는 원리가 있다. 따라서 원리에는

[30]   무엇인가가 있다는 효과의 긍정 원리와 무엇인가가 없다는 효과의 부정 원리가 있게 될 것이다.

그런데 (a) A가 B에 있음을 증명해야 할 때에는, B에 대해 첫 번째 술어가 되는 사항을 받아들여야 한다.[336] 이것을 C라고 하고, 마찬가지로 C에 대해 첫 번째로 술어 되는 사항을 D라고 하자. 그리고 이렇게 항의 간격을 좁히며 항상 걸어가면, 이 과정에서 어떤 전제도 또 술어항도 A의

[35]   바깥쪽에[337] 받아들여지지 않게 되고, 이 항들이 분할 불가능하며 하나가

---

332 여기서의 '요소'(stoicheia)란 무중항의 전제 명제로 생각된다. 예를 들어 결론적으로 제시되는 AB의 중항이 CDE의 세 가지라면, AB를 이끄는 전제는 3개가 아니라 AC·CD·DE·EB의 4개가 될 것이다.

333 AaB가 무중항(직접적)이라면, 그것은 원리이다(84b26 참조). '이것은 원리로 향해 가는 길이다'란 표현은 플라톤적이다(『니코마코스 윤리학』 제1권 제4장 1095a 32 참조).

334 여기서 'X or Y'는 'X, 혹은 오히려 Y'를 의미(Ross).

335 Celarent가 성립할 수 있다.

336 Barbara의 경우를 생각하고 있다.

337 AaB 또는 AeB인 경우, (i) CaA인 경우에만 C는 A '바깥에' 있고, (ii) BaC인

될 때까지 항상 중항이 채워지게 될 것이다.[338] 이 항들이 무중항이 될 때에는 이 항들은 하나이며, 무중항의 전제는 단적으로 하나인 전제가 된다.[339] 그리고 다른 경우에서도 원리는 단적인 것이지만, 모든 경우에 동일한 것은 아니고, 예를 들어 무게에 있어서는 므나[340]가, 음정에 있어서는 반음이, 그리고 다른 경우에는 그 경우에 따른 다른 사항이 단적인 것 (단위)인데, 추론에서는 하나인 무중항의 전제가, 그리고 논증과 지식에서는 이성의 작용이 단적인 것이다.[341]

이렇게 하여 어떤 사항이 무엇인가에 있음을 증명하는 추론에서는 어떤 항도 큰 항의 바깥쪽에는 떨어지지 않는다.

하지만 (b) 어떤 사항이 무엇인가에 있음을 부정하는 추론에서는,[342] (i) 어떤 경우에는, 어떤 항도 무언가에 있어야 할 사항 밖에 떨어지지 않는다. 예를 들어 A가 C를 통해 B에 없다고 하는 경우가 그렇다(즉, 이 경우에 C는 모든 B에 있지만, A가 어떤 C에도 없다. [그러므로 A는 어떤 B에도 없다(EAE)]). 또, A가 어떤 C에도 없다는 것을 증명해야 한다면, A와

경우에만, C가 B '바깥에' 있다. Ross는 (ii)를 취해서 '바깥'을 정의한다. Barnes는 아리스토텔레스가 어떤 도식적 표현을 염두에 두고 있었고, '바깥'은 도식에서의 공간적 위치를 의미하는 것으로 받아들이는 것이 더 가능성이 높다고 보고 있다.

338 AaB는 두 명제 AaX 및 XaB로 '분할'될 수 없는 경우에 '하나의 단적인 것'이다. 여기서도 논증에 대해 무중항의 연쇄를 밝혀야 한다는, 엄격하기는 하지만 아리스토텔레스의 사유의 틀 안에서는 당연한 제약이 명시되어 있다. 제1권 제12장 78a14-21, 제14장 79a29-31, 제19장 81b30-82a6 참조.

339 이렇게 해서 '무중항이다'라는 것은 '두 항이 주술이면서 하나이다'라는 것으로, 최종적으로는 어떤 '정의적 관계에 있다'라는 것으로 지지되는 것이 된다.

340 무게의 단위로 약 430그램 정도.

341 많은 주석자의 주의를 끄는 대목이다. 여기서 논증과 지식의 원리는 이성이 파악하는 '전제 명제'라고 하는 것이 아니라, 이성의 작용 그 자체로 여겨지는 것 같다. 동일한 논점이 그 밖에도 제1권 제3장 72b19-24, 제33장 88b34-38, 제2권 제19장 100b15-17 등에서 주장되고 있다.

342 아래에서 차례로, (i) Celarent, (ii) Camestres, (iii) Cesare의 경우이다.

C의 중항을 받아들여야 한다. 이런 식으로 항상 진행될 것이다.

하지만 (ii) D가 E에 없다는 것을, C가 모든 D에 있지만, 어떤 E에도 없다[혹은 모든 E에 있는 것은 아니다]는 것으로 증명해야 한다면, 중항은 결코 E 밖으로 떨어지지 않을 것이다. 이 E는 거기에 D가 없다는 것이 [10] 있어야 하는 작은 항이다[AEE].

(iii) 세 번째 방식에 대해서는, 어떤 사항[중항]이 그것으로부터 부정되어야 할 사항[주어항] 밖에도 또 그것이 부정되어야 할 사항[술어항] 밖에도 나오지 않는다[EAE].

제24장

그런데 논증에는 (1) 보편적인 논증과 부분적인 논증,[343] 또 (2) 긍정적인 논증과 부정적인 논증이 있는데, 이것들 중 어느 논증이 더 뛰어난 논[15] 증인가에 대해 논란이 있다.[344] 또, (3) 결론을 적극적으로 '논증한다'고 말해지는 논증과 불가능한 사항으로 이끄는 논증[345]에 대해서도 비슷한 논의가 있다.[346] 그래서 우리는 먼저 보편적 논증과 부분적 논증에 대한 탐구를 시도해 보자. 그리고 이것을 밝힌 뒤, 증명한다고 말해지는 논증과 불가능한 것으로 이끄는 논증에 대해서도 이야기해 보도록 하자.[347]

---

343 특칭 추론인 Baroco이다. 특칭은 문제가 되지 않기 때문에, Ross 등과 더불어 삭제해도 되지만, 제1권 제21장에는 Bocardo의 예도 나온다.
344 현대의 관점에서는 이 물음 자체가 기묘하게 생각되지만, 아리스토텔레스의 맥락에서는 자연스러운 물음이었다.
345 귀류법을 말한다.
346 (1), (2), (3)에 대해서 각각 제24장, 제25장, 제26장에서 검토된다.
347 여기서 '증명한다'라는 것은 종종 '논증한다'라는 것과 동의어로 쓰이지만, 일반적으로 (문자적으로는) '보여주는 것'을 의미하는데, 여기서는 귀류법에 의한 논의와 대비되고 있다.

그런데 어떤 사람들은 다음과 같이 탐구함으로써 부분적인 논증이 보 [20]
편적인 논증보다 더 낫다고 생각할 수도 있다.

그것으로 인해 우리가 어떤 것에 대해 더 낫게 지식을 가진 논증이 더
뛰어난 논증이라면(이것이 논증의 탁월성이기 때문이지만), 또 각각의 것
에 대해 다른 것에 따라서 알 때보다 그 자체로 알 때, 그것에 대해 우리
는 더 낫게 지식을 갖는다면(예를 들어 '음악적인 코리스코스'에 대해, 우리 [25]
가 '한 인간이 음악적이다'라고 알 때보다 '코리스코스가 음악적이다'라고 알
경우 더 낫게 알며, 다른 것에 대해서도 마찬가지라면), 그리고 보편적인 논
증은 해당 사항 그 자체가 바로 실제로 그렇다는 것이 아니라 다른 사항을
포함하여 일반적인 것이 그렇다는 것을 증명하는 데 반해(예를 들어 이등
변 삼각형에 대해 '바로 이등변 삼각형이 내각의 합에서 2직각이다'라는 것이
아니라 '다른 삼각형을 포함하여 삼각형은 일반적으로 내각의 합에서 2직각
이다'라는 것을 증명하는 데 반해), 부분적인 논증은 그 자신이 그렇다는 것
을 증명한다. 그렇다면 즉, 그 자체로서의 논증이 더 뛰어난 논증이며, 부
분적인 논증이 보편적인 논증보다 오히려 그 자체로서의 논증이라고 한다
면, 부분적인 논증이 보편적인 논증보다 더 뛰어난 논증이라는 것이 된다 [30]
고 논하기 때문이다.[348]

더욱이 보편적인 사항은 개별적인 사항에서 떨어져 있는 것은 아니지

---

348 보편적(인간), 더 일반적(삼각형)인 앎보다 개별적(코리스코스), 더 특정한(이
등변 삼각형) 앎을 이끄는 논의가 뛰어나다는 주장이다. 첫 번째 논의: 코리스코스의
예를 통해 다음의 두 가지 상황을 비교한다. (i) '갑'은 코리스코스가 음악적이라는 것
을 알고 있다. (ii) '을'은 한 사람(우연히도 코리스코스인)이 음악적이라는 것을 알고
있다. 이 경우에는 갑이 을보다 코리스코스의 음악적 능력을 더 잘 알고 있다. 이것을
삼각형의 예에 적용하면, 다음 두 가지 상황이 발생한다. (i1) '갑'은 이등변 삼각형이
2직각을 갖는다는 것을 알고 있다. (ii2) '을'은 삼각형(사실상 이등변 삼각형을 포함
한)의 2직각을 갖는다고 알고 있다. 이 경우에 갑이 을보다 이등변 삼각형의 속성을
더 잘 알고 있다. 즉, 개별적인 지식을 갖는 것이 그 사항의 속성에 대한 지식을 더 낫
게 가진다.

만, 무엇인가를 논증한다는 것이 일종의 생각을, 즉 '논증에 의해 논증되는 것은 무엇인가 있는 것이고, 게다가 존재하고 있는 것들 안에서 어떤 본성(phusis)으로서 있다'라는 생각을 만들어 내는 것이라면³⁴⁹(예를 들어 논증에 의해 삼각형[의 본성]은 어떤 개별적 삼각형에서 벗어나고, 형태는 [35] 어떤 개별적 형태에서 벗어나며, 또 수(數)는 어떤 특정한 수에서 떨어져 있다는 생각을 만들어 낸다면), 그리고 존재하지 않는 사항에 대한 논증보다 존재하는 것에 대한 논증이 더 뛰어나고, 또 오류에 이끌리는 논증보다 이끌리지 않는 논증이 더 뛰어나고, 보편적인 논증이 그러한 [존재하지 않는 것에 대한 논증이며, 오류로 이끌리는 논증이라고 하는] 형태를 하고 있다면(왜냐하면 보편적인 논증을 진행할 때 사람은 비례에 대해 증명하는 방식으로 증명하기 때문이다. 예를 들어 어떤 것이 이러한 성질일 것이라고 증명함에서 그 사항을 그것이 선, 수, 입체, 그리고 면으로서가 아니라,
85b 이것들로부터 떨어진 무엇으로서 비례에 의해서 증명하기 때문이다³⁵⁰), 요컨대 이러한 논증이 오히려 보편적인 논증이며, 부분적인 논증보다 존재에 대한 관계가 덜하고 거짓된 생각을 만들어 낸다면, 보편적인 논증은 부분적인 논증보다 열등한 논증이 될 것이다.³⁵¹

아니면, 이상의 두 논의에 대해서 첫째, (a) 첫 번째 논의(85a20-31)가 부분적인 논증에 대한 것 이상으로 보편적인 논증에 대해 더 잘 들어맞지

---

349 두 번째 논의는 그 결론을 앞선 논의와 다르게 표현한다. 두 번째 논의는 Q를 아는 것보다 P를 아는 것이 더 낫다고 주장한다. 여기서 Q는 P보다 더 높은 '추상의 차원'에 있는 것이다.
350 비례 이론을 연구하는 학생들은 그들이 말하는 크기가 숫자, 선, 평면 이상의 위에 있는 어떠한 실재물이라고 가정하는 경향이 있다. 『형이상학』 제13권 제2장 1077a 9-12, b17("수학의 보편 명제들은 크기와 수들로부터 따로 떨어져 있는 것들을 [그 자체로] 다루지 않는다.") 참조. 증명이 더 일반적일수록 가정하고 싶은 유혹을 느끼는 실재물들이 더 많고 더 추상적이다.
351 '더 떨어져 있는' 추상적인 사항(형태와 수)과 관련된 지식보다 구체적인 사항(특정한 형태와 특정한 수)과 관련된 지식을 이끄는 논의가 뛰어나다는 얘기다.

않을까? 왜냐하면 내각의 합이 2직각인 것이 이등변 삼각형 안에 있는 것 [5]
은, 그것이 이등변 삼각형인 한에서가 아니라 삼각형인 한, 이등변 삼각형
의 내각의 합이 2직각이라고 아는 사람은 삼각형의 내각의 합은 2직각임
을 아는 사람보다 내각의 합이 2직각임을 그 자체로는 더 열등한 방식으
로 알고 있는 것이 되기 때문이다.

게다가 일반적으로는 삼각형인 한 그렇지 않다는 것을 삼각형에 대해
있음을 증명했다고 해도, 그것은 논증은 아니겠지만, 증명한 것이 삼각형
인 한이라면, 각각의 사항을 각각이 있는 한 아는 사람이 그 사항을 더 낮
게 알고 있는 것이다. 따라서 삼각형인 것이 이등변 삼각형보다 넓은 사 [10]
항이 되며(또한 그것들의 정의가 같으며, 즉 이등변 삼각형은 동명이의적이
아니라 '삼각형'으로서), 2직각인 것이 모든 삼각형에 있다면 삼각형은 이
등변 삼각형인 한, 2직각인 내각의 합을 갖는 것이 아니라 이등변 삼각형
이 삼각형인 한 그러한 각을 갖게 될 것이다. 그래서 보편적으로 아는 사
람이 부분적으로 아는 사람보다 그렇게 있는 모든 것을 더 잘 알고 있는
셈이다. 그러므로 보편적인 논증은 부분적인 논증보다 더 나은 것이다.[352]

또, 두 번째 논의(85a31-b4)에 대해서는 (b) 어떤 보편적인 사항에 대 [15]
해 어떤 하나의 정의가 동명이의가 아니라면, 이 보편적인 것은 부분적인
것의 어느 것 못지않게 있을 것이고, 보편적인 것 안에는 소멸하지 않는
것이 있는 반면, 부분적인 것은 오히려 소멸적인 한[353] 보편적인 것이 더
나을 것이다. 게다가 그러한 정의가 한 가지 것을 밝히고 있다고 해서 보
편적인 것이 부분적인 것에서 떨어져 있는 무언가라고 판단해야 하는 것
은 전혀 아니다. 그것은 '무엇인가'를 의미하지 않고, '어떤가', '무엇에 대 [20]

---

352 앞의 첫 번째 논의(85a20-31)에 대한 반론이지만, 어떤 지식이 엄밀한 의미에서
의 논증적 지식인 것은 주어항과 술어항을 교환할 수 있는 경우라는 생각을 전제로
하고 있다.

353 '활엽수는 낙엽이 진다'라는 것은 필연적이고 항상 참이지만, 예를 들어 '이 참나
무는 낙엽이 진다'라는 것은 그 나무가 시들면 거짓이 된다는 것을 생각하고 있다.

하여인가', '무엇을 하고 있는가'를 의미하는 한, 다른 사항에 대하여 떨어져 있다고 할 필연이 없는 것과 같다.[354] 그래서 이 [보편적인 것이 떨어져 있다는 거짓된 생각을 만들어 내는] 믿음이 있다면 그 원인(책임)은 논증에 있는 것이 아니라 듣는 사람에게 있는 것이다.

게다가, (c) 논증이 원인을, 즉 '그런 것은 왜인가'를 증명하는 추론으로 보편이 더 원인이라면, 보편적 논증이 더 뛰어난 것이 된다(왜냐하면 어떤 [25] 것 A가 다른 것 B에게 그 자체로서 있을 때, 그 사항 B가 B 자신에서 A인 것의 원인이지만, 이 보편적인 것 B는 A에게 첫 번째 것이기 때문에, 이 보편적인 것이 원인이 되기 때문이다).[355] 따라서 이러한 보편적 논증이 더 나은 것이다. 이러한 논증이 부분적인 추론보다 더 낫고 원인, 즉, '그런 이유는 무엇인가'에 대한 추론이기 때문이다.[356]

게다가, (d) 우리는 어떤 사항에 대해 '그런 이유가 무엇인가'를, 그 사항이 그렇게 생기고, 그렇게 있는 것은 그 자신과는 다른 무언가 다른 사항이 있기 때문이라는 것이 아닌 무언가에 이르기까지 탐구하고, 그리고 거기까지 탐구했을 때, 우리는 알고 있다고 생각한다.[357] 왜냐하면 이 [30] 와 같이 탐구하여 도달한 최종 사항이 바로 그 사항의 종극 목적이며, 그것을 한계 짓게 하는 것이기 때문이다. 예를 들어 '그는 무엇 때문에 왔는가', '돈을 얻기 위해서이다', '돈을 벌 수 있다'는 것은 '빚을 갚기 위해서이다', '빚을 갚는다'는 것은 '부정의를 저지르지 않기 위해서이다'. 이렇

---

354 이른바 플라톤주의에 대한 아리스토텔레스다운 답변이라고 볼 수 있다.

355 전제로서 AaB를 사용하는 논증이 전제로서 AaC를 사용하는 것보다 더 뛰어난 것이다.

356 이 논의도 엄밀한 논증에서는 주어항과 술어항을 교환할 수 있다는 것, 그리고 가장 최근의 중항이 원인으로서 나타나는 것을 전제로 하고 있다. 즉, 여기서의 '보편적'은 제1권 제4장 73b26-74a3에서 규정된 엄밀한 의미에서의 '보편적'이다.

357 (d) 논의는 (c)와 비슷하지만, P를 아는 것이 P의 궁극적 원인을 아는 것을 요구한다는 점을 명확히 하고 있다.

게 나아가, 어떤 사항이 그렇게 되는 것이 더 이상 다른 사항 때문이 아니라 다른 사항을 위해서도 아니게 될 때, 우리는 '종극 목적으로서의 이 사항 때문에 그가 와서, 사항이 있으며 생기고 있다'라고 주장하고, 또 이때 "'그가 온 것은 무엇 때문인가'를 가장 뛰어난 방식으로 안다"라고 주장한다.[358] 그러므로 사항의 원인과 '그런 이유는 무엇인가'의 모든 것에 대해 마찬가지로 말할 수 있다면, 그리고 '그것 때문에 있는 그것'인 그런 원인인 한에서 모든 사항을 이러한 방식으로 알게 됨으로써, 우리가 그 사항에 대해 가장 뛰어난 방식으로 알게 된다면, 다른 종류의 사항에 대해서도, 그 사항이 더 이상 다른 사항 때문이 아닐 때, 가장 뛰어난 방식으로 알고 있는 것이다.[359] 그러므로 어떤 도형의 외각의 합이 4직각과 같음을 '그 도형은 이등변 삼각형이기 때문'이라고 함으로써 우리가 인식하고 있을 때에는 '이등변 삼각형이 4직각인 외각의 합을 갖는 것은 왜인가'라는 물음이, 즉 '삼각형이기 때문'이라는 원인이 여전히 탐구되어야 하는 것으로 남아 있다. 그리고 이것에는 직선 도형이기 때문이라는 원인이 남아 있다. 하지만 직선 도형이 4직각과 같은 외각의 합을 갖는다는 것이 더 이상 다른 사항 때문에 그런 것이 아니라면, 그때 우리는 직선 도형의 외각의 합이 4직각과 같다는 것을 가장 뛰어난 방식으로 알고 있다. 그리고 이때 이 직선 도형이 4직각과 같은 외각의 합을 갖는 것은 보편적이다. 이렇게 해서 보편적인 논증이 더 나은 논증인 셈이다.[360]

게다가, (e) 논증은 그것이 좀 더 부분적일수록 무한정적인 것에 관여

[35]

86a

---

358 『자연학』에서 시장에서 우연히 사람을 만나는 예를 참고(제2권 제5장 196b33-197a5).

359 아리스토텔레스는 사건에 목적 연관이 있는 경우에는 제2권 제1장이나 『자연학』 제2권 제5장 196b33-197a5 등에서 논하고 있듯이, 그 원인(설명)은 추론의 형태로 이야기된다고 생각한다.

360 '직선 도형의 외각의 합이 4직각이다'라는 예는 잘 알려진 정리이지만, 에우클레이데스의 저작에서는 그렇게 논의되고 있지 않다.

[5] 하게 되지만 보편적인 논증은 단순한 사항, 즉 한정된 사항에 관계된다.[361] 그런데 사항이 한정되어 있지 않는 한, 지식의 대상이 되는 사항이 아니고, 한정되어 있는 한 지식의 대상이 되는 사항이 된다.[362] 그러므로 모든 것은 부분적인 것보다 보편적인 한 더 나은 지식의 대상이 된다. 그러므로 보편적인 것이 더 낫고 논증될 수 있다. 그러나 더 낫고 논증될 수 있는 사항에 대해 더 나은 논증이 있다(왜냐하면 관계적인 것과 함께 [한쪽이 다른 쪽보다 낫다면 다른 쪽과 관련된 것보다] 더 나은 논증이 있기 때문이다.[363]) 그러므로 보편적인 논증이 더 낫고 논증될 사항에 대한 논증이므로 더 나은 논증인 셈이다.

[10] 게다가, (f) 이 사항뿐만 아니라 다른 사항도 아는 논증이 그 논증을 통해 이 사항만을 아는 논증보다 더 바람직하다면, 그리고 보편적 논증을 가

---

361 여기서 개별적 논증이 향하는 '무한정한 사항'은 개별적 사항으로 개별자이다. '무한정한 사항'이란 '개별적인 사항'을 말하며(『토피카』 제2권 제2장 109b14 참조), '한정되지 않은 사항'으로서 '한계 지어진, 한정된 사항'과 대비되고 있다. 개별자는 종에서 무한정하다(『자연학』 제1권 제4장 187b7-188a5 참조).

362 『형이상학』 제3권 제4장 999a26-29 참조("개별적인 것과 따로 떨어져 아무것도 존재하지 않고, 개별적인 것들이 무한히 많다면, 어떻게 이런 무한한 개체들에 관한 지식을 얻을 수 있겠는가? 하나의 동일한 것이 있는 한, 그리고 어떤 것이 어떤 대상에 보편적으로 들어 있는 한, 우리는 모든 것을 알게 되는 것이다"). 여기서 논점은 이 책에서의 '지식'의 정의에 따르면, '한정되지 않은 사항'은 '지식(인식)이 되지 못한다' 라는 것이 아니라, 일반적으로 인식은 '한정된 사항'에 관계된다는 데에 있다. 그러나 개별적인 사항은 어떤 의미에서 한정되지 않는가? Barnes는 아리스토텔레스가 모든 구별되는 속성이 결여된 '벌거벗은 개별자'(bare particulars)를 생각하고 있다고 해석한다. 개별적이고 무한정한 것으로서, 사물은 파악될 수 없다. 왜냐하면 무엇인가를 파악한다는 것은 그것을 개념 아래에 두는 것이고, 그것을 '하나의 F로서' 보는 것이기 때문이다(p. 186). 그러나 Barnes의 생각과 달리, 여기서 아리스토텔레스가 말하는 요점은, '이 잎'을 '다른 모든 잎'으로부터 구별해서 나타내지 못한다는 점을 말하는 것으로 생각된다. 플라톤의 『테아이테토스』에서 지식의 세 번째 정의에 대한 세 번째 논박(209d-210a) 참조.

363 A:B=C:D에서 A〉B라면 C〉D인 것처럼.

진 사람은 부분적인 것도 알지만, 부분적인 것을 아는 사람은 보편적 논증을 모른다면, 보편적 논증이 더 나은 논증이다. 따라서 이렇게 하더라도 보편적 논증이 더 바람직할 것이다.[364]

게다가 (g) 아래의 논의가 있다. 더 보편적인 사항을 증명하는 것은 원리에 더 가까운 중항을 통해 증명하는 것이다. 무중항적인 것이 가장 가깝다. 아니, 이것이 원리다. 따라서 원리로부터 논증하는 것이 원리로부터 시작하지 않는 논증보다 더 정확하다면, 더 뛰어난 원리로부터의 논증[365]이 더 열등한 원리로부터의 논증보다 더 정확한 논증이다. 그런데 보편적인 논증이 더 나은 이런 모양을 하고 있다. 그러므로 보편적 논증이 더 우월한 것이 될 것이다. 예를 들어 D에 대해 A를 논증할 필요가 있으며, B와 C가 중항이지만, B가 더 상위라고 하자. 그렇다면 B를 통한 논증이 더 뛰어나고 보편적인 논증이다. [20]

그러나 지금까지 논해 온 것들 중 몇 가지는 언어적 방식에 근거한 것이다.[366] (h) 보편적인 논증이 더 권위 있는 것은 전제 속에서 더 앞선 전제를 가지고 있을 때, 우리는 어떤 의미에서 더 나중의 사항도 알고 있다는 점에서, 즉 더 나중 사항을 가능적으로 갖고 있다는 점에서 가장 분명하다. 예를 들어 누군가가 삼각형은 모두 직각을 가지고 있다는 것을 알고 있다면, 그 사람은 이등변 삼각형에 대해서, 그것이 삼각형이라는 것을 모른다고 해도, 그것이 2직각을 가지고 있다는 것을, 어떤 의미에서, 즉 가능적으로 알고 있다. 하지만 '이등변 삼각형은 2직각을 가지고 있다'라는 전제를 가진 사람은 보편적인 사항을 어떤 의미에서든, 즉 가능적으로 [25]

[15]

---

364 제1권 제1장 71a24, 아래의 86a22-29 참조.

365 복수의 중항이 있고 각각이 무중항인 경우, 복수의 추론이 가능하지만, 큰 항과 가장 가까운 전제가 무중항인 경우가 작은 항(소전제)이 무중항인 것보다 '더 뛰어난 원리로부터의 논증'으로 생각된다.

366 '언어적 방식에 근거하여'에 대해서는 제1권 제21장의 해당 각주를 참조. 전형적으로는 (d), (f) 또는 (b), (c) 등이 그렇다.

나 현실적으로나 알지 못한다.[367]

[30] 또한 (j) 보편적 논증에는 이성이 관련되어 있지만, 부분적 논증은 감각에 이르러 끝난다.[368]

제25장

이렇게 해서 보편적 논증이 부분적 논증보다 낫다는 것은 이런 정도로 논한 것으로 하자. 그런데 긍정적으로 증명하는 논증이 부정적인 논증보다 낫다는 것은 다음 네 가지 논의에 의해 분명하다.

[35] 즉, 우선 (1) 다음과 같은 논증, 즉 더 적은 요청, 더 적은 가정, 더 적은 전제로부터의 논증이 다른 사정이 같다면 그렇지 않은 논증보다 나은 것으로 하자. 왜냐하면 이러한 사항[전제]이 동일하게 인식될 수 있다면, 더 적은 사항을 통해 빠르게 인식하게 되기 때문이다. 이는 더 많은 사항을 통해 이루어지는 논증보다 더 바람직한 것이다.

이 논의의 전제, 즉 더 적은 것으로부터의 논증이 더 낫다는 명제의 이유(로고스)는 일반적으로는 이렇다. 즉, 여러 중항이 동일하게 인식될 수 있는 사항이고, 더 앞선 중항이 더 나중인 중항보다 더 낫게 인식될 수 있다고 하면, 이때 하나의 논증은 A가 E에 있음을 중항 B, C, D를 통해 논증하고, 다른 하나의 논증은 A가 E에 있음을 중항 F, G를 통해 논증한다고 하자. 첫 번째 논증에서의 A가 D에 있는 것과 두 번째 논증에서의 A가 E에 있는 것은 전제의 수가 동일하므로 같은 것이다[369](하지만 A가 D에 있는 것은 A가 E에 있는 것보다 더 앞서고 또 더 낫게 인식될 수 있는 것

---

367 (h)는 (f)의 논점을 '가능적-현실적'이라는 관점을 제시하고, 수정해서 논하고 있다.

368 이성(nous)이 감각보다 뛰어나지만, 구체적인 인정은 감각에 달려 있다는 이야기다.

이다. 왜냐하면 'A가 E에 있다'는 것은 'A가 D에 있다'는 것을 통해 논증되는데, 후자가 전자를 통해 논증되게 되는 그것이, 이것보다 더 나은 믿음을 줄 수 있기 때문이다[370]). 그러므로 적은 것을 통한 논증이 다른 사항이 같으면 더 나은 것이다.

이렇게 해서 긍정적인 논증과 부정적인 논증의 양쪽 모두 3개의 항과 2개의 전제를 통해 증명되지만, 한쪽은 2개의 '무엇인가가 있다'라는 전제를 받아들이고, 다른 쪽은 무언가가 있다는 것과 무언가가 없다는 전제를 받아들인다. 그러므로 후자가 더 많은 것을 통하며, 따라서 더 열등한 것이다.[371]

게다가, (2) 전제가 둘 다 부정의 전제일 때에는 추론이 생기는 것이 불가능하다는 것, 한쪽의 전제가 부정의 전제라면 다른 쪽의 전제는 '무엇인가가 있다'라는 긍정의 전제여야 한다는 것, 이 두 가지는 증명된 것이지만,[372] 여기에 더해 다음의 것도 받아들여야 한다. 즉 논증이 확장될 때,[373] 긍정하는 전제가 더 많아지는 것은 필연이지만, 부정의 전제는 어떤 추론에서도 하나보다 많은 것은 불가능하다는 것이다. A가 B의 어느 것에도 없고,

[5]

[10]

[15]

---

369 AaD와 AaE는 각기 세 전제에 의존한다는 점에서 같은 것이다. 결론에 이르기까지의 무중항 전제의 수가 다른 경우에는 적은 전제에 의한 논증이 뛰어나다는 것이다.

370 이 문장은 첫 번째 논증에서 AD와 두 번째 논증에서의 AE가 알려지는 정도에서 같다는 논점을 두고, 첫 번째 논증이 DE를 더 필요로 함을 논점으로 하는 점을 보충적으로 말하고 있어서 전체 논의에서 비껴가고 있다. 제1권 제2장 72a29-32 참조.

371 전제의 수가 같다면 긍정의 전제만을 통한 경우보다 긍정의 전제와 부정의 전제를 통하는 경우가 더 많은 사항을 통해 논증이 된다는 것이다. Barnes 등이 지적하고 있듯이, '항의 부정'이라고 하는 요인을 포함하고 있는 만큼, 긍정만의 경우보다 관계되는 것이 많다는 것이다.

372 『분석론 전서』 제1권 제4-6장, 제7장 29a19-29, 제24장 41b6-31 참조.

373 여기서 말하고 있는 논증의 '확장'에 대해서는 제1권 제14장 79a29-31 참조. 제12장 78a14-21에서 논의되고 있는 항의 외부로의 부가에 의한 새로운 결론으로의 '확장'이 아니라, 내부에 무중항의 항 연쇄를 구하는 것이다.

B는 모든 C에 있다고 하자. 또, 두 전제를 더 확장할 필요가 있다면, 중
항이 삽입되어야 한다. 전제 AB의 중항을 D, 전제 BC의 중항을 E로 하
[20] 자. 이때 E가 B, C 모두에 긍정적인 것은 분명하고, 또 D는 B에 대해서는
긍정적이며, A에 대해서는 부정적으로 놓이게 된다. 왜냐하면 D는 모든
B에 있지만, A는 어떤 D에도 있어서는 안 되기 때문이다. 이렇게 해서 전
제 AD가 하나의 부정의 전제가 된다.

다른 추론에 대해서도[374] 동일한 방식으로 논할 수 있다. 즉, 긍정적인
[25] 항의 중항은 두 끝항에 대해 항상 긍정적이고, 부정적인 항의 중항은 한
쪽에 대해서는 부정적인 것이 필연이므로, 따라서 이것이 그러한 하나의
부정의 전제가 되고, 나머지 전제는 긍정의 전제가 된다.[375]

이렇게 해서 그것을 통해 증명되는 사항이 더 인식되는 사항이고, 또
더 설득적인 사항이며, 부정의 논증은 긍정의 전제를 통해 증명되지만, 긍
정의 논증이 부정의 전제를 통해 증명되지 않는다면 긍정의 논증이 부정
[30] 의 논증보다 더 앞서고, 더 인식되는 사항이며, 더 설득적일 것이기 때문
에, 더 낫다는 것이 될 것이다.[376]

게다가, (3) 무중항의 보편적인 전제[377]가 추론의 원리이며, 어떤 사항
에 대해 증명하는 긍정의 추론에서는 보편적인 전제가 긍정의 전제이며,
부정하는 추론에서는 부정의 전제이고, 또 긍정적인 전제가 부정적인 전
제보다 더 앞서고, 더 인식되는 것이라면(부정은 긍정을 통해 인식되는 것
[35] 이며, '그것이 있다'는 것이 '그것이 없다'는 것보다 더 앞서듯이 긍정이 더 앞
서기 때문이지만[378]), 그렇다면 증명하는 긍정의 논증 원리가 부정하는 논

---

374 Camestres와 Cesare.
375 86b15-22는 Celarent, 86b22-27은 Camestres, Cesare.
376 이 절은 전제와 논증 중 어느 것을 문법적으로 보완해야 할지 헷갈리지만, 내용
적으로는 문제가 없다.
377 (3)은 (1)과 동일한 논의이다. '무중항의 보편적인 전제'는 대전제이고, 그 논증
은 Celarent와 Cesare에 적용된다. 여기서는 제1격만을 고려하고 있을 것이다.

증의 원리보다 더 나은 원리인 셈이다. 또 더 나은 원리를 사용하는 논증이 더 나은 논증이다.

게다가, (4) 긍정의 논증은 더 원리적인 논증이다. 왜냐하면 증명하는 긍정의 논증 없이는 부정적인 논증이 없기 때문이다.

제26장

긍정의 논증이 부정의 논증보다 낫기 때문에, 긍정의 논증이 불가능한 것으로 이끄는 논증보다 낫다는 것 또한 분명하다. 그러나 이 논증들의 차이를 알아야 한다.[379]

A가 B의 어떤 것에도 없고, B는 C의 모든 것에 있다고 하자. 그렇다면 A가 C의 어떤 것에도 없다는 것은 필연이다. 이런 식으로 전제가 받아들여지면, 'A가 C에 없다'라는 부정의 논증이 증명될 것이다[EAE].[380]

한편, 불가능한 일로 이끄는 논증은 다음과 같다. 'A가 B에 없다'라는 것을 증명해야 한다면, 'A가 B에 있다'라는 것, 'B가 C에 있다'라는 것을 받아들여야 한다. 그러면 'A가 C에 있다'라는 것이 귀결된다.[381] 하지만 이것이 불가능하다는 것을 인식하고 동의한다고 하자. 그렇다면 'A가 B에 있다'라는 것은 있을 수 없는 일이다. 그러므로 'B가 C에 있다'라는 것이 동의된다면, 'A가 B에 있다'라는 것은 불가능하다.

그러므로 두 추론의 각각의 항은 동일하게 배치되어 있으며, 그 차이점은 부정의 전제 중 어느 것이 더 잘 인식되고 있는가, 즉 'A가 B에 없다'

---

378 인식의 순서를 논점으로 하여 앞의 (1)의 논의를 보충하는 것이다.
379 『토피카』 제8권 제2장 157b34-36 참조. "다른 사람과 문답을 통해 논의하는 사람은 불가능한 것으로의 환원에 의한 추론을 사용해서는 안 된다."
380 (1) Celarent(AeB, BaC⊢AeC).
381 AaB, BaC⊢AaC

[15]　와 'A가 C에 없다' 중 어느 것이 더 잘 인식되고 있는가에 있다.[382] 'A가 C에 없다'라는 결론이 더 잘 인식되어 있을 때에는[383] 불가능한 일로 이끄는 논증이 생긴다. 그런데 추론 안에 있는 ['A가 B에 없다'라는] 전제가 보다 잘 인식되어 있을 때에는 논증적인 논증이 생긴다. 물론 본성에서는 'A가 B에 없다' [AeB]가 'A가 C에 없다' [AeC]보다 앞선다. 거기로부터 결론이 나오는 사항이 결론보다 앞서기 때문이다. 그런데 'A가 C에 없다'

[20]　는 결론이고, 'A가 B에 없다'는 것은 거기로부터 결론이 생기는 전제가 되는 사항이다. 왜냐하면 [불가능한 것으로 이끄는 논증에서는 귀결로서 A가 B에] 있음이 부정된다고 하더라도, 이것은 결론이 아니며, [이 귀결을 이끄는 'A가 C에 없다'는] 사항도 거기로부터 결론이 생기는 전제가 되는 사항이 아니며, 오히려 거기에서 추론이 출발하여 어떤 전제가 되는 사항은 부분에 대한 전체인지, 전체에 대한 부분인지 어느 하나의 관계에 있는 한에서의 사항이지만,[384] 전제 AC와 전제 BC는 서로 이러한 관계에 있지 않기 때문이다.

[25]　이렇게 해서 더 잘 인식되고 있는 것들, 그리고 더 앞에 있는 것들로부터의 논증이 더 뛰어나다면, 또 부정의 논증과 불가능한 것으로 이끄는 논증은 모두 그 경우인 것이 아닌 것에서 출발하여 어떤 믿음을 두는 것을

---

382 불가능한 것으로 이끄는 논증(귀류법)은, (2) AeC, BaC, ¬AeB⊢AaB, ⊢AaC, ⊢AeB라는 귀류법 추론이다. ABC 항의 배치는 동일하지만, 앞의 각주 380의 (1) Celarent(AeB, BaC⊢AeC)의 결론 AeC를 전제로 하여 그 결론을 이끌고 있기 때문에 열등하다고 생각된다. 이 장의 논의는 '본성에서 더 앞서'는 사항이 '우리에게 더 앞선다'라는 사항보다 더 먼저 인식되는 것은 아니라는 제1권 제2장 71b33-72a5의 논점에 근거하고 있다.

383 즉, AeC(결론, 87a20-22)가 AeB('추론에서의 전제')보다 우리에게 더 잘 인식된다. 다시 말해, 귀류법의 결론인 AaC가 거짓이라는 것이 우리에게 더 잘 인식된다.

384 엄밀한 의미에서의 논증이 아니라, 추론 일반에서 두 전제는 Barbara에서 전형적으로 보는 것처럼 포함 관계를 이룬다. 『분석론 전서』 제1권 제25장 42a8-12, 제41장 49b37-50a1 참조.

가져오는 논증이지만, 한쪽은 더 앞선 사항에서, 다른 쪽은 더 나중의 사항에서 오는 논증이라면, 부정의 논증은 불가능한 것으로 이끄는 논증보다 단적으로 더 낫다는 것이 분명하다.

[30]

제27장

어떤 학문적 지식은 다른 학문적 지식보다 더 정확하고[385] 앞선다. 즉, (1) 어떤 사항이 '그렇다'[사실]는 것뿐만 아니라 '그것이 그런 것은 왜인가'(이유)의 지식이, 즉 '그것이 그런 것은 왜인가'의 지식에서 분리된 '그렇다'라는 것의 지식이 아닌 지식이 '그렇다'라는 것만의 지식보다 더 정확하다.[386] 또는, (2) 기체에 대해 있는 사항이 아닌 것에 대한 지식이 기체에 대해 있는 사항에 대한 지식보다 더 정확하다(예를 들어 산술은 화성학보다 더 정확하다[387]). 또한 (3) 더 적은 원리로 이루어진 지식은 원리를 부가하는 것으로 이루어진 지식보다 더 정확하다(예를 들어 기하학보다 산술이 더 정확하다[388]). 여기서 '부가하는 것으로 이루어진다'란, 예를 들

[35]

---

385 여기서 '정확하다'(akribēs)란 '확실하다'(certain)라는 것이 아니라, 오히려 '기본적이다'라는 것이며 '권위 있다'라는 것이다. Barnes, pp. 189-190; Burnyeat, p. 115, n. 35 참조.

386 '사실의 지식'과 '이유(원인)의 지식'이 함께 '지식'으로 여겨지면서, 그 '정확함'(akribeia)이라는 관점에서 대비되고 있다.

387 '기체'에 대해 있는 것이 아닌 사항이란, 아리스토텔레스 이후의 술어를 원용하면 그 '유'의 특정(特定)에 관해 '질료'에 대한 언급을 필요로 하지 않는 사항이다.

388 아리스토텔레스의 '정확하다'의 기준으로서 Barnes는 두 가지를 더 들었다. (4) 보편적인 것이 '대개의 경우'보다 더 정확하다. 『니코마코스 윤리학』 제1권 제3장 1094b11-27, 제3권 제3장 1112b1-9 참조. (5) 전제가 원리에 가까운 쪽이 먼 경우보다 정확하다. 제1권 제24장 86a16-17, 『니코마코스 윤리학』 제6권 제7장 1141a 16-18 참조. Barnes는 (4)는 (2)에 근거하고, (5)는 (1)에 기초하고 있다고 주장한다.

어 '단위'는 '위치가 없는 실체[실재]³⁸⁹'이고, '점'은 '위치 있는 실체'이지만, '점'은 '단위'에 '위치'를 '부가하는 것으로 이루어지는' 사항이다.³⁹⁰

제28장

어떤 하나의 유에 대한 체계적인 지식이 하나의 지식이다. 즉, 그 유와 관련된 첫 번째 사항으로 구성되어 있는 한의 사항, 그 부분인 사항, 혹은³⁹¹ 그것들에 그 자체로 있는 속성에 대한 체계적인 지식이 하나의 지식이다. 이와 달리 다른 유에 대한 지식은 다른 지식이다. 즉, 그러한 지식의 여러 원리가 동일한 사항으로부터 나오지 않고, 또 한쪽 지식의 원리가 다른 쪽의 사항으로부터 나오지 않는 지식은 다른 지식이다. 이것의 징표는 논증되지 않는 원리에까지 이를 때에 나타난다.³⁹² 왜냐하면 이러한 논증되지 않는 원리는 논증된 사항과 동일한 유 안에 있어야 하기 때문이다. 그리고 반대로 이것, 즉 원리가 동일한 유 안에 있는 것이 하나의 지식이라는 것의 징표는 이것들 원리를 통해 증명되는 사항이 동일한 유 안에 있고, 또 유를 같이할 때 나타난다.³⁹³

[40]

87b

---

389 여기 ousia는 '실체'라고도, '본질'로도 번역하기 어려우며, '실재'라고 번역할 수 있다. 퓌타고라스 학파의 언어법에 기초한 것으로 볼 수 있다.

390 여기서 읽히듯이 몇 안 되는 원리로 이루어진 지식이, 즉 무엇인가 '에우클레이데스 기하학'적인 '연역적 공리계'가 논증적 지식의 모델이 되고 있음은 부정할 수 없다.

391 원문대로 '혹은'이라고 번역했지만, 여기서의 의미는 Barnes가 해석하는 것처럼 '즉'으로 옮길 수 있으며, '설명적 바꿔치기'로 이해된다.

392 Barnes의 해석; '원리 P1, P2, 정리 T1 및 T2를 갖춘 잠정적으로 서로 다른 두 학문 S1과 S2가 있다고 가정하자. 그런 다음 T1의 모든 사항이 서로 같은 유이면, T1은 P1과 같은 유이다. T2의 경우도 마찬가지이다. 그리고 P1과 P2가 유에서 다르다면 S1과 S2는 별개의 학문이다.'(p. 191)

393 Barnes의 해석(앞의 각주)을 쉽게 풀어서 이 장의 요지를 설명하자면 이렇다. '원리가 일견(一見)하기로(prima facie) 달라 보여도 논증된 것이 동일한 유에 대해

제29장

동일한 사항에 대해 복수의 논증이 있는 것은 가능하지만, 그것은 동 [5]
일한 연쇄로부터 연속되지 않은 중항³⁹⁴을, 예를 들어 AB에 관해서 중항
의 연쇄 C, D, F를 받아들이는 것에 의할 뿐만 아니라, 다른 연쇄로부터
중항을 받아들이는 경우이다.³⁹⁵ 예를 들어 A를 '변화한다', D를 '움직인
다',³⁹⁶ B를 '즐겁다', 그리고 나아가 '다른 연쇄 중항' G를 '멈추다'라고 하
자. 그러면 D를 B에 대해 술어하는 것도, A를 D에 대해 술어하는 것도
참이다. 즉, 즐거운 것은 움직이고, 움직이는 것은 변화한다. 게다가 A를 [10]
G로, G를 B로 술어하는 것도 참이다. 즉, 즐거운 것은 모두 멈추고, 멈추
는 것은 변화한다.³⁹⁷ 따라서 이것들 두 논증에서 추론은 다르고, 동일한
연쇄로부터가 아닌 중항을 통해 성립하고 있다. 그렇지만 이 중항들 중 [15]
어느 하나라도 말해질 수 없는 것은 아니다.³⁹⁸ 왜냐하면 이 중항 모두는

서라면 하나의 체계적 지식이며, 유가 다르면 원리가 동일하게 보여도 다른 체계적
지식(학문)이다'라는 것이다.

394 '연속되지 않은 중항'이란 '무중항이 아닌 중항'이라는 뜻이다. AaX와 XaB 둘
다가 무중항이 아닌 경우, X는 AaB와의 관계에서 '연속되지 않은'(mē ··· suneches)
것이다.

395 즉, A, D, B와 A, G, B 두 개의 연쇄가 있다. 여기서 ¬BaG와 ¬GaD를 말한
다. 엄밀한 의미에서의 논증인지는 의문이다. 동일한 사항에 대해 각각에 충분할 수
있는 복수의 원인이 있게 되기 때문이다. 다만 제시된 것은 동일한 결론을 이끄는 복
수의 타당한 추론이 있다는 것이다. 제2권 제16-18장, 특히 제17장 참조.

396 '변화하다'(metabalein)와 '움직인다'(kineisthai)가 많은 경우에 교환 가능하다
는 것에 근거한 논의이다(『자연학』 제5권 제5장 229a30-32('변화[metabolē]는 운
동[kinēsis]과 다르다'), b11-14 참조).

397 이러한 추론은 플라톤의 아카데미아 학원에서의 논의를 반영한다고 생각되지만
특정할 수는 없다(『니코마코스 윤리학』 제7권 제11장 1153b13-15, 『티마이오스』 64
c-d, 『필레보스』 42d 참조).

398 결론의 주어항에 전칭으로 술어가 되고, 결론의 술어항이 전칭으로 술어가 되는
두 중항은 서로 전칭 부정이 되지 않는다.

동일한 하나의 무언가에 있는 것이 필연이기 때문이다. 다른 추론의 격을 통해서도 얼마나 많은 방식으로 동일한 사항에 대한 추론이 생길 수 있는지 탐구를 시도해야 한다.[399]

<h2 style="text-align:center">제30장</h2>

[20]
운(運)[400]에서 발생하는 사항에 대해서는 논증을 통한 지식이 없다. 왜냐하면 운에서 발생하는 사항은 필연적인 것도 아니고, 대개의 경우에 발생하는 사항도 아니고, 오히려 이러한 사항이 [통상적으로] 발생하는 방식과는 다른 방식으로 발생하는 사항이기 때문이다.[401] 하지만 논증은 앞의 어느 하나의 방식으로 발생한 사항에 대한 것이다. 추론은 모두 필연적인 사항에 대한 전제를 통해서, 혹은 대개의 경우 그러한 사항에 대한 전제를 통해서 성립하는 것이기 때문이다. 그리고 전제가 필연적으로 그런 사항이라면 결론도 필연적으로 그런 사항이고, 전제가 대개의 경우에 그런 사항[402]이

---

399 이것은 아리스토텔레스 자신의 기억에 담긴 메모일 것이다(『분석론 전서』제1권 제21장 67b26, 제26장 69b38,『소피스트적 논박에 대하여』제6장 169a5 참조).

400 '운'(tuchē)에 대해서는『자연학』제2권 제4-6장,『수사학』제1권 제5장 1362 a1-12 참조. 운은 "그 어떤 것도 그것 때문에 생기는 것이 없는"(제4장 196a1-3) 사항이다. 제5장 196b23-31 참조. 무엇보다 그다음에 '운에서 발생하는 사항'은 '무엇 때문에 발생한다'라고도 논하기도 한다(196b34-36).

401 논증적 지식은 필연적인 사항에 대해서만 있다는 것이 아리스토텔레스의 주장이기 때문에, 대개의 경우 그러한 사항에 대한 지식이라는 생각은 지식으로 파악되기 위한 요건을 느슨하게 하고 있다. '대개의 경우'에 대해서는 고전학자들에 의해서, '모든 것에', '(시간적으로) 항상', '필연적으로'라는 세 가지 대비가 제안되고 있다(이어지는 각주 402의 논의 참조). 어느 것도 그 자체만으로는 적절하게 이해되지 않는 것 같지만, 굳이 말하자면 이 장에서는 '모든 것에'가 대비되어 사용되는 것으로 보인다.

402 '대개의 경우에 그런 사항'(hōs epi to polu)이란 월하(月下)의 자연 세계나 인간 사는 세계에서, 많은 사항들이 항상 변함없이 일어나는 것이 아니라 오직 대개의

경우에만 일어나는 것을 말한다. 어떤 난점이 있다.

첫째, 아리스토텔레스는 학적 지식의 대상이 모두 필연적이라고 단언한다. 즉, 'a가 P에 대한 지식을 갖고 있다면(이해한다면[Barnes의 언어 표현]), P도 필연적이다.' 그러나 학적 지식의 대상은 '대개의 경우에' 일어나는 많은 사항을 포함하고, 대개의 경우에 필연적으로 일어나지 않는다는 점이다. 그렇다면 아리스토텔레스는 지식의 대상이 필연적이라는 자신의 요구 사항을 완화하거나 자연의 많은 사항이 대개의 경우에만 유지된다는 자신의 견해를 수정해야 할 것이다. Kullmann은 '대개의 경우에 그러한 것'은 '자연적인 한에서' 필연적이라고 주장한다. 그러나 이 견해를 아리스토텔레스 텍스트와 화해시키기 어렵다(Kullmann[1974], pp. 273-277 참조.)

둘째, 어떤 것이 '대개의 경우에' 있다는 개념을 어떻게 해석해야 하는지가 명확하지 않다는 점이다.

(1) '대개의 경우에'가 때때로 '모든 것에'와 대조되므로 '복수 양화사'로 받아들일 수 있다. 즉 '대개의 경우에 A들은 B이다'는 '대부분의 A들이 B일 때 그때에만' 참이 될 것이다. 이런 예에 대해서는『동물 탐구』제5권 제14장 545a14-18,『동물의 부분들에 대하여』제1권 제2장 663b28("왜냐하면 '자연 본성에 근거하고 있다'라는 것은, '모든 경우에 그렇게 되어 있다' 혹은 '대개의 경우에 성립되어 있다'라는 것이기 때문이다.") 참조.

(2) '대개의 경우에'는 종종 '항상'(aei)과 대조되므로, 그것을 시간적인 지표로 해석할 수 있을 것이다. 즉 '대개의 경우에, P다'라는 것은 "'P'가 대부분의 시간 동안 참인 경우, 그때에만" 참일 것이다.『분석론 전서』제2권 제12장 96a18-22,『토피카』제5권 제1장 129a6-16('모든 것에서 또 항상 성립하는 것', '항상 모든 경우에'),『자연학』제2권 제5장 196b10 참조.

(3) '대개의 경우에'는 '필연적으로'와 자주 대조되며(예:『명제론』제9장 19a18-22,『분석론 전서』제1권 제13장 32b5-10,『토피카』제2권 제6장 112b1-9) 또 '가능하게'로 흡수되고 있으므로(예:『분석론 전서』제1권 제3장 25b14-15; "'대개의 경우에 그렇다'거나, 그러한 것이 '자연 본성적으로 있을 수 있다'고 말해지는 것에 대해서는, 이러한 방식으로 우리는 '있을 수 있는 것'을 정의하는데 …") 일종의 '양상 연산자'(modal operator)로 읽기도 하며, 그리고 이 말이 종종 '자연적으로'와도 연관되기 때문에, '대개의 경우에 P다'는 'P가 자연적이지만 P가 필연적 사실이 아닌 경우, 그 경우에만 참일 수 있다'로 읽을 수 있는 것처럼 보인다.

이 세 가지 해석은 서로 양립할 수 없다. 각각은 나름대로 아리스토텔레스의 몇몇 텍스트 대목에 잘 들어맞는다. 그럼에도 아리스토텔레스의 모든 텍스트에 들어맞는 것은 아니다. 만족스런 해결책은 없어 보이지만, 각주 401에서 지적한 바와 같이 '모든 것에'와 대조되고 있는 것으로 보인다.

[25] 라면 결론 또한 그런 사항이다.[403] 따라서 운에서 생기는 사항이 대개의
경우에 그런 것도 아니고 필연적으로 그런 것도 아니라면 운에서 생기는
사항에 대한 논증은 없는 것이 될 것이다.[404]

제31장

감각을 통해 지식을 가질 수는 없다. 왜냐하면 감각은 '이러한 것'에 대
한 것이지, '이 무엇인가'(개별자)에 대한 것이 아니라 하더라도, '이 무엇
[30] 인가'를 '어디인가'에서 '지금' 감각하는 것이 필연적이기 때문이다.[405] 보편

---

403 "전제가 대개의 경우에 그런 사항이라면, 결론 또한 그런 사항이다." 요컨대 '대
개의 경우에'의 전제는 '대개의 경우에'의 결론을 수반한다는 것이다. 이 주장은 해석
(1)에서 거짓이다. '대개의 C들은 B이다'와 '대개의 B들은 A이다'는 '대개의 C들은
A이다'를 수반하지 않는다. 심지어 '일부 C는 A이다'도 수반하지 않는다(예: 대부분
의 100세 노인은 여성이다. 대부분의 여성은 70세 미만이다). 이 주장은 해석 (2)에
서도 거짓이다. 예를 들어 'AaB'와 'BaC'가 각각 대부분의 시간에 참이면, 'AaC'는
일정 기간 동안 참이지만, 대부분의 시간 동안 참이라는 것이 따라 나오지 않는다(예:
AaB가 월요일부터 금요일까지 참이고, BaC가 수요일부터 일요일까지 참인 경우,
AaC는 수요일부터 금요일까지 참이다). 끝으로, (3)의 방식으로 해석하면 어느 정도
그럴듯함을 갖는 것처럼 보인다. 그러나 어떤 것이 '자연적으로' 있다는 것이 무엇인
지에 대한 분명한 분석이 없으면, 우리는 그 이상 말할 수 없다(Barnes, p. 193).
404 이러한 '운으로부터 생기는 일'에 대해서는 '지식을 갖는' 것은 없다고 해도, 무
언가를 '아는' 것은 있다. 도대체 무엇을 안다는 것일까. 아리스토텔레스에게서 당연
히 문제인 것은, 무엇인가가 '운으로부터 생긴다'는 것, 즉 '예외'를 어떻게 설명할 것
인가이다.
405 감각은 '지금', '여기서', '이 무엇인가'와의 관계로 작용하는데, 거기서 감각되는
것은 '이러한 것'이라고 여겨지는 보편적인 것이지, '이 무엇인가'인 '실체'가 아니다.
이 장에서는 제1권 제18장과 대비하여 인식('아는 것')에서 감각의 한계가 강조되고
있다. 또한 제2권 제19장, 『혼에 대하여』 제2권 제5장 417b22-23, 제2권 제12장
424a21-24 참조.

적인 사항을 모든 경우에 감각할 수는 없다.[406] 이 보편적인 사항은 '이것'
도 '지금 있는 것'도 아니기 때문이다. 그렇다면 이것은 보편적인 사항이
아니었을 것이다. 우리는 '항상, 어디에나 있는 것'을 보편적이라고 주장하
기 때문이다. 이렇게 논증은 보편적인 사항에 대한 것이지만, 보편적인 사
항은 감각되지는 않으므로 감각을 통해 지식을 가질 수 없음은 명백하다.

아니, 그와는 반대로 삼각형이 2직각과 동일한 각을 가지는 것을 감각 [35]
할 수 있었다고 해도,[407] 우리는 논증을 탐구했을 것이고, 어떤 사람들이
주장하는 것처럼[408] [감각한 시점에] 지식을 가지고 있었던 것은 아니라는
것은 분명하다. 감각하는 것은 개별적인 사항임이 필연적이지만, 지식은
보편적인 사항을 인식하는 것이기 때문이다.

그러므로 우리가 달 위에 있으면서 지구가 햇빛을 가리는 것을 보았다 [40]
고 하더라도, 월식의 원인(설명)을 알고 있었던 것은 아닐 것이다.[409] 왜냐 88a
하면 지금 식(蝕)을 겪고 있는 것을 감각하기는 하겠지만, '그런 것은 왜
인가'를 전혀 감각하고 있지는 않을 것이기 때문이다. 왜냐하면 원래 감각
은 그러한 보편적인 것에 관한 것이 아니었기 때문이다. 그렇지만 이러한
일이 자주 일어나는 것을 관찰함으로써 보편적인 사항을 사냥했다면, 우
리는 논증을 갖게 될 것이다. 왜냐하면 많은 개별적인 사항에서 보편적인 [5]
사항이 밝혀지기 때문이다.

---

406 즉, '보편적인, 모든 경우에 성립하는 사항'을 감각하고 있는 것은 아니다.
407 적합한 조건 아래에서 우리는 분명히 이런 것을 느끼고 있다고 아리스토텔레스
는 논할 것이다.
408 주석자들은 헤라클레이토스(Zabarella)나 프로타고라스(Ross) 등을 거론하지
만, Barnes도 말했듯이 특정할 수 없다(p. 193).
409 감각은 보편적 명제를 만들어 낼 수 없기 때문에. '감각은 "무엇 때문에"(원인)가
아니라 단지 "그렇다는 것"(사실)만을 말해 준다.'(『형이상학』 제1권 제1장 981b10-
13 참조) 원인으로의 길은 세 단계를 밟는다. 먼저, 우리는 단순히 달의 여러 식(蝕)
을 관찰한 다음, 이 모든 경우에 공통적인 것을 사냥한다. 그래서 보편적인 명제를 채
택한다. 마지막으로, 우리는 이 보편적 명제를 사용하는 논증을 정식화한다.

보편적인 사항이 가치가 있는 것은, 그것이 원인을 밝히기 때문이다. 따라서 그 원인이 그 자체와 다른 한의 그러한 사항에 대해서는[410] 보편적 지식이 감각이나 이성의 작용보다 더 가치가 있다. 하지만 첫 번째 원리에 대해서는, 그 설명(로고스)은 별도이다.[411]

[10] 따라서 '논증을 통해 지식을 얻는 것'은 '감각하는 것'이라고 [그것이 정의인 것처럼] 말하지 않는 한,[412] 어떤 논증되는 사항에 대해 그것을 감각함으로써 지식을 갖는 것이 불가능하다는 것은 명백하다.

그럼에도 우리에게 문제가 되는 것들 중에는, 그것이 감각의 결여로 돌아가는 문제가 있다.[413] 왜냐하면 몇 가지 문제에 대해서는, 우리가 그것을 보았다면 그 원인인 보편적인 사항을 탐구하지 않았을 것이기 때문이다. 다만 그것은 '봄으로써' 보편적인 사항을 알기 때문이 아니라 '보는 것부터 시작해서' 보편적인 것을 가지기 때문인데, 예를 들어[414] 유리에 구멍[15] 이 뚫려 있고 빛이 지나가는 것을 우리가 보았다면, 그런 것은 '무엇 때문인가'라는 것은 분명했을 것이다. 개별적인 것들을 각각 따로 눈으로 보고 그 모든 것에 보편적으로 그렇다는 것을 이성의 작용으로 함께 파악함으로써 말이다.[415]

---

410 그것이 Z이기 때문에 X가 Y인 경우들(여기서 Z≠X).

411 '그 설명(로고스)은 별도이다'라는 것은, 그 '있음의 방식의 다름'이기도 하고, 그 있음의 방식에 관한 '해명의 방식의 다름'이기도 하다.

412 『형이상학』 제3권 제4장 999b3 참조.

413 비록 감각이 지식의 충분조건은 아니지만 필요조건이며, 우리 지식의 간격(gap)은 감각의 결함으로 설명될 수 있다. 아리스토텔레스는 가정적인 예를 제시한다. '만일 우리가 유리의 내부 구조(다공성으로 판명될 수도 있음)를 볼 수 있다면, 빛이 왜 유리를 통과하는지 알 수 있을 것이다.' 제2권 제11장 94b28-31 참조. 엠페도클레스, 「단편」 84 참조.

414 Barnes의 교정에 따라 kaiei(OCT, 16행) 대신에 kai ei로, tō[i] 대신에 to로 읽는다. 제2권 제11장 94b27 아래에서 랜턴의 예 참조.

415 즉, '내부 구조를 볼 수 있다면 그 원인을 파악할 수 있어야 한다. 비록 각각의 개별적 경우를 따로따로 보더라도 보편적인 사실을 이해하려면 그것들 모두를 함께

제32장

먼저, 모든 추론의 원리가 동일한 원리를 갖는 것이 불가능하다는 것을 언어상의 방식에 근거해서(logikōs) 고찰해 보도록 하자.[416]

(1) 왜냐하면 추론 중 어떤 것은 그 결론이 참이고 어떤 것은 거짓이기 때 [20] 문이다. 설령 참된 결론을 거짓인 전제로부터 추론한다고 하더라도, 이것은 한 번밖에 생기지 않는다. 예를 들어 A가 C에 대해 참이지만, 중항인 B가 거짓일 때, 즉 A가 B에 있지 않고, 또 B가 C에 있지 않을 때, 이런 일이 일 어난다. 하지만 이것들 전제의 중항(D, E)이 더욱 받아들여진다면, 이것들 중항을 받아들여 성립된 새로운 전제(AD, DB, BE, EC)는 거짓이 되는 데, 그것은 거짓인 결론은 모두 거짓인 전제로부터 나오고, 참인 결론은 참 [25] 인 전제로부터 나오지만,[417] 참인 것과 거짓인 것은 다르기 때문이다.[418]

다음에 (2) 거짓인 결론이 자신과 동일한 전제로부터 일어나지도 않는 다. 왜냐하면 거짓인 것은 서로 반대이고 동시에 있는 것은 불가능하기 때 문이다. 예를 들어 '정의는 부정하다'와 '정의는 겁쟁이다', '인간은 말이 다'와 '인간은 소이다', 혹은 '동등한 것은 그보다 크다'와 '동등한 것은 그 [30] 보다 작다'라는 거짓인 전제가 그렇다.

(3) 우리가 놓았던 것에서 출발하면 다음과 같이 논하게 된다. 모든 참 인 추론에 대하여 동일한 원리가 있는 것은 아니다. 왜냐하면 많은 추론

(hama) 파악해야만 한다.'

416 이 장은 논증을 통한 지식 확장의 한계에 대해서 논의하고 있다. 이 장의 문제는 그 모든 정리가 단일한 원리('이데아')로부터 파생되는 통일 학문의 비전을 설명하는 플라톤의 『국가』(제6권 511b)로 거슬러 올라간다(제1권 제9장 76a16-25; 『형이상 학』 제1권 제9장 992b24-33, 제4장 참조).

417 이 부분은 올바르지 않지만, 직전에 확인하고 있는 것이며 뻔하게 알고 있는 논 의일 것이다.

418 이 단락의 논의에 대해서는 『분석론 전서』 제2권 제24장 참조.

의 원리는 유에서 다르고 유를 넘어서 적용되지는 않기 때문이다. 예를 들어 '단위'는 '점'에는 적용되지 않는다. 왜냐하면 '단위'는 위치를 가지지 않지만, '점'은 갖기 때문이다. 그러나 어떤 종류의 원리를 다른 유에 적용 [35] 한다면, 중항에 적용할 것인가, 상위의 항의 큰 항 또는 하위의 항의 작은 항에 적용할 것인가, 즉 항의 몇 가지를 안에 두고, 몇 가지를 밖에 두는 것 중 하나가 필연적이다.[419]

(4) 그러나 공통의 원리 중 무엇인가가 거기에서 모든 사항이 증명되게 되는 원리일 수도 없다('공통의 원리'란, 예를 들어 '모든 것을 긍정할 것인가 88b 혹은 부정할 것인가'라는 것이다). 왜냐하면 '있다'라고 여겨지는 사항에는 서로 다른 유들이 있으며, 어떤 것은 '얼마인가'(양)라는 유에, 또 어떤 것은 '어떠한가'(성질)라는 유에만 속해 있으며, 이러한 유에 속하는 사항에 대해서 유를 넘어서지 않고[420] 공통의 원리를 통해 증명되기 때문이다.[421]

(5) 게다가, 원리가 결론보다 훨씬 더 적다는 것은 없다. 왜냐하면 전제 [5] 는 원리이고, 전제들은 항이 부가적으로 받아들여질지 삽입될지 하는 명제이기 때문이다.[422]

(6) 게다가, 결론은 수에서 무한정이지만 항은 한정되어 있다.[423]

---

419 어떤 유, 즉 어떤 학문 분야에 포함된 사항은 그 유의 내부에서 계층적으로 포함 관계를 이루며, 다른 유의 사항과 교차적으로 분류되지 않을 것이다.

420 즉, 그것들만을 가지고.

421 이 대목은 어떠한 카테고리아 안의 '유'를 초월한 공통 원리의 가능성보다, 더 나아가 '카테고리아'를 초월한 공통 원리의 (불)가능성을 논하고 있다.

422 아리스토텔레스는 여기서 (논증적) 지식이 에우클레이데스 기하학에서 나타나는 것과 같은 이른바 '공리론적 연역체계'로 그려질 수 없음을 자각하고 있다.

423 직전의 논의(5)에 반하는 것으로 보이며, 또한 아리스토텔레스는 논증되는 사항이 문자 그대로 '무한정'임을 인정하지는 않을 것이다. 아마도 추론에 의한 타당한 '결론'은 항의 수 n보다 훨씬 많다[(1/2n(n-1))]라는 주장일 것이다. Ross(p. 603)는 『분석론 전서』제1권 제25장 42b16-26의 '결론은 항보다, 또 전제보다 훨씬 많은 수로 성립한다'(26행)를 받아들여 (5)의 저술 시기가 선행된다고 논하고 있지만, 이 두

(7) 게다가, 어떤 원리는 어떤 사항이 있는 것이 필연이라고 하는 원리이지만, 어떤 원리는 어떤 사항이 있을 수도 또 없을 수도 있는 원리이다.[424]

이렇게 탐구하면, 결론이 무한정인데 원리가 동일하고 한정적이라는 [10] 것은 불가능한 것이다. 하지만 (a) 어떤 사람이 '원리가 같고 한정되어 있다'라고 하는 것을 뭔가 다른 방식으로 말하고 있다면, 즉 예를 들어 '이것들은 기하학의, 이것들은 산술 계산의, 이것들은 의술의 원리이다'라고 말하고 있다면, 그가 말하고 있는 것은 '각각의 유에 대한 지식에는 각각의 유에 고유한 원리가 있다'라고 하는 것 이외의 무엇일 수 있을까? '원리는 바로 그 자체로 원리와 동일하다'라는 이유로 '원리는 동일하다'라고 주장하는 것은 어리석은 일이다. 그렇다면 모든 것은 동일하고 한정되어 있기 때문이다.

그러나 또한, (b) '원리가 동일하고 한정되어 있다'라는 것을 '증명되는 [15] 것은 무엇이든 모든 원리로부터 증명되는 것이다'라는 것을 의미하는 것으로 주장하는 것은 '모든 증명되는 것에 대해 동일한 원리를 탐구하는 것'이 아니다. 그것은 너무나 어리석은 짓이다. 왜냐하면 이러한 것은 추론의 과정이 명백한 수학에서는 일어나지 않으며, 추론의 과정 분석에서도 가능한 것은 아니기 때문이다. 왜냐하면 무중항의 전제가 원리이지만, 이러한 전제와는 다른 결론이 생기는 것은, 적어도 또 하나의 무중항의 전제가 부가적으로 받아들여지기 때문이다.[425] 하지만 최초의 무중항의 전 [20] 제야말로 원리라고 말하는 사람이 있으면, 그러한 원리는 각각의 유에 하나가 있다.[426]

기술은 모순되지 않는다고 아리스토텔레스가 생각했을 가능성을 보여주고 있다.

424 '어떤 일이 있을 수도 있고 없을 수도 있다는 원리'라는 것으로 아리스토텔레스는 '대개의 경우에서'의 경우를 생각하고 있다.

425 미리 놓인 원리로부터 증명되는 것이 아니라 탐구 과정에서의 분석에 의해 원리가 밝혀진다. 즉 원리는 탐구 과정에서 새롭게 발견된다.

426 그것에 대해 논증이 이루어지는 '유'의 정의인 셈인데, 유가 다르면 원리가 다르

거기서 (c) '원리가 동일하고 한정되어 있다'라는 것이 '무엇이든 모든 원리로부터 증명되어야 한다'라는 것도, '각각의 지식이 다르듯이, 다른 지식에는 각각 다른 원리가 있다'라는 것도 아니라면, '모든 원리는 유사하지만, 이러한 특정 원리로부터는 이러한 특정 지식이, 저것들로부터는 [25] 저것들이 증명된다'라는 것인가 하는 것이 질문으로 남는다. 하지만 이것이 가능할 수 없다는 것도 명백하다. 왜냐하면 유에 있어서 다른 사항의 원리는 유에 있어서 다른 원리임을 증명하고 있기 때문이다. 즉 원리는 2종류가 있는데, '그것으로부터' 추론이 출발하는 원리와 추론이 '그것에 대하여'의 추론인 원리가 그것이다. '그것으로부터'의 원리는 공통이지만, '그것에 대하여'의 원리는 고유한 것이다. 후자는 예를 들어 '수'와 '크기'이다.⁴²⁷

제33장

[30] 지식이 될 수 있는 사항과 지식은, 생각될 수 있는 사항과 생각과 다음과 같은 점에서 다르다.⁴²⁸ 즉 지식은 보편적이고 필연적인 사항을 통해 이루어지는 것이며, 필연적인 사항은 다른 것일 수 없는 것이다.⁴²⁹

기 때문에 동일하지 않게 된다.
427 여기서 '그것으로부터의 원리'와 '그것에 대한 원리'는 각각 공통의 원리와 고유의 원리를 의미한다. 고유의 원리는 '동일하다'라는 논의이다.
428 이 장과 다음 장은 논증과 관련된 문제가 아니라, 각각 더 일반적이고 흥미 있는 인식론적인 문제들을 논하고 있다.
429 88b30~89a10은 다음과 같은 논의로 이루어져 있다(여기서 not은 '…인 것은 아니다' = ¬(…) = It is not the case that …)
  (1) not (A가 P라는 생각을 하는 경우에만 A는 P에 대한 지식을 가진다).
  이는 두 가지 전제에 근거한다.
  (2) 만일 A가 P에 대해 지식을 갖는다면, 필연적으로 P이다.
  (3) not (만일 A가 P라고 생각한다면, 필연적으로 P이다).

한편, 참일 수도 있지만 다른 것일 수도 있는 사항이 있다. 그렇다면 이러한 사항에 대해 지식이 없다는 것은 분명하다. 왜냐하면 이러한 사항에 대한 지식이 있다면, 다른 것일 수 있는 사항이 다른 사항일 수 없는 것이 되기 때문이다. 그러나 이러한 사항에 관계되는 것은 이성의 작용이 아니며(이성은 지식의 원리라고 나는 말하기 때문이지만), 또한 논증되지 않는 지식도 아니다[430](논증되지 않는 지식은 무중항의 전제 명제의 판단이다). 그런데 참된 것에는 이성과 지식, 생각, 그리고 이것들을 통해 이야기되는 사항들이 있다.[431] 따라서 생각이란 참이거나 거짓일 수 있는 사항에 관계되지만 다른 것일 수도 있다는 것이 남게 된다. 즉, 생각이란 무중항의 전제 명제이기는 하지만 필연적이지 않은 판단이다.[432] [35] [89a]

이것은 잘 알려진 현상[433]과도 일치한다. 그 생각은 불안정하고, 그 본 [5]

89a4까지의 논증은 우연이 다른 어떤 인지적 태도의 대상일 수 없다는 것을 근거로 생각의 대상이 우연을 포함한다고 논함으로써 이 전제를 뒷받침한다. 그리고 (3)이 실제로 아리스토텔레스의 염두에 있다는 것은 89a11-16에 의해 확증된다.

430 제1권 제3장 72b18-25 참조. '이성의 작용'과 '논증되지 않는 지식'이 나란히 놓여 있지만, Ross와 Barnes는 동의어로 해석하고 있다. 이것들이 다르다고 하면, '항'의 파악과 '무중항 명제'의 파악을 다른 인식 능력의 작용으로 생각하게 된다. 그러나 전자와는 별도로 후자를 실행하는 기능은 아리스토텔레스에게는 없으며, 적어도 명시적으로 지정되어 있지는 않다. 논증될 수 없는 지식을 파악하는 것이 이성의 작용이 아니라면, 가능성으로는 지혜(sophia)가 있을 수 있지만, 지혜는 논증적 지식뿐만 아니라 원리에도 관계되는 작용이다.

431 '이것들을 통해 이야기되는 사항'이란 Barnes가 말하는 것처럼 각각이 '참된 것으로' 인식되는 것을 말한다.

432 '생각'은 '무중항'이라고 되어 있다. 단, 이 맥락에서는 '중항'이란 '보편적인 원인'이므로, '무중항'이라는 점에서 바로 '생각'이 '추론과는 관계없는 것'이 되는 것은 아니다.

433 문자적으로는 '사물이 우리에게 어떻게 보이느냐'(phainomena)이며, 아리스토텔레스에게서 이 말은 종종 '통념'이나 '상식', '공통적으로 받아들여지는 믿음'으로 번역되는 경우도 있다.

성 또한 불안정하기 때문이다.[434] 거기에 덧붙여 '무슨 일인가에 대해 다른 것일 수 있음이 불가능하다'[435]라고 생각하고 있을 때에는, 누구도 생각하고 있다고는 생각하지 않고, 지식을 가지고 있다고 생각한다. 하지만 '실제로 그렇지만, 또, 다른 것일 수 있다고 하는 것을 아무것도 방해하지 않는다'라고 생각하고 있을 때에는, 사람은 생각하고 있다고 생각한다. 이러한 사항에 대해서는 생각이 있으며, 필연적인 사항에 대해서는 지식이 있다고 생각해서이다.[436]

[10]

그렇다면 어떻게 동일한 사항에 대해 생각하는 것과 지식을 가질 수 있을까? 또, 어떤 사람이 놓고 있는 것처럼, 사람이 아는 모든 것에 대해 다시 생각할 수 있다면, 왜 '생각은 지식이 아니다'가 되는 것일까? 아는 사람과 생각하는 사람은 무중항의 사항에 이르기까지 중항을 통해 동일한 길을 따라갈 것이기 때문이다. 그렇다면 아는 사람이 알게 된다면, 생각하는 사람도 알게 될 것이다. 즉, '그렇다'라고 생각할 수 있듯이, '그런 이유는 무엇인가'를 생각할 수 있는데, 이 '그런 이유는 무엇인가'야말로 지식을 가져다주는 중항이기 때문이다.[437]

[15]

혹은 이 문제에 대해 다음과 같이 대답할 수 없을까. 어떤 사람이 논증이 그것을 통해 이루어지는 정의를 갖는 방식으로[438] 달리 있을 수 없는 사항들을 판단한다면,[439] 그 사람은 생각이 아니라 지식을 갖게 될 것이

---

434 생각은 그 관계되는 사항도, 그 본래적으로도 '불안정'(abebaios)한 것이다.
435 즉, 어떤 주어진 주어에 대해 필연적인 술어를 가리키는 경우에 사용된 표현이다(89a20 참조).
436 어떤 사항이 '필연적인가', '불안정한가'는 여기에서 '생각한다'라는 인식 양상의 안쪽에 있는 것으로 논의되고 있다. 잘못해서 '필연적이다'라고 생각할 때에는 지식을 가지고 있다고 생각하게 된다. 따라서 89a11 아래의 물음이 된다. (4) A가 P라고 생각한다면, 필연적으로 P는 아니다. 각주 429 참조.
437 즉, 지식은 중항에 의해 성립되기 때문에, 중항을 생각할 수 있다면, 중항을 생각하는데 지식을 가지고 있지 않음이란 있을 수 없다는 주장이다.
438 Barnes와 함께 89a18의 echei를 읽는다.

다. 그러나 참이기는 하지만, 이러한 사항들이 정작 그 사항에 있는 것이, 그 사항의 본질이나 형상[440]에 따른 것이 아닐 때에는, 생각하는 것이지 참으로 지식을 갖는 것은 아닌 것이 된다.[441] 그리고 무중항적인 것을 통해서 생각한다면, '그렇다'는 것과 '그런 이유는 무엇인가'를 생각하지만, 무중항적인 사항을 통해서가 아니라고 생각한다면 '그렇다'라는 것만을 생각하게 되지 않을까?

 하지만 동일한 사항에 대해 생각과 지식이 있다고 해서, 모든 방식인 것은 아니다. 동일한 사항에 대해 거짓된 생각과 참된 생각이 어떤 방식인 것처럼,[442] 동일한 사항에 대해 지식과 생각이 어떤 방식일 수도 있다. 동일한 일에 대해 참된 생각과 거짓된 생각이 어떤 사람들이 말하는 방식이라면, 불합리한 일, 특히 '거짓된 방식으로 생각하는 사항에 대해 사람들은 생각하지 않는다'라는 불합리한 일을 떠맡게 되기 때문이다. 그러나 '동일한 사항'이라고 하는 것은 많은 방식으로 이야기되기 때문에, 동일한 사항에 대해 참된 생각과 거짓인 생각이 있다는 것은, 어떤 의미에서는 있을 수 있지만, 어떤 의미에서는 있을 수 없는 일이 된다. 즉, '정사각형의 대각선이 통약적이다'라고 참인 방식으로 생각하는 것은 불합리하다. 그러나 참된 생각과 거짓된 생각이 관련된 대각선은 동일한 대각선이기 때문에, 그런 의미에서 이 생각들은 동일한 대각선에 대한 생각이다. 하지만

[20]

[25]

[30]

---

439 '판단하다'는 종종 '생각한다'와 구별되지 않지만, 여기서와 같이 구별되는 경우에는 '지식을 가진다'와 '생각한다'를 포함한, 보다 포괄적인 마음의 자세를 말한다. 『혼에 대하여』제3권 제3장 427b16-28 참조.

440 이것은 그 사안의 설명(정의)을 말한다.

441 알기 어려운 논의다. 아리스토텔레스는 '정의'를 갖느냐 아니냐에 따라서, 사람이 지식과 생각에 있는 경우를 구별하려고 하며, '(정의를 가지고 있지 않으며) 사항의 본질이나 형상을 따르는 것이라고 판단하지 않을 때에는 …'이라는 취지로 논한 것으로 이해한다.

442 시점이 다르거나 생각하는 사람이 다른 경우(89a38-b7) 등을 생각할 수 있겠지만, 전형적으로는 동일한 사항의 다른 측면을 생각하고 있는 경우일 것이다.

89a

각각의 사항에서 정의(로고스)에 따른 '그것은 원래 무엇이었는가'라는 것은 동일하지 않다.[443]

    동일한 사항에 대하여 지식과 생각이 있는 경우에도 또한 마찬가지다. 즉, 지식은 '그것이 동물이 아닐 수 없다'와 같은 의미에서의 동물에 대한 것이고, 생각은 '그것이 동물이 아닐 수도 있다'와 같은 의미에서의 동물에 [35] 대한 것이다. 예를 들어 지식은 바로 인간인 것에 관한 것이지만, 생각은 인간인 것에 관한 것이 아닌 경우이다. 즉, 그것들은 '인간에 대해서이다'에서 같지만, '어떤 의미에서 인간에 대해서인가'에서는 동일하지 않다.

    이러한 점으로부터 동일한 사항에 대해 생각하는 것과 지식을 갖는 것이 동시에 있을 수 없음은 명백하다. 그럴 수도 있다면, 동일한 사항이 다 89b 른 것일 수 있음과 동시에 다른 것일 수 없다는 판단을 사람은 동시에 갖게 될 것이기 때문이다. 이는 그야말로 있을 수 없는 일이다. 왜냐하면 다른 사람에게 앞에서 말한 것과 같은 방식으로, 지식과 생각이 동일한 사항에 대해 있을 수 있지만, 동일한 사람에게는 그런 방식도 있을 수 없기 때문이다. 그러한 일이 있을 수 있다면, 예를 들어 '인간은 바로 동물이 [5] 다'(이것은, 인간은 '동물이 아닐 수 없다'는 것이었다)라는 판단과 '인간은 바로 동물인 것이 아니다'(이것은, 인간은 '동물이 아닐 수 있다'는 것이라고 하자)라는 판단을 동시에 갖게 되기 때문이다.

    여기서는 남겨진 문제[444]를 사고와 이성, 지식과 기술, 사려와 지혜, 각각에 어떻게 배분해야 하는지는, 오히려 일부는 자연에 대한, 또 일부는 윤리에 대한 고찰을 통해 이루어지는 일이다.[445]

---

443 '대각선이 통약적이다'인 경우와 통약적이지 않은 경우로 대각선의 정의가 바뀌는 것은 아니기 때문에, '동일한 대각선'에 대해서인데, '무슨 대각선인가'에 따라 진위가 달라지는 경우를 생각하고 있는 것으로 이해된다.
444 Barnes에 따라 아래에서 기술된 다양한 인식의 작용은 지향되는 대상으로 해석한다.
445 『혼에 대하여』 제3권 제4-7장, 『니코마코스 윤리학』 제6권 제3-7장에서 이루어

제34장

　명민함은 순식간에 중항을 포착하는 일종의 재능이다.[446] 예를 들어 '달 [10]
이 항상 빛나는 부분을 태양으로 향하고 있는 것'을 본 사람이, '그런 것은
왜인가'를, 즉 '달은 태양으로부터의 빛에 의해서 빛나기 때문이다'라는
것을 즉시 이성의 작용으로서 생각해 낸다면, 이러한 것이 명민함이다.
즉, 부자와 이야기하는 사람을 보고 돈을 빌리려고 하기 때문이라고 인식
하는 경우, 혹은 '그들이 친구인 것은 어째서인가 하면, 그들이 동일한 사
람의 적이기 때문이다'라고 인식한다는 것이다. 이 모든 것에서 명민한 사 [15]
람은 끝항을 알아봄으로써 원인인 중항을 인식하는 것이다.[447]

　'빛나고 있는 부분이 태양을 향한 부분인 것'을 A로 하고, '태양으로부
터의 빛으로 빛나는 것'을 B, '달'을 C로 한다. 이때 달인 C에는 B가, 즉
'태양으로부터의 빛으로 빛나는 것'이 있고, 그리고 이 B에는 A가, 즉 '태
양으로부터의 빛으로 빛나는 것'에는 '빛나고 있는 부분이 태양을 향한 부
분인 것'이 있다. 따라서 B를 통해 A가 C에 있게 된다. [20]

지고 있다.

446 여기서 이 말은 올바른 원인을 포착하는 능력이란 의미로 쓰였다. 명민함(a[n]g-
chinoia, '빠르게 생각함')에 대해서는 『니코마코스 윤리학』 제6권 제9장 1142b5-6
참조. 플라톤은 『카르미데스』 160a에서 이 말을 '혼의 어떤 재빠름'(oxutēs tēs psu-
chēs)으로 정의한다.

447 '모든 경우에 그는 원인으로 보이는 중항을 파악한다'(Pacius). 매우 흥미 있는
논점이다. 제1권 제31장에서의 논의와는 대조적으로 '단순히 무엇인가를 알아본다'는
것이 '그 원인을 인식'하는 데에 다른 것이 필요하지 않다는 의미에서, '충분한' 경우
가 있음을 시사하기 때문이다. 물론 여기서 '보고 알다'라는 것이 이른바 '감각'으로서
의 '보다'라는 의미도 아니며, 여기서의 인식이 (논증적인) '지식'이라고 말할 수도 없
을 것 같다. 제2권 제2장 참조.

제2권

제1장

우리가 탐구하는 사항은 그것에 대해 우리가 지식을 갖는[1] 사항과 수에 89b23
서 같다. 그런데 우리는 네 종류의 사항을 탐구한다. 즉, (1) 어떤 일이 '그
런가'[사실], (2) 그 사항이 '그러한 이유는 무엇인가?', (3) 어떤 것이 '있
는지 없는지', 그리고 (4) '그것은 무엇인가'이다.[2]

---

1 여기서 '지식을 가진다'는 엄격한 의미에서의 '논증적으로 지식을 가진다'에 한정
되어 있지 않다. 우리가 사용하고 있는 말의 '일상적인 의미'와 아리스토텔레스 자신
이 분석한 '철학적 의미' 사이에서 그 말의 의미가 형성되고 있다.

2 각각 (1) '술어항 P는 주어항 S에 속하는가'(사실, to hoti), (2) '왜 P는 S에 속하
는가'(이유, to dioti) (3) '주어항 S가 있는가'(ei estin) (4) '주어항 S는 무엇인가'(ti
estin)라는 물음이다. (1)과 (3)은 물음의 형식이 아니라 내용에 따라 구별된다. 사실
상 (1), (3), (4)는 단적인 지식이 엄밀하게 '논증적 지식'에 한정된다면, 단적으로는
그 지식을 가질 수 있는 것이 아니다. 확실히 (1)은 논증될 수도 있지만, 그것은 전형
적으로는 기하학에서의 '작도'(作圖)와 같이 실질적으로는 (2)가 나타나는 경우이다.
주어항으로 한정되는 (3)이 논증되는 것은 (2)의 논증에 의해 간접적으로 나타나는
경우 이외에는 없다. 또한 (4)는 정의이며 엄밀하게는 논증될 수 없는 것으로 논하게
된다. 요컨대, 물음 (1)과 (2)는 주제의 '속성'에 대해 묻는 것이고, 물음 (3)과 (4)는

177

[25]   왜냐하면 우리는 (1) '어떤 사항이 이러한가, 아니면 저러한가'라고 수(數)를 세워서³ 탐구할 때, 예를 들어 '해는 식(蝕)을 겪고 있는가, 아닌가'라고 탐구할 때 어떤 사항이 '그러한가'를 탐구하고 있기 때문이다. 실제로 그렇다는 증거는 이렇다. '해는 식을 겪고 있는가, 아닌가'를 탐구하고⁴ 있을 때, '해가 식을 겪고 있다'라는 것을 발견하면, 우리는 탐구를 멈춘다. 또 해가 식을 겪고 있다는 것을 처음부터 알고 있다면, 우리는 애초에 그런 것인지 아닌지를 탐구하지 않는다. 이에 대해 (2) '그렇다'[사실]는

[30]   것을 알 때, 우리는 '그런 것은 왜인가'라는 이유를 탐구한다.⁵ 예를 들어 '해가 식을 겪고 있다'라거나 '지구가 움직이고 있다'라는 것을 알 때, 우리는 '해가 식을 겪고 있는 것은 왜인가'라거나 '지구가 움직이고 있는 것은 왜인가'를 탐구한다.⁶

그런데 이러한 사항 (1), (2)를 이런 식으로 탐구하되, 어떤 종류의 사

주어 자체에 대해 묻는 것이다. 아리스토텔레스의 예는 이러한 해석을 뒷받침한다. '사실' 및 '이유'의 물음의 예는 '해는 식을 겪고 있는가?'와 '왜 해는 식을 겪고 있는가?'를 포함한다. (3)과 (4)의 예는 '신이 존재하는가?', '신이란 무엇인가?'를 포함한다.

3 '수를 세워서'(eis arithmon thentes)는 전통적으로 '복수의 항(즉, 주어항과 술어항)을 세워서' 혹은 '매거해서'라는 뜻으로 해석되어 왔다. 여기선 문자적으로 번역했다.

4 사실(to hoti)을 탐구하는 것.

5 즉, Q 때문에 P라면, P이다. 갑이 'Q 때문에 P'라는 것을 알면, 갑은 P라는 것을 안다. '왜 P인가?'를 묻는다면, P라는 것을 전제한다. p라는 경우를 받아들이지 않는다면, '왜 P인가?'를 묻는 것은 가능하지 않은 것은 아니지만, 쓸모없는 일이다. P라는 지식을 갖고 있다면, 'Q 때문에 P'라는 것을 아는 것이다. 따라서 갑이 '왜 P인가?'를 물을 때, 그는 P라는 것을 알지만(혹은 참으로 전제하지만), P라는 것에 대한 지식을 갖지 않은 것이다. 제2권 제8장 93a17, 제10장 93b32 참조.

6 아리스토텔레스에게서는 특정한 개체에 대해 성립하는 것, 예를 들어 '소크라테스는 170센티미터이다'라는 부대적인 사항, 또 '소크라테스는 여행지에서 우연히 친구를 만났다'라는 '우연적인 사항'에 대해 지식을 갖는 것이 논증적으로 말해지는 것은 없다고 여겨지지만, 그래도 이런 종류의 물음은 일단 성립한다.

항 (3)에 대해서는 다른 방식으로 탐구한다. 예를 들어 '켄타우로스나 신이 있는가, 아니면 없는가'라고 탐구한다.[7] 여기서 '있느냐, 있지 않느냐'라는 것은 단적으로 '있느냐, 아니면 없느냐' 하는 것이지, '하얗게 있는가, 아니면 하얗지 않게 있는가' 하는 것은 아니다.[8]

그리고 '그것이 있다'라고 인식하고 있을 때, 우리는 (4) '그것은 무엇인가'를 탐구한다. 예컨대 '그럼, 신이란 무엇인가'[9], '인간이란 무엇인가'를 탐구한다.[10]

[35]

---

7 (1) '해가 식을 겪고 있는가'라는 물음을 '일식이 있는가'라는 형식으로 따지게 되며, (3)의 물음이 된다. 여기서 아리스토텔레스는 먼저 물음의 문장 형식에서 묻는 것을 구별하고 있으며, 미리 어떤 기준에 의해 '사물'(실체)로 여겨지는 사항과 '있음'(사실)으로 여겨지는 사항을 구별하고 있지는 않다. 명사(항)에서 가리키는 사항과 문장에서 나타내는 사항의 '그런 것'에 대한 물음을 구별하고 있다. 물론 '어떤 종류의 것(실체)'은 '무엇인가에 대해서 성립하고 있는 것(사실)'이 아니라는 것이 아리스토텔레스의 '실체론'의 핵심 중 하나이기 때문에 (1)과 (3)의 물음이 같아지는 것은 아니다.

8 예를 들면 '흼'을 주어항으로 해서 '흼이 있는가'라고 묻는다고 해서 (3)의 물음이 되는 것은 아니다. '실체'와 그 이외의 카테고리아에 속하는 것은, 문장 형식에서는 같은 지위에 있다고 해도, 여기에서는 '단적으로 있는가, 없는가'라고 하는 논점에 의해서 구별되고 있다.

9 아리스토텔레스는 '신이 있다'라고 '생각하고 있었다'뿐만 아니라 '인식하고 있었다'고 한다. 도대체 어떻게 그런 인식에 이르렀을까. 무엇보다 천구의 '별'이 '신'이라면, '신이 있다'라고 인식하고 있었다는 것에 어떤 이상함이 없다. 한편, '켄타우로스란 무엇인가'라는 물음은, 아마 의식적으로 제외하고 있을 것이다. 나중에 제2권 제8장에서 논의하듯이 존재하지 않는 것에 대해서는 '무엇인가'를 물을 수 없기 때문이다.

10 탐구 과정은 3단계로 이루어진다.

물음 (1)-(2)에 대하여:

1단계: S가 P인지 여부는 알 수 없으며, 그것이 있는지를 탐구한다.

2단계: S가 P라는 것을 알지만, 그 이유는 모르며, 왜 그런지를 탐구한다.

3단계: S가 P인 이유를 안다.

물음 (3)-(4)에 대하여:

1단계: S가 존재하는지 여부를 알지 못하며, 그것이 존재하는지를 탐구한다.

제2장

이렇게 해서 우리가 탐구하고 그것을 발견했을 경우에 아는 것은, 이러한 것들이며, 수(數)에서는 이것들뿐이다. 이러한 탐구를 하는 중에, (1) 어떤 것이 '그러한가'나, (3) 어떤 무언가가 단적으로 '있는가'를 탐구할 경우에는, '그 사항의 중항이 있는가, 없는가'를 우리는 탐구하고 있는 것이다. 그리고 어떤 사항이 '그러한가'[사실]라는 것이나, 어떤 것이 '있는지 없는지'('있다'라는 것이 '부분적으로'이든, 혹은 '단적으로'이든)를 인식하고 있으며, 게다가 (2) 그 어떤 사항이 '그런 것은 왜인가'라거나, (4) 그 무언가가 '무엇인가'를 탐구할 경우에는, '그 중항이 무엇인가'를 우리는 탐구하고 있다[11](어떤 사항이 '그러한가'에 대해서, 그것이 '부분적으로'인지 '단적으로'인지를 구별했는데, '부분적으로'라고 할 때에는 '월식을 겪고 있는가?'라든가 '달이 차고 있는가?'를 묻는 것이다. 이러한 물음의 경우에서, '달에 식(蝕)과 차오름(增)이 있는지, 아니면 없는지'를 우리는 탐구하고 있기 때문이다. 이에 반해, '단적으로'라고 할 때에는, '달이 있는가'라든가 '밤이 있는가'를 탐구하고 있다).[12]

2단계: S가 존재한다는 것은 알지만, S가 무엇인지 모르고 그것이 무엇인지를 탐구한다.

3단계: S가 무엇인지를 안다.

11 각주 2에서, (1)과 (3)은 **(A)** '중항이 있는가?'로 환원되며, (2)와 (4)는 **(B)** '그 중항은 무엇인가?'로 환원된다. (1)의 경우에, **(B)**는 '[(X가 Z이고 Z가 Y이다)⊢(X는 Y이다)]가 논증적 추론인 것과 같은 Z가 있는가?'라는 형식을 갖는다.

12 제2권 제1장 89b33 참조. (3) '있는지 없는지'라는 물음에서 '단적으로' 주어항에 있을 수 있는 경우와 그렇지 않은 사항을 구별하고, 후자에 대해서는 그것이 주어항에 있다고 해도 그 '있는지 없는지'는 '부분적으로' 한정된 의미라고 말하고 있다. '월식'이나 '만월'은 주어항에는 있지만 엄밀하게는 '단적으로' 그것이 '있는지 없는지'가 물어지는 유의 사항은 아니라고 여겨진다. 무엇보다 여기에서는 '밤'이 '단적으로 있는가, 없는가'가 물어지는 사항으로서 거론되고 있다. '단적으로 있다'라는 것은 '실

그래서 이것들 모든 탐구에서 '중항이 있는지 없는지' 혹은 '그 중항이 [5]
란 무엇인지'를 탐구하고 있는 셈이다.[13] 왜냐하면 중항이 원인이며,[14] 모
든 경우에 원인이 탐구되기 때문이다. '달의 식은 무엇인가?'를 탐구하는
것은 '어떤 원인이 있는가, 아니면 없는가'를 탐구하는 것이다. 이것을 탐
구한 후에 '어떤 원인이 있다'라고 인식하면, '그럼 그 원인이란 무엇인가'
를 우리는 탐구한다.[15] 왜냐하면 탐구되는 원인은 중항이며, 즉 '이것이다'
라거나 '저것이다'의 원인이 아니라, '[[실체에]] 단적으로 있다'[16]라는 것 [10]
의 원인이거나, 혹은 단적으로는 아니지만 그 자체로서 있는 사항 중의 무
언가로 있는 것의 원인이거나 부대적으로 있는 사항 중의 무언가로 있는

체'라고는 할 수 없다고 생각된다.

13 '중항'에 대한 탐구는 원인인 중항을 탐구하는 것이다. 즉 논증적 증명에서 격일
수 있는 중항에 대한 탐구이다. 아리스토텔레스의 관심은 누군가가 물을 수 있는 질
문이 아니라, 자신의 관점에서 학문적 탐구에 적합한 질문에 놓여 있다.

14 즉, '어떤 사실 p_1과 p_2에 대해, 만일 p_1이 p_2의 원인이라면, AaC는 p_2를 표현하
고 중항이 p_1을 표현하는 것과 같은 논증적 추론 AaB, BaC⊢AaC가 있다.' 따라서 우
리는 항상 원인을 요구하기 때문에, 항상 중항을 추구하며, (1)-(4)는 **(A)**와 **(B)**로 환
원되기 마련이다(Barnes, p. 205 참조).

15 아리스토텔레스는 4가지 탐구 형식에서 '원인' 탐색을 강조한다. (1)이나 (3)을
탐구한다는 것은 'S가 P인 이유'나 혹은 'S가 존재하는 이유'를 설명하는 '원인'이 있
는지를 탐구하는 것이다. 그리고 (2)이나 (4)를 탐구한다는 것은 우리가 이전에 확립
했던 그 존재의 원인이 무엇인지를 탐구하는 것이다. 아리스토텔레스가 속성과 관련
된 물음과 주어에 관련된 물음을 지속적으로 구별하고 있음에 주목할 필요가 있다.
즉, 그 구별은 '부분적으로'인지(epi merous)('S가 P인지 여부') 및 '단적으로'인지
(haplōs)('S가 존재하는지 여부')라는 용어로 표현된다. 이와 동시에 아리스토텔레스
는 이 탐구의 공통된 방향이 원인, 즉 '중항'을 향하고 있음을 강조하고 있다.

16 Barnes는 '실체에'(tēn ousian)를 삭제하고 있다. 삭제하면 '실체에 대해서 그 자신
이 아닌 어떤 중항으로 여겨지는 원인이 있다고 아리스토텔레스가 적극적으로 생각하는
것이 된다'와 관련된 문제의 일부는 사라진다. 즉, 여기서 '단적으로 있다'라고 여겨지는
것은 '항'에서 나타내는 것과 같은 사항 일반의 것이라고 이해할 수 있기 때문이다. 그러
나 실체에 대해서도 중항을 인정하게 된다는 문제가 모두 사라지는 것은 아니다.

것의 원인이기 때문이다.[17] '단적으로 있다' 란 기체가 있는 것, 예를 들어 달이나 지구, 태양이나 삼각형이 있는 것이다.[18] 그에 반해, '무언가로 있다' 란 월식이나, 동등함과 동등하지 않음, [즉, 월식에 대해 부연해서 말하면,] 지구가 해와 달의 '중간에 있는가, 있지 않은가' 라고 하는 것이다.

[15]   이 모든 경우에서, '그것은 무엇인가' 와 '그런 것은 왜인가' 가 동일한 것임은 분명하기 때문이다.[19] '식이란 무엇인가?' '지구의 차단에 의한 달빛의 결여이다.' '식이 있는 이유는 무엇인가?' 혹은 '월식을 겪고 있는 이유는 무엇인가?' 지구에 가로막혀 빛이 소실되기 때문에. 소리의 조화란 무엇인가? 고음과 저음 사이에 있는 수의 비(比, 로고스)이다. 고음이 저음에 [20] 조화를 이루는 이유는 무엇인가? 고음과 저음이 수의 비례를 가지기 때문에. 고음과 저음은 조화를 이룰 수 있는가? 고음과 저음 사이에 수에서의 비례가 있는가? 이 모든 경우에서, 그것이 있다는 것을 받아들이면, 그럼 그 비례는 무엇인가라고 묻게 된다.

        탐구가 중항에 관한 것이라는 것은 중항이 감각되는 경우에는 분명하 [25] 다. 우리는 중항을 감각하지 않을 때, 중항을 탐구하기 때문이다.[20] 예를

---

17 부대적으로 있는 사항의 경우, 이 중항은 논증적 지식 탐구의 대상이 되지 않는다. 여기에서는 원인, 혹은 중항은 모든 것이 될 수 있는데, 그것을 '아는' 것이 논증에 의한 '지식을 갖는' 것이라고는 말할 수 없다. 논증되지 않는 원인인 중항에 대해서는 제2권 제8장 참조.

18 '기체' 로서 달, 지구, 해와 같은 표준적인 실체뿐 아니라 삼각형이 이야기되고 있다. 제2권 제7장, 제10장 참조.

19 이 동일시를 어떻게 이해할 것인가는 다양하게 논의되어 왔다. '그것은 무엇인가' 에서 '그것' 이 무엇을 가리키는지, 또 '그런 것은 왜인가' 에서 '있다' 는 어떻게 있는 것인가? 아리스토텔레스는 중항의 탐구라는 논점을 근거로 하기 때문에, '그것' 은 어쨌든 주어항에 있을 수 있는 사항, '있다' 가 '부분적으로' 이든 '있다' 라고 생각되는 사항의 경우, 즉 중항이 있는 경우를 주로 생각하고 있다는 것은 확실하다. 그러나 이 장의 정리(91a31-34)에서는 중항이 없다고 생각되며 (또한 실제로 나중에 그렇게 논의되는) '단적으로' 있는 경우도 포함하고 있다.

20 즉, X가 Y라는 것을 관찰하면서, 실제로 중항 Z를 인식한다면, "왜 X는 Y인가?"

들어 식에 대해, '중항이 있는지, 아니면 없는지'를 탐구한다. 하지만 만일 우리가 달 위에 있었다면, 우리는 '식이 생기고 있는가'라는 것도, '왜 생기고 있는가'라는 것도 탐구하지 않았을 것이다. 이러한 사실은 동시에 분명했을 것이기 때문이다. 즉, 달 위에 있었다면 우리는 감각을 통해 월식이라는 보편적인 사항을 알았을 것이기 때문이다. 달 위에 있었다면 감각이 '지금 지구가 가로막고 있다'는 것을 밝히고 있기 때문이다(또한 '지금 달이 식을 겪고 있다'는 것도 분명하기 때문이다). 이것으로부터 월식이라 [30] 는 보편적인 사항이 생겼을 것이다.

　이렇게 해서 지금까지 말해 왔듯이, '그것은 무엇인가'를 아는 것은 '그런 것은 왜인가'를 아는 것과 같은 것이다. 이 같다는 것은 단적으로 있으며 다른 무언가에 대해 있는 사항이 아닌 것에 대해서도, 다른 무언가에 대해 있는 사항에 대해서도, 예를 들면 '2직각이다'라든가 '더 크거나 더 작다'라고 한 것에 대해서도 그렇다.

제3장

　그래서 모든 탐구되는 사항이 중항의 탐구임은 분명하다. 그럼 '무엇인 [35] 가'는 어떻게 증명되는 것인가', '무엇인가로 이끄는 방식은 무엇인가', '정

라는 물음에 대한 답을 찾지 않을 것이다. 따라서 이 경우 Z를 갖는 것은 원인을 아는 것이다. 일반적으로 중항은 원인이다. 그러나 단 한 번의 봄이 '원인'을 가져오지는 않는다(제1권 제31장 87b39-40). 모든 보편적 지식은 일련의 감각 지각으로부터 나오며(제1권 제18장), 따라서 모든 중간 항이 알려질 수 있다면, 중항은 감각 지각이 가능하다. 그렇다면 어떤 경우에는 중항을 찾을 필요가 없을 것인가? 달에 거주하는 주민이 있다면, 식(蝕)의 관찰에 지구의 개입 관찰이 포함될 것이다. 그래서 여러 번의 식을 관찰함으로써, 그는 동시에 중항에 대한 지식을 얻게 될 것이다. Barnes의 지적처럼, 이 예는 좀 교묘한 것이다. 왜냐하면 달에 사는 사람은 월식을 거의 관찰하지 못하기 때문이다(p. 206 참조).

의(定義)란 무엇이며, 무엇에 관한 것인가'라고 하는 문제에 대해, 먼저
이 문제들의 어려움을 분석하면서 이야기해 보기로 하자.[21] 나중에 이어
지는 논의에[22] 가장 적합한 사항을, 지금부터 논하는 것의 시작으로 삼기
로 하자.

　혹은 사람은 다음과 같은 것을 난제(難堤)로 삼을 것이다. 즉, '동일한
사항을, 동일한 점에 따라서 정의에 의해서도 또 논증에 의해서도 알 수
있는가, 아니면 그것은 불가능한가'라고 하는 문제이다.[23]

　[우선, (1) 논증이 있는 것에 대해 정의도 있는지를 검토하자.] 왜냐하
면 이것이 문제가 되는 것은 정의가 무엇인가에 대한 것이라고 생각되
[5] 고 있으며, 무엇인가는 모두 보편적으로 긍정하는 술어인데, 논증이 관
련된 추론 중 어떤 것은 결론이 부정의 추론이고, 또 어떤 것은 보편적이
지 않기 때문이다. 예를 들어 제2격 추론에서는 그 결론은 모두 부정이며,
제3격에서는 보편적이지 않다.

　다음으로, 제1격 결론에서 술어 되는 모든 사항에 대해 정의가 있는 것

21　여기부터 시작되는 '정의의 논증 가능성'의 검토는 제2권의 핵심 논의이다. 제2권
제3-7장은 문답법적인 분석과 해결이다. 제8-10장에서는 보다 직접적으로 아리스토
텔레스의 입장이 표명된다.

22　90b1의 tōn echomenōn logōn('나중에 이어지는 논의')을 문자적으로 옮긴 '나중
의 논의'가 아닌 '바로 앞선 논의'로 이해하자는 Barnes의 주장은 내용상으로는 맞지
만, 텍스트상으로는 어렵다. Barnes는 제3장과 제1-2장을 연결하는 고리를 이렇게
설명한다. "네 가지 유형의 질문에 대답하려면, 중항을 찾아야 한다. 그리고 '이것은
무엇인가'를 나타낸다. 그렇다면 무엇인가를 나타내는 참된 중항을 찾았다는 것을 어
떻게 보여줄 수 있을까?"

23　이 물음은 '정의에 대한 논증이 있는가?'라는 물음으로 모아진다. 아리스토텔레스
의 답변은, 예에 따라서 '어떠한 의미에서는 있고, 어떤 의미는 아니다'라는 것이 되지
만, 가장 핵심이 되는 '실체(의 본질)'에 대해서는, 최종적으로는 '없다'라는 것이다.
본문에서는 3가지로 나누어 물음을 묻는다. (1) 논증이 있는 것에 대해 정의도 있는
가? (2) 정의가 있는 모든 사항에 대해 논증이 있는가? (3) 정의와 논증이 모든 사항
에 대해서는 아니라고 해도 어떤 사항에 대해서는 동일한 것일까?

은 아니다. 예를 들어 '모든 삼각형은 2직각과 같은 각을 갖는다'라는 결론의 술어에 대한 정의는 없다. 그 이유(로고스)는 논증될 사항에 대한 지식을 갖는 것은 그 사항에 대한 논증을 갖는 것이기 때문이다. 따라서 이러한 사항들에 대해서는 논증이 있으므로, 그러한 사항들에 대해 또한 정의가 없을 것임이 분명하다. 그렇기에 어떤 종류의 사항에 대해 사람이 논증을 갖지 않더라도, 정의에 따라서 그 사항에 대한 지식을 가질 수 있기 때문이다.[24] 왜냐하면 정의와 논증, 양자를 동시에 갖지 않아도 아무런 지장이 없기 때문이다. 또한 귀납에서 출발하여 믿음을 얻는[25] 것으로도 충분하다. 왜냐하면 우리는 그 자체로서 있는 사항에 대해서든 또 부대적인 사항에 대해서든, 아직까지 정의함으로써 그것들을 인식한 적이 전혀 없기 때문이다.

또한 정의가 어떤 것의 본질[26]을 인식시키는 것이라면, 지금까지 논해 온 사항과 같은 것이 본질이 아님은 명백하다.

그렇다면 (2) 그것에 대해 정의가 있는 모든 사항에 대해 논증이 있는 것일까, 아니면 그렇지 않은 것일까?

이 사항에 대해서도 앞과 동일한 한 가지 이유가 있다. 즉, 한 가지 사

---

24 여기서는 논증에 의하는 것이 아니라 '지식을 가진다'라는 것, 즉 정의에 의해서 '지식을 가진다'라는 가능성이 논의되고 부정되고 있다. 아리스토텔레스의 술어로서의 '지식을 가진다'가 아니라 '알다'(eidenai)로 치환할 수 있는 '알다'라고 한다면, 정의에 따라 아는 것에는 문제가 없다. 일관되게 epistēmē 계열의 말에 '지식'(을 갖다)이라는 번역을 붙인 것은 단지 '알다'라고만 번역하면 드러나지 않는 문제를 나타내기 위해서이다.

25 '믿음'은 '사유하다'(noein)와 마찬가지로 참을 파악하는 마음의 성향으로 생각된다. 그렇다고 사유하는 것에서는 잘못이 없지만, 믿음을 갖는 것에서는 잘못의 가능성은 배제되고 있지 않다.

26 여기서의 논의가 '본질'이라고 번역한 ousia를 보다 한정하여 '실체'라고 번역해도 마찬가지로 (더욱 강력하게) 성립하지만, 그렇게 한정되지는 않고 오히려 일반적으로 '본질'의 논증 불가능성이라고 하는 맥락에 서 있다.

항인 한, 한 가지 사항에 대해서는 한 가지 지식이 있다. 따라서 논증될 사항에 대한 지식을 갖는 것이 논증을 갖는 것이라면, 무엇인가 불가능한 일이 귀결될 것이다. 왜냐하면 정의를 가진 사람은 [논증될 사항에 대한 지식을 갖는 데 필수적인] 논증을 하지 않고 그 사항에 대한 지식을 갖게 될 것이기 때문이다.

[25] 게다가 논증의 원리는 정의이며, 원리에 대해서는 앞서 증명된 것이지만 논증이 없을 것이다. 그 이유는 논증의 원리가 논증된다면 원리의 원리가 있게 되고, 이러한 것이 무한히 계속되거나, 아니면 첫 번째 원리는 논증되지 않는 정의가 되는 것이다. [후자이다.]

그러나 (3) 정의와 논증이 모든 사항에 대해서는 아니라고 해도 어떤 사항에 대해서는 동일한 것일까, 아니면 이런 것도 불가능한 것일까? 즉, [30] 그것에 대한 정의가 있는 사항에 대해서는 논증이 없기 때문이다. 왜냐하면 정의가 무엇인가에 대해서, 즉 그 본질에 관한 것이지만, 분명히 모든 논증은 '무엇인가'를 밑에 놓고(가정하고) 받아들이고 있기 때문이다. 예를 들어 수학적 논증은 '단위란 무엇인가'나 '홀이란 무엇인가'를 받아들이고 있으며, 다른 논증들도 마찬가지이다.

또, 모든 논증에서는 어떤 무언가에 대하여 다른 무언가가 있음을 증명한다. 즉, 어떤 사항 A에 대해 그 A가 B인지 아닌지를 증명한다. 그러[35] 나 정의에서는 [피정의항 A와 정의항 B는 동일하며] 어떤 사항 B가 그와는 다른 사항 A에 대해 술어가 되는 관계는 없다. 예를 들어 '동물인 것'이 '두 발인 것'에 대해, 그리고 '두 발인 것'이 '동물인 것'에 대해 술어가 되지 않는다. 또한 '도형인 것'이 '평면인 것'에 대해 술어가 되지도 않는다. 왜냐하면 평면인 것은 도형인 것이 아니고, 도형인 것은 평면인 것이 아니기 때문이다.[27]

---

27 Barnes와 같이 정의항(definiens) 안의 '항'의 관계('두 발인', '동물')를 논하고 있는 것으로 해석하지 않는 한, 기묘한 논의가 된다(p. 208 참조). 헬라스인들은 '평

게다가, '그것은 무엇인가'를 증명하는 것과 있는 것이 '그것이 그렇다'는 것을 증명하는 것은 다르다. 정의는 '그것은 무엇인가'를 밝히고, 논증은 '이 사항이 저 사항에 대해 있거나 없다는 것'을 밝힌다. 그리고 어떤 논증이 전체적인 논증의 부분이 아닌 한, 다른 것에는 다른 논증이 있다. 즉, 내가 이것에 의해 의미하는 바는, 예를 들어 삼각형이 모두 2직각이라는 것이 증명되었다면, 이등변 삼각형이 2직각이라는 것은 증명되어 있다는 것이다. 즉, 이등변 삼각형은 부분이고 삼각형은 전체이기 때문이다. 그러나 여기서 문제가 되고 있는 것, 즉 어떤 것이 '그렇다는 것'과 '그것은 무엇인가'와는, 서로에 대해 그러한 관계를 갖지 않는다. 왜냐하면 한쪽이 다른 쪽의 부분인 것은 아니기 때문이다. [5]

이렇게 해서 (1) 그것에 대해 정의가 있는 모든 것에 대해 논증이 있는 것은 아니며, 또 (2) 그것에 대해 논증이 있는 모든 것에 대해 정의가 있는 것도 없으며, (3) 더욱이 일반적으로 동일한 사항에 대해서는 그것이 무엇이든 정의와 논증의 양자를 갖는 것은 있을 수 없다는 것은 명백하다. 따라서 정의와 논증은 같지 않으며, 한쪽이 다른 쪽 안에 있는 것이 아닌 것도 분명할 것이다. 왜냐하면 만일 그렇다면 정의와 논증이 관련된 여러 기체 또한 마찬가지의 관계에 있었을 것이기 때문이다. [10]

제4장

이러한 난제에 대해서는, 여기까지 나름대로 분석했다고 하자. 그렇다면 '그것은 무엇인가'에 대해 추론이나 논증이 있는 것일까, 아니면 방금

면 도형'에 대한 용어를 가지고 있지 않은 것 같다. 아마도 아리스토텔레스가 염두에 두고 있는 정의는 '세 직선으로 둘러싼 평면 도형'이라는 삼각형의 정의일 것이다. 그는 '도형인 것은 평면인 것이 아니다'라고 말한다. 부주의한 사람은 '평면이 아닌 도형'의 존재를 잊어버릴 수도 있으니까.

187

의 논의(로고스)²⁸가 가정한 것처럼 없는 것일까?

[15]   추론이란 중항을 통해 어떤 사항에 다른 어떤 사항이 있음을 증명하는 것이다. 한편 '그것은 무엇인가'는 각각의 사항에 고유한 사항으로,²⁹ '그것은 무엇인가' 안에 술어 되는 것이다. 이것들은 교환될 수밖에 없다. A가 C에 고유하다면, A는 B에도, 그리고 B는 C에 고유할 것이 분명하며, 따라서 모든 항이 서로 고유한 것이 된다. 그러면 나아가 A가 모든 B의 '그것은 무엇인가' 안에 있고, B가 C의 '그것은 무엇인가' 안에 있고,
[20]   모든 C에 대해 보편적으로 말해진다면, A가 C의 '그것은 무엇인가' 안에 있고, C에 대해 말해지는 것은 필연이다. 하지만 이와 같이 이중적인 방식으로 전제를 받아들이려 하지 않고, 즉 A가 B의 '그것은 무엇인가' 안에 있더라도 B가 그것에 대해 있는 모든 것에 대해, 그 '그것은 무엇인가' 안에 없다면, A가 C에 대해, C의 '그것은 무엇인가' 안에 술어 되는 것은 필연이 아닐 것이다. 이러한 전제는 어느 쪽이나 '그것은 무엇인가'를 갖게 될 것이다. 그래서 B 또한 C에 대해 C의 '그것은 무엇인가'가 될 것이다.

[25]   그래서 양쪽의 전제 AC, BC가 C의 '그것은 무엇인가', 즉 '그것은 원래 무엇이었는가'를 포함하고 있다면, '그것은 원래 무엇이었는가'가 이미 중항에 관련되어 있는 것이 될 것이다. 일반적으로 말해서, 예를 들어 '인간이란 무엇인가'를 증명할 수 있다고 해서, C를 '인간', A를, '두 발 동물'이든 다른 그 무엇이든, 인간의 '그것은 무엇인가'라고 하자. 그런데 이때, C는 A라고 추론된다면, B의 모든 것에 대해 A가 술어가 되는 것은 필연
[30]   이다. 하지만 이 경우, 이 B가 A와는 다른 또 다른 정의(로고스)가 되어 중항이 될 것이다.³⁰ 따라서 이 B 또한 인간이란 무엇인가가 될 것이다.

---

28 즉, 제3장에서 논의한 것.

29 '고유한 사항'(idion)은 넓은 의미에서는 주어와 술어 두 항을 교환할 수 있는, 즉 '외연'을 같이하는 사항이다. 하지만 좁은 의미에서는 '정의항'이 될 수 없는 사항이다.

30 Ross의 touto로 받아들이는데, Barnes, Charles(p. 181)은 toutou를 채택한다.

이렇게 해서 이러한 추론을 하는 사람은 증명해야 할 것을 미리 받아들이고 있는 것이 된다. 왜냐하면 B는 '인간이란 무엇인가'일 것이기 때문이다.

  이 점에 대해서는 두 가지 전제에 대해서, 그것들이 첫 번째의, 무중항의 전제인 경우를 탐구해야 한다. 앞서 말한 것이 특히 명백해지기 때문이다.

  '혼이란 무엇인가'라든가 '인간이란 무엇인가'라든가, 혹은 무엇이든 다른 이러한 사항에 대하여 교환을 통해서 증명하려고 하는 사람은 증명을 제시하려고 하고 있음을 그 논의의 시작에 요청하게 된다. 예를 들어 어떤 사람이 '혼은 그 자신에게 삶의 원인인 것이다'라고 요청하고, 이 '그 자신에게 삶의 원인인 것이다'는 '그 자신을 움직이는 수이다'[31]라고 말하는 경우이다. 왜냐하면 그러한 사람은, '혼이란 바로 그 자신을 움직이는 수이다'라고, 게다가 '그 자신을 움직이는 수와 동일하다'[32]라고 하는 식으로, 요청하는 것이 필연적이기 때문이다. [35] 91b

  즉, A가 B에, 그리고 B가 C에 수반한다고 해서, A가 C에게서의 '그것은 원래 무엇이었는가'가 되는 것은 아니고, C는 A라고 말하는 것이 단지 참이 될 뿐이다. 이는 A가 '바로 B가 그 일종인 사항'이며, 모든 B에 대해 술어가 된다고 하더라도 마찬가지이다. 즉, 예를 들면 '동물인 것'은 '인간인 것'에 대해 술어가 되는데('모든 인간은 동물이다'가 참인 것처럼, '인간인 것'은 모두 '동물인 것이다'가 참이기 때문인데[33]), 그렇다고 '인간인 것' [5]

이 경우는 'A의 또 하나의 정의(로고스)가 있게 되고 …'라고 번역된다.

31 크세노크라테스(*DK*.『단편』 60-65). '혼은 생명의 원인인 것이다. 생명의 원인인 것은 그 자신을 움직이는 수이다. 그러므로 혼은 그 자신을 움직이는 수이다.'

32 아리스토텔레스에게서 '하나이다'라는 것은 '음악적인 것'과 '흰 것'이라는 개체가 우연히 '동일하다'라고 한 경우를 포함하여 두 항이 외연을 같이하는 것으로부터 본질을 같이하는 것까지, 맥락에 따라 여러 가지로 이야기된다. 여기서는 '본질을 같게 한다'라는 의미로 '하나이다'라고 되어 있다.

33 이 이유 부여가 동어반복이 아니라면, '인간이 되는 것'은 모두 '동물이 되는 것이다'가 참이라는 것은, '인간이 되는 것'의 정의에서는 '동물이 되는 것'이다. 이 포함된

과 '동물인 것'이 하나이다(동일하다)라는 방식인 것은 아니다.

　이렇게 해서 이와 같이 B와 C가 동일하다고 받아들이는 것이 아니라면, A는 C에서의 '그것은 원래 무엇이었는가', 즉 그 본질이라고 추론하지는 않을 것이다. 하지만 그렇게 받아들인다면, C에서의 '그것은 원래 [10] 무엇이었는가', 즉 B라고 하는 것이 되지만,[34] 이것은 이미 받아들여져 버린 것이 될 것이다. 따라서 그것은 추론에 의해 논증된 것이 아니다. 추론에 앞서 처음에 받아들였기[35] 때문이다.

제5장

　하지만 분할을 통한 탐구의 길도 '추론의 격에 대한 분석'에서 말했듯이,[36] 정의를 추론하는 것은 아니다. 왜냐하면 분할에서는 귀납하는 사람 [15] 이 논증하는 어떤 것도 없는 것과 마찬가지로, 이런 사항이 있다면 그 사항은 이러저러하다는 필연성은 어디에도 발생하지 않기 때문이다. 추론하

다는 것, 즉 '그 자체로서 있다'의 첫 번째 의미라고 해석된다. 이것에 근거하여, 반대로 '동물인 것'은 '인간인 것'이나 '개(犬)인 것'이라고 하는 '그 자체로서 있다'의 두 번째 의미가 되므로, '동물인 것'은 '인간인 것에 술어 된다'가 된다.

34 Barnes와 같이 to B를 읽는다.

35 lambanein to en archēi(선결문제의 오류).

36 『분석론 전서』 제1권 제31장 46a32-37("분할법은 약한 추론이니까. 왜냐하면 그것은 증명해야 할 것을 요청하고, 항상 이보다 상위에 있는 것 중의 무엇인가를 추론하기 때문이다. 그러나 무엇보다 이 방법을 사용한 사람들은 모두 이 사실 자체를 깨닫지 못하고 있으며, 그들은 본질 존재, 즉 무엇인가에 대한 논증이 성립 가능하다는 것을 설득하려고 시도해 왔다.") 참조. 단, 이 장 91b28 아래, 또 제2권 제13장에서 다시 논의하듯이 분할법은 정의를 탐구하는 방법으로 완전히 거부하고 있는 것은 아니다. 정의에서 유용한 도구일 수 있다는 것이다. 그러나 바람직하지 않은 '2분할법'을 비판하는 『동물의 부분에 대하여』 제1권 제2-3장 참조.

는 사람은 추론의 결론을 상대방에게 물어서는 안 되고, 또 그 결론은 상대방의 승인에 의한 것도 아니며, 오히려 추론에서의 결론은 비록 대답하는 사람이 인정하지 않더라도 이런 사항이 있다면 필연적이기 때문이다.[37] 예를 들어 '인간은 동물인가, 무생물인가?'라고 분할하는 사람이 묻고, 상대방의 대답을 받아 동물이라고 받아들였더라도 이는 추론된 것이 아니다. 또, 인간을 정의하려고 '동물은 모두 육생인가 수생인가'라고 묻고, 인간은 육생이라고 받아들였다[이것도 추론된 것이 아니다].[38] 또한 인간이 [20] 전체적으로 존재하는 방식, 즉 '육생의 동물이라는 것'도 언급된 사항으로부터 필연적인 것이 아니라 분할하는 사람이 또한 받아들이고 있는 것이다. [이와 같이 분할하여 무엇을 하고 있는 것인가?] 이와 같이 분할하여 어떤 정의에 이르는 것은 많은 과정에 의해서든, 약간의 과정에 의해서든 아무런 차이가 없다. 그것은 같은 것이다(그래서 이 방법을 사용하여 분할의 길을 걸어가는 사람에게는 추론될 수 있는 사항조차도 추론되지 않는 것이 되어 버린다). 실제로 '육생의 동물이라는 것'이 대체로 인간에 대해 참 [25]

---

37 여기서 확인되는 것은 (1) 분할법에 의해 무엇인가가 증명되었다고 해도, 그것은 추론에 의한 것이 아니라는 것과, (2) 귀납법에 의해 무엇인가가 증명되었다고 해도 그것은 논증이 되지 않았으며, 또 추론에 의한 것이 아니라는 것이다. 이런 점에 비추어 볼 때, 아리스토텔레스가 말하는 '추론'은 '연역'(deduction)인 셈이다. 결론을 질문으로 만드는 것에 대해서는 『토피카』 제8권 제2장 158a7-13 참조.

38 인간을 정의하려고, 분할하는 사람이 모든 것이 A_1 혹은 A_2라고 가정하고, 다음으로 인간은 A_1이라고 받아들이고, 다음으로 모든 A_1은 B_1 혹은 B_2라고 가정하고, 인간은 B_1이라고 받아들이면, 이 과정을 계속해서, 인간은 정의상 A_1 B_1 …이라는 결론을 이끌어 내는 것. 이 증명 과정에 대한 비판은 이런 것이다. (1) 그 과정은 가정이지 추론이 아니다. (2) 추론할 수 있을 때에도 분할하는 사람은 그렇게 하지 않는다. (3) 설령 그 결론('인간은 A_1 B_1 …')이 참이라고 하더라도, 그것이 인간의 정의를 부여해 주는 것임을 보장하지 못한다. (4) 분할은 'A_1 B_1 …'이 인간 정의의 요소를 포함한다고 생각할 만한 근거를 주지 못한다. (2)에 대해서는 『분석론 전서』 제1권 제31장 46a37, 46b9 참조. (3)은 91b25에서 말해진다. (4)는 (3)을 다시 진술하는 것으로 보인다.

이라고 해도, 그것은 '육생의 동물이라는 것'이 인간의 '그것은 무엇인가'라고 하는 것이나 '그것은 원래 무엇이었는가'를 밝히고 있지 않다는 것을, 무엇이 방해할 수 있는가? 게다가 인간의 본질에서 뭔가 여분의 것을 덧붙이거나, 필수적인 사항을 없애거나 간과하는 것을, 무엇이 방해할 수 있는가?[39]

[30] 그런데 이러한 문제들은 간과되어 왔지만, 이러한 문제들은 '그것은 무엇인가' 안에 있는 모든 것을 받아들이고, 첫 번째 사항[40]을 찾아 연속적으로 분할해 나가,[41] 아무것도 남기지 않게 한다면, 해결할 수 있다. [[즉, 모든 것이 분할지(分割肢)로 나뉘고, 그 밖에 아무것도 남지 않으면, 이것은 필연적인 것이다. 그렇게 갈라진 사항은 더 이상 분할할 수 없는 사항이어야만 하기 때문이다.]][42] 그러나 그럼에도 분할을 통한 길은 추론이 아니다. 이 길이 '그것은 무엇인가'를 인식시킨다 하더라도, 추론과는 다른 방법에 의해서이다. 이것은 아무런 불합리한 것도 아니다. 왜냐하면 귀
[35] 납하는 사람은 논증만은 하지 않겠지만, 그럼에도 무엇인가를 밝히기 때문이다.

하지만 분할에서 출발해 정의를 말하는 사람은 추론을 말하지 않는다. 왜냐하면 중항이 결여된 결론에서[43] 어떤 사람이 '이러한 사항이 이러한

---

39 수사 의문문으로 '아무런 방해도 되지 못한다'라는 의미다.
40 '첫 번째 사항'이란 제1권 제4장에서 규정한 '(첫 번째) 보편적인 사항'이며, 전통적으로는 '(가장 가까운) 종차'라고 간주돼 온 것이다.
41 '연속적으로'(to ephexēs)는 '그것들 사이에 동일한 종류의 제3의 것이 없다면' 두 개는 '연속적'이라고 말해진다(『자연학』 제5권 제3장 226b34-35 참조). 이와 동시에 '그 전체를 종합'하는 것이다.
42 이 대목은 제2권 제13장 97a35-b6을 참조해 읽는 편이 이해하기 수월하다. Barnes는 이 대목을 제13장을 잘 알고 있던, 재능 있는 누군가가 난외(欄外)에 적어 놓았던 것이 본문으로 딸려 들어온 것으로 추정한다.
43 즉, 명시적으로 추론 형식을 취하지 않고, 이른바 '설득 추론'(혹은 '수사 추론')과 같이, 그렇게 하는 것일 수 있다. 제1권 제1장에서도 귀납과 설득 추론이 대비됐다.

이상 그런 것은 필연적이다'라고 주장했다면, '그것은 왜인가'라고 묻는 것이 허용되듯이, 이 물음은 분할에 의한 항의 정의에도 허용되기 때문이다. '인간이란 무엇인가?'라는 질문을 받으면, '죽어야만 한다, 발이 있다, 두 발의, 날개가 없는 동물이다'라는 식으로 대답한다. 그리고 이러한 한 정항이 부가될 때마다,[44] '그것은 왜인가?'가 물어지게 될 것이다. 왜냐하면 그 사람은 '동물은 모두 죽거나 불사하는 것이다'라고 말함으로써 분할에 의해 증명하고 있다고 생각하고 있기 때문이다. 그러나 이러한 설명(로고스)은 모조리 정의가 아니다. 따라서 만일 분할에 의해서 정의가 논증되었다고 해도,[45] 그 정의가 추론된 것이 되지는 않을 것이다.

92a

[5]

제6장

그러나 본질에 관련된 '그것은 무엇인가'[정의] 또한 논증될 수 있을까. 즉, '그것은 원래 무엇이었는가'란 ① '그것은 무엇인가' 안에 있는 사항으로 이루어진 고유한 사항이라는 것, ② 이러한 사항만이 '그것은 무엇인가' 안에 있다는 것, ③ 그것들이 전체적으로 고유한 사항이라는 것의 세 가지를 '밑에 놓음'(가정)으로 받아들이고, 이러한 가정에서 출발해서 논증될 수 있는 것일까? 이러한 사항이 '그 자체로 있는 것'이기 때문이다.[46]

---

44 이것들은 전통적으로 '종차'로 여겨져 온 사항들이다.

45 분할하는 것은 '추론하는 것이 아니다'라고 논한 후에도, 분할에 의한 '논증'이라고 말하고 있는 것이나, 또 여기서 아리스토텔레스는 '분할하는 것으로는 정의할 수 없다'라고 논하지도 않는 점에 주의하라. 어떤 의미에서 '분할함으로써 정의를 증명할 가능성'은 아직 남아 있다.

46 정의가 단적으로는 아니지만, 적어도 가정적으로는 논증될 수 있을까? 이 장에 대해서는 『토피카』 제7권 제3장 참조. 『토피카』에서는 오히려 정의의 논증에 관해 전

[10] 아니면, 이 경우에도 '그것은 원래 무엇이었는가'를 다시 전제로서 받아들이고 있는 것일까? '그것은 무엇인가'가 논증된다면, 바로 그것이 중항을 통해 증명될 수밖에 없기 때문이다.

게다가 '추론하는 것이란 무엇인가'를 추론에서 우리는 전제로서 받아들이지 않지만(거기에서 추론이 출발하는 전제는 항상 전체이거나 부분이기 때문이니까), 그것과 마찬가지로 '그것은 원래 무엇이었는가'는 추론 안에 전제로서 포함되어서는 안 되며, 오히려 그것은 전제로서 놓인 사항과는 [15] 떨어져 있어야 한다. 그리고 추론이 성립되고 있는가, 아니면 그렇지 않은지에 대해 이의를 제기하는 사람에 대해서는, '이것이 바로 추론이었던 것이다'라고 대처해야 한다. 또, '그것은 원래 무엇이었는가'가 추론되고 있지 않다고 이의를 제기하는 사람에 대해서는, "아니, 되어 있다. 우리에게 바로 이것이야말로, '그것은 원래 무엇이었는가'이기 때문이다"라고 대처해야 한다. 따라서 '추론이란 무엇인가'나 '그것은 원래 무엇이었는가'라고 하는 것에 대해 아무것도 받아들이는 것이 없어도, 무엇인가가 추론되고 있다는 것은 필연이다.

[20] 또한 가정에서 출발하여 다음과 같이 증명하는 경우도 마찬가지이다. 즉 예를 들어 가정으로서 '나쁜 것'이 '분할되는 것'이고, 그 자체에 반대되는 사항이 무엇인가 있는 경우에는 '반대하는 것'이란 '그것이 반대되는 것에 반대되는 것'이라고 하자. 또 가정으로서 좋은 것은 나쁜 것에 반대되고, 분할되지 않은 것은 분할되는 것에 반대된다고 하자.

그때에는 이러한 가정에서는 좋음이라는 것은 분할되지 않는 것임을 증명하게 된다.[47] [그러나 이는 이상한 노릇이다.] 왜냐하면 여기에서도 또한 '그것은 원래 무엇이었는가'를 전제로서 받아들인 후에, 증명하고 있

체적으로는 긍정적으로 논하고 있다.

47 아카데미아에서 이루어지고 있던 논의라고 생각된다. 『토피카』 제6권 제9장('정의에서의 종차의 사용에 대한 토포스')에서는 이 논의에 대해서 보다 긍정적이다.

기 때문이다. 하지만 이것을 전제로서 받아들인 것은, '그것은 원래 무엇이었는가'를 증명하기 위해서였다. '아니, 받아들여진 것과 증명하려고 하는 것은 다르다'라고 반론할지도 모른다. 좋다, 그렇다고 하자. [하지만 그래도 증명되지 않았다.] 왜냐하면 확실히 일반적으로 논증에서는 '이것이 그러저러하다'라는 것이 전제로서 받아들여지기 때문이다. 하지만 이러한 전제에서 받아들여지고 있는 것은 논증되는 것 그 자체가 아니며, 그것에 대해 동일한 정의가 있는 사항도 아니고, 교환되는 것도 아니다. [그러므로 이러한 논증에서는 그러한 사항을 전제로 받아들여도 문제가 없다.]

   하지만 어느 쪽에 대해서도, 즉 분할에 의해서 증명하는 사람에 대해서도, 또 지금 말한 것과 같은 방식으로 추론하는 사람에 대해서도 동일한 어려운 문제가 있다. 즉, "인간이 '두 발의 육생의 동물'이라고 하는 하나의 것이 되고, '동물'이나, '육생의'나, '두 발'이라고 하는 세 개의 것이 아닌 것은 어째서인가?"라는 어려운 문제가 있다. 왜냐하면 전제로 받아들여진 사항에서는 인간에게 술어 되는 세 가지가 하나가 된다는 것은 아무런 필연이 아니라, 오히려 동일한 인간이 음악적이 되고, 또 문법을 익히고 있다고 하는 경우와 마찬가지로, 세 가지가 술어 되고 있는 것에 머무르는 것이 아닐까 하는 것이 되기 때문이다.[48]

제7장

   그렇다면 정의하는 사람은 어떻게 정의하고자 하는 사항의 본질, 혹은

---

[48] 『형이상학』 제7권 제12장에서 제기되어("이제 『분석론』에서 정의에 대해 미처 다루지 못했던 점을 먼저 말해 보도록 하자. … 어떤 사항에 대한 규정을 우리가 정의라고 부를 때, 그 사항이 하나인 것은 무엇 때문인가?") 묻고 있는 문제('정의된 대상의 단일성')로, 『형이상학』 제8권 제6장에서('정의의 단일성') 답하고 있다.

[35]　'그것은 무엇인가'를 증명하는 것일까?⁴⁹ 그것은 정의하는 사람이 그 본질을 증명한다면, 그것은 논증하는 사람이 그렇다고 동의한 것에서 출발해서 '그런 사항이 있다면, 다른 사항이 있다는 것이 필연적이다'라고 밝히도록 해서가 아니라(그것이 논증이기 때문이다), 또 귀납하는 사람이 그렇다는 분명한 개별 사항을 통해 '무엇 하나 다른 것 같지 않으므로 모든 것이 다 그렇다'라고 밝히는 것도 아닐 것이기 때문이다.⁵⁰ 왜냐하면 이와 같

92b　이 밝히는 것은, '그것은 무엇인가'를 증명하는 것이 아니라, '그렇다, 혹은 그렇지 않다'를 증명하는 것이기 때문이다. 그렇다면 무엇인가 다른 방법이 남아 있을까? [남아 있지 않을 것이다.] 왜냐하면 감각에 의해서도 손가락질을 통해서도⁵¹ '그것은 무엇인가'를 증명할 수 없을 것이기 때문이다.

　게다가, 어떻게 '그것은 무엇인가'를 증명하는 것일까? 왜냐하면 '인간이란 무엇인가' 혹은 무엇이었든 어떤 사항의 '그것은 무엇인가'를 알고 있는 사람은 '그것이 그렇다'라는 것도 알고 있어야 하는 것이 필연이기

[5]　때문이다(실제로 있지 않은 모든 것에 대해서는 누구도 '그것은 무엇인가'를 알지 못하며, 예를 들어 내가 '염소사슴'이라고 말할 때에는 그 설명('말', 로고스), 혹은 명사가 '무엇을 의미하는가'를 알 수는 있어도 '염소사슴이란 무엇인가'를 아는 것은 불가능하다). 그러나 누군가가 '그것은 무엇인가'와

---

49 이 장은 제2권 제3-6장에서 논의한 정의가 '논증'될 가능성이 있는지가 아니라, 보다 일반적으로 어떤 방법으로든 정의하는 자가 '증명'을 줄 가능성에 대해 논의하고 있다(92a34-b3). 그런 다음, 정의하는 자는 그들이 무엇을 표현하는지를 증명할 수 있다는 견해에 대한 반대의 논증을 펼치고(92b4-25), 끝으로 '정의가 어떤 명사가 무엇을 의미하는지'를 말한다는 주장을 거부한다(92b26-34).
50 논증과 귀납에 대한 이런 입장은 이미 제3장에서 배제되고 폐기되었다(90b38-91a6 참조).
51 제1권 제1장 각주 13에서도 말했듯이, '증명하다'라는 것은 원래 '손가락질하다'라는 것을 의미했다. 물론 손가락질이 아무 소용이 없는 것은 아니지만, 본질을 증명하는 것은 아니라고 아리스토텔레스는 생각한다.

'그것이 그렇다'는 것을 증명한다면, 동일한 하나의 논의(로고스)에서 어떻게 증명할 것인가? 왜냐하면 정의나 논증은 각각 무엇인가 어떤 하나의 [10] 사항을 밝히지만, '인간이란 무엇인가'와 '인간이 그러한 것'은 다른 사항이기 때문이다.

다음으로, 우리는 '어떤 것이 있는 것'은 모두 그 '어떤 것'이 그 사항의 본질이 아니라면, 논증을 통해 증명되어야 한다고 주장한다. 하지만 그 '어떤 무엇인가'의 '어떤 것'은, 어떤 것에 있어서도 본질이 아니다. '있는 것'은 유가 아니기 때문이다. 그러므로 그 사항이 있다는 논증이 있을 것이다.[52] 실제로 여러 학문적 지식은 지금 바로 이것을 행하고 있다. 왜냐 [15] 하면 '삼각형이 무엇을 의미하는가'는 기하학자들이 받아들인 것이지만, '그것이 있다는 것'은 증명하는 것이기 때문이다. 그렇다면 정의하는 사람은 '삼각형은 무엇인가'라고 하는 것 이외의 무엇을 증명하는 것일까?[53] 그러므로 사람은 정의에 따라 그것이 무엇인지를 알면서도 그것이 있는지 없는지는 모른다는 것이 될 것이다. 그러나 이것은 불가능한 일이다.[54]

또, 정의항에 대해 지금 사용되고 있는 방법에 의해서도, 정의하는 사 [20]

---

52 '유'는 그것에 속하는 사항의 본질의 일부이므로, 논증되는 것이 아니라 가정되는 것인 데 반해, 그것 이외의 사항의 '있는 것'은 논증된다고 하고 있다. 하지만 (실체의 있음을 말하는 것은 아니다) 논증되지 않는 '원리'의 '그렇다는 것' 또한 논증되지 않는다. 아리스토텔레스의 사유의 틀에서 논증적 지식은 반드시 우리가 논증이라는 것으로 암묵적으로 품고 있는 '몇 안 되는 원리로부터의 풍부한 내용을 수반한 공리론적 체계'가 아니라, 논증되는 것이 논증되지 않는 것보다 적을 수도 있다.
53 Ross의 텍스트에 따라 읽는다. Barnes는 '무엇인가를 정의하는 사람은 무엇을 증명한다고 하는 것일까. 삼각형인가', Goldin(p. 93)은 '삼각형을 정의하는 사람은 삼각형 이외의 무엇에 대한 존재를 증명하는 것인가'라는 읽기를 제안하고 있다. 그러나 어느 것도 결정적이지 않다.
54 여기서의 상정에 의하면, (기하학자가 아니다) 정의하는 사람이 기하학자가 증명하는 '삼각형이 있음'을 아는 것은 독립적으로, 즉 '그것이 있음'을 아는 것이다. 그리고 '삼각형은 무엇인가'를 알 수 있게 된다. 여기서 삼각형은 실체는 아니지만, 실체처럼 취급되고 있다.

람이 '그것이 있다'라는 것을 증명하지 못한다는 것은 명백하다.[55] 그것은 어떤 사항이 중심으로부터 같은 무언가라고 해서, 그 정의된 사항이 있는 것은 무엇 때문인가? 또 이것이 원(圓)인 것은 무엇 때문인가? 실제로 이 것은 '산의 청동'[56]이라고 주장할 수도 있을 것이다. 즉, 정의항은 말해진 적이 있는 것이 가능하다는 것을, 말해진 것에 부가하여 밝히는 것은 아니 며, 또한 정의항은 그 말해진 것이, 정의가 그것에 대한 정의라고 사람이 주장하고 있는 해당 사항임을 말해진 것에 부가하여 밝히지도 않기 때문 이다.[57] 오히려 [말해진 것이 실제로 있다면, 또 말해진 것이 실제로 해당
[25] 하는 사항이라면] 항상 '그것은 왜인가'라고 논할 수 있는 것이다.

그래서 정의하는 사람이 '그것은 무엇인가' 혹은 '그 명사(名辭)는 무 엇을 의미하는가' 중 하나를 증명한다고 하며, 정의가 '그것은 무엇인가' 에 대한 것은 결코 아니라면, 정의는 명사와 같은 사항을 의미하는 설명 (말, 로고스)이 될 것이다.[58] 그러나 이것은 불합리한 귀결이다. 그 이유는 첫째, 정의가 본질[59]이 아닌 사항에 대해, 또 있지 않은 다른 모든 사항에
[30] 대해[60] 있게 될 것이기 때문이다. 사실상 명사는 있지 않은 사항도 의미

---

55 여기서 아리스토텔레스는 정의하는 사람이 '그것이 있다'라는 것을 증명할 입장 에 있지 않음을 논하고 있다.

56 '산의 청동'(oreichalkon)은 신화상에서는 금에 버금가는 귀금속으로 여겨졌지 만, 아리스토텔레스 시대에는 실재하지 않는 것으로 알려져 있었다.

57 정의항은 '정의된 사항이 있다'라는 것도, 자신이 '정의된 사항의 정의다'라는 것 도 부가적으로 말하고 있지 않다는 것이다.

58 아리스토텔레스는 여기서 세 가지 논점에 따라 '명사의 의미는 정의가 아니'라고 논하는 것처럼 보인다. 그러나 여기서의 논점은 명사의 의미는 정의가 아니라는 것을 나타내는 것이 아니라, '그 이외에는 정의가 없다'라는 주장을 부정하는 것에 있다.

59 여기서의 oisia는 '실체'라고도 생각되지만, 단순히 '존재하는 사항'을 의미하는 것으로 이해하고 '본질'로 새겼다.

60 '본질이 아닌 사항'과 '있지 않은 사항'을 바꾸어서 이해하는 것도 가능하다. (1) '엄 밀하게는 실체에 지나지 않을 정의를 실체 이외의 카테고리아에 속하는 사항에도, 나아 가 존재하지 않는 것에도 인정하게 된다', (2) '실체와 그 자체로서 어떤 사항, 즉 어떤

할 수 있다.[61] 더욱이 모든 설명(말[언표], 로고스)이 정의일 것이다.[62] 그 이유는 어떠한 설명에 대해서도 명사(이름)를 놓을 수 있기 때문이다. 따라서 우리 모두는 정의를 서로 대화하고 있을 것이며, 『일리아스』도 정의가 될 것이다. 게다가 어떤 논증도 '이 명사가 이것을 밝힌다'라는 것을 논증하지 않을 것이다.[63] 따라서 또한 정의가 이를 부가적으로 밝히지도 않는다.

이러한 점으로부터 [제2권 제3장에서 검토한 바와 같이] (1) 정의와 추론이 동일하지 않다는 것, 또 (2) 추론과 정의가 동일한 사항에 대한 것이 아니라는 것, 거기에 더해 [제2권 제4장부터 이 장에 걸쳐 논한 바와 같이], (3) 정의는 아무것도 논증하지 않고, 또 증명되지도 않고, 그리고 또 (4) '그것은 무엇인가'라고 하는 것은 정의에 의해서도, 논증에 의해서도 인식할 수 없다는 것은 명백하다.[64]

[35]

본질로 여겨지는 사항에 대한 것인 정의를 부대적인 사항에도, 나아가 존재하지 않는 것에도 인정하게 된다', (3) '존재하는 사항에만 있어야 하는 정의를 존재하지 않는 것에도 인정하게 된다'는 세 가지 이해의 가능성이 있다. (2)를 채택한다.

61 명사가 '의미한다'는 것을 밝히는 언표는 제2권 제10장에서도 정의의 일종으로 제시되지만, 어느 쪽에서도 정의는 사항의 '본질'을 밝힌다. 말하자면 본래적인 '정의'에 한정되어 존재하지 않는 것, 따라서 또 그 '본질'이 없는 것에 대한 정의는 최종적으로는 부정된다.

62 제2권 제6장 92a27-33에서의 '정의의 단일성'이라는 논점의 이면(裏面)이며, 『형이상학』 제7권 제4장 1030a7-9에서도 같은 예를 사용하여 논의하고 있다.

63 즉, '어떤 논증도 "A"가 "B"를 의미한다는 형식의 결론을 주지 않는다. 따라서 정의가 증명된다면, 정의는 "A"가 "B"를 의미한다는 생각을 표현할 수 없다.'

64 이 결론은 제2권 제8-12장에서 재고찰되어 '정의는 엄밀하게 논증되는 것은 아니지만, 어떤 의미에서는 논증에 의해 알려진다'라고도 말할 수 있는 경우, 즉 그 본질이 그 자신을 원인으로 하고 있는 것이 아닌 사항이 논해지는 경우가 나타난다.

제8장

지금까지 논해 온 것들[65] 중 어느 것이 올바르게 논의되고, 어느 것이 올바르게 논의되지 않았는지에 대해서, 또 정의란 무엇인가에 대해서, 그리고 '그것은 무엇인가'에 대해서 어떤 의미에서 논증이나 정의가 있는지, 아니면 전혀 있지 않은지에 대해서, 다시 탐구해야만 한다.

이미 말했듯이, '그것은 무엇인가'를 아는 것과 '그것이 있는지 없는지'

[5] 의 원인을 아는 것은 동일하기 때문에[66](이것의 이유[설명]는, 무엇인가가 있는 것에 어떤 원인이 있고,[67] 이 원인이 그 자신인지,[68] 그 자신과는 다른 사항인지,[69] 또 다른 사항이라면 논증되거나 논증될 수 없거나[70] 둘 중 하나이기

---

65 제2권 제3-7장에서 논했던 문제들.

66 '그것은 무엇인가'를 아는 것과 '그런 것은 왜인가'를 아는 것이 '같다'는 것은 제2권 제2장에서 확립되었다(90a31-34). 그래서 여기서는 '그것이 있는지 없는지'(ei esti)가 아니라 '그것이 무엇인지'(ti esti)로 읽고 싶어지는데, 이 읽기는 93a5의 문장을 필요로 하지 않게 된다. 여기서는 '그런 것은 왜인가'와 '그것이 있는지 없는지'가 동일한 것을 묻게 되는 장면, 즉 '논증적 지식'이 문제가 되는 장면을 한정하는 것으로 이해한다. 그렇지만 논의의 구체적인 구성은 어렵다.

67 여기서는 Barnes의 독해를 따른다.

68 이 경우에 대해서는 제2권 제9장에서 논의한다. '그 원인이 그 자신인 사항'이란 '실체'인 것으로 생각된다.

69 원리와 논증되는 사항의 구별로 해석하는 경우도 있지만(Barnes), 실체와 그 이외의 카테고리아의 구별로 이해한다. '실체' 이외의 '그것은 무엇인가'(본질)는 전형적으로는 기하학에서 삼각형이 그렇듯이 그것이 '존재한다'라는 것을 나타냄으로써 어떤 의미에서 논증될 수 있기 때문이다.

70 이는 논증되는 사항과 논증되지 않는 원리의 구별이다. 이 '논증될 수 없는 사항'을, 바로 뒤에 논증되는 사항이 '보편적이다'라는 점을 언급한 것에서 보편적이지 않은 '부대적인 사항'을 의미한다고 이해할 가능성이 배제되지 않는다. 실제로 그렇다면, 원인이 그 자신인지 다른 사항인지의 구별은 실체와 그 이외의 카테고리아의 구별과는 다른 구별이 되지만, 아리스토텔레스가 여기서 '부대적인 사항'으로까지 논의의 범위를 넓히고 있다고 생각되지 않는다.

때문이다), 이 원인이 그 자신과는 별개의 다른 사항이며, 게다가 그 사항을 논증할 수 있다면, 그 원인은 중항으로 제1격에서 증명되는 것이 필연이다.⁷¹ 왜냐하면 증명되는 사항은 보편적이고 긍정적이기 때문이다.

바로 지금 검토했던 방식이,⁷² 즉, 어떤 무언가에 대한 '그것은 무엇인가'에 대해서 다른 '그것은 무엇인가'(정의)를 통해 증명하는 방법이 있을 수 있는 증명의 한 방식이 될 것이다. 왜냐하면 '그것은 무엇인가'에 대해 증명하는 것이 문제인 경우에는 중항이 '그것은 무엇인가'인 것은 필연이며, '고유한 사항'(고유속성)에 대해 증명하는 것이 문제인 경우에는 중항이 '고유한 사항'인 것은 필연이기 때문이다. 따라서 동일한 하나의 사항에서의 '원래 무엇이었는가' 중 어떤 '원래 무엇이었는가'에 대해서는 그것을 증명하지만, 다른 '원래 무엇이었는가'에 대해서는 그것을 증명하지 못하는 것이 될 것이다. 그런데 이런 방식이 논증이 되지 않을 것이라는 점은 앞에서 말했다. 그렇다고는 해도 이것은 '그것은 무엇인가'에 대한 언어적 탐구 방식에 근거한(logikos) 추론이기는 하다.⁷³ [15]

그렇다면 '그것은 무엇인가'를 증명하는 어떤 방식이 있을 수 있는가에 대해 다시 처음부터 이야기하면서 논하기로 하자.⁷⁴ '그렇다'를 파악하고 있을 때, 우리는 '그렇다는 것은 왜인가'를 탐구한다.⁷⁵ 이 두 가지는 때로

[10]

---

71 논증되는 것은 실체(본질) 이외의 원리가 아닌 '그 자체로서 있는' 사항이다. 단, '그 자체로서 있는' 사항은 실체(본질)와 어떤 정의적 관계에 있다.

72 제2권 제4장 91a14-b11 참조.

73 '언어적 탐구 방식에 근거해서'는 논증적이지 않지만, 여기에서 추론으로서 '건전'(sound)하다는 의미로 사용되고 있다(제1권 제21장, 제22장 참조). 다만, 이른바 '근거'로 향하는 '문답법적'인 과정 속에 있음을 거듭 읽어 낼 수 있다.

74 '무엇인가'를 향한 추론은 논증일 수 없지만, 무의미한 것은 아니다. 오히려 탐구는 그러한 추론의 구성에 의해 이루어진다.

75 이후, 이 장부터 제10장의 처음 부분까지에, '탐구한다', '발견한다'라는 말이 빈번하게 나온다. 아리스토텔레스는 여기서 문제를 '정당화의 맥락'이 아니라 '탐구의 맥락'에서 논하고 있다.

동시에 밝혀질 수 있지만, 그러나 '그렇다'는 것을 인식하기 앞서 '그렇다는 것은 왜인가'를 인식하는 것은 불가능하다. 마찬가지로 '그것이 있다'라는 것을 알지 못하며, '원래 무엇이었는지'를 아는 것이 불가능한 것도

[20] 분명하다. 사실상 '그것이 있는'지를 알지 못하면서 '그것이 무엇인지'를 아는 것은 불가능하기 때문이다. 그러나 '그것이 있는'지에 대해 우리는 어떤 경우에는 그것을 부대적으로 파악하고 있지만, 어떤 경우에는 사항 자체에 대한 무언가를 파악함으로써 그렇게 되는 것이다. 예를 들어 천둥소리를 '구름 사이에서의 일종의 소리', 식(蝕)을 '빛의 일종의 결여', 인간을 '일종의 동물', 혼을 '스스로를 움직이는 것'으로 파악하는 경우이다.[76]

[25] 그런데 '그것이 있다'라는 것을 우리가 부대적으로 아는 한의 사항에 관해서는,[77] 우리가 그 '그것이 무엇인가'를 찾아내는 것에 대해서 전혀 어쩔 수 없는 관계에 있다는 것은 필연이다. 왜냐하면 이러한 경우에는, 우리는 '그것이 있다'는 것조차 모르기 때문이다. '그것이 있다'라는 것을 파악하

---

76 이것들은 후자의 예이다. 다만, Whitaker(pp. 214-220) 등도 주장하고 있듯이, 이러한 파악은 '그것이 있다'라는 것의 완전한 파악이 되고 있지는 않다.

77 '부대적인 사항의 파악을 통해 알고 있는 경우'로 이해하는 것이 자연스럽다. 예를 들면 우연히 '흰' 개에 대해서 '이 하얀 것'으로 파악하고 있는 경우이다. 이것은 맥락에 의존한 (부대적인) 사항의 그 개에 대한 판단이며, 어떤 '명목적 정의'를 파악하고 있는 경우이다. 그러나 여기서는 심지어 '그것이 있다'는 것조차 파악하지 못하고 있으며, 탐구 자체가 성립하지 않는 경우로 되어 있다. 아리스토텔레스가 어떤 의미에서 그것이 무엇인지를 전혀 알지 못하면 그것이 있다는 것을 알 수 없다고 생각했는지가 문제다. 예를 들면 '하얗다'는 것을 '무엇인가'의 일부로 하지 않는 무언가를 '저 하얀 것'으로 파악하고, 거기에서 '그것이 무엇인가'를 탐구하는 것은 일반적으로는 가능한 일일 것이다. 그러나 이러한 경우에도 탐구가 가능하다면, 사실상, 어떤 '무엇인가'를 파악하고 있었다고 논할 여지가, 예를 들어 단순히 '하얀 것'이 아니라 사실은 '저 하얀 생물'이라는 파악이 있었다고 할 여지가 아리스토텔레스에게는 남아 있다. 반대로 말하면, '그것이 있다'라는 것에 대한 개입(commitment)을 나타내지 않은 기술에 의할 경우, 예를 들면 '동방에서 온 융단에 그려진 동물'(염소사슴)이라는 기술에 의할 경우를 생각하고 있을 가능성도 있다. 제2권 제10장 참조.

지 못하면서, '그것이 무엇인가'를 탐구하는 것은 무엇인가를 탐구하는 것이 전혀 아니다. 한편, 그 사항에 따라서 어떤 사항을 우리가 파악하고 있다면, '그것이 무엇인가'를 탐구하는 것은 쉽다. 따라서 우리가 '그것이 있다'에 어떻게 관련되어 있는가에 따라서, '그것이 무엇인가'에 대해서도 관계하게 되는 것이다.

우리가 '그것이 무엇인가'에 대해서 무언가를 파악하고 있는 경우에,[78] 그 사정은 첫째로 다음과 같이 되어 있다고 하자. '식(蝕)'을 A, '달'을 C, '지구에 의한 차단'을 B로 한다. 이때 '식을 겪고 있는가, 아니면 겪고 있지 않는가'는 B가 '있는가, 아니면 없는가'를 탐구하는 것이다. 그리고 이것은 식의 다른 설명(로고스)이 있는지를 탐구하는 것과 아무런 차이가 없다. 그리고 B가 있으면, A도 있다고 우리는 주장한다.[79] 혹은 또 모순 대립하는 진술, 예를 들어 '삼각형에 대해 내각의 합으로서 2직각을 가질 것인가, 아니면 갖지 않을 것인가이다'라는 진술에 대해서는 어느 쪽에 설명이 있을 것인가를 탐구한다. [30]

그리고 우리가 이 설명을 발견할 때, 그것이 무중항[80]의 사항을 통해서라면, '그렇다는 것'과 '그렇다는 것은 무엇 때문인가 하는 것'을 동시에 우리는 안다. 그렇지 않으면 '그렇다는 것'을 알지만 '그렇다는 것은 왜인가'를 알지 못한다. '달'을 C, '식'을 A, '우리 사이에 [예를 들면 구름과 같은] 보이는 것이 아무것도 없는데 보름달 사이에 달이 그림자를 만들지 못하는 것'을 B라고 한다. 여기서 C에 B, 즉 '우리와 달 사이에 아무것도 [35]

---

78 여기에서는 명시적으로 부대적으로 파악하고 있을 뿐만 아니라, 어떤 '무엇인가' 와 관련된 사항을 파악하고 있는 경우이다. 이러한 경우에 '무엇인가'의 탐구가 더 쉬울 수 있다는 것은 확실하다.

79 '지구에 의한 차단(B)이 식(A)이다.
달(C)은 지구에 의한 차단(B)이다.
달(C)은 식(A)을 겪는다.'

80 OCT와 달리 대부분의 사본은 dia mesōn(중항을 통해서)으로 되어 있다.

93a

93b 없는데 그림자를 만들 수 없는 것'이 있고, 이것에 A, 즉 '식'이 있다면 식
을 겪고 있는 것은 분명하지만 '그런 것은 왜인가'는 아직 명확하지 않다.
식이 있다는 것을 우리는 알지만, 식이 무엇인지는 모른다.[81]

[5] A가 C에 있는 것이 분명할 때, '그런 것은 왜인가'를 탐구하는 것은
'B란 무엇인가'를 탐구하는 것이다. 즉 월식이란 차단인지, 달의 회전인
지, 아니면 소멸인지를 탐구하는 것이다. 그리고 이것이 끝항의, 즉 이 경
우는 A의 설명이다. 월식은 지구에 의한 차단이기 때문이다.

'천둥이란 무엇인가?', '구름 사이에서의 불의 꺼짐이다.' 천둥소리가
있는 것은 왜인가? 구름 사이에서 불이 꺼짐으로써이다. 구름을 C, 천둥
[10] 을 A, 불이 꺼짐을 B라고 하자. 그러면 구름인 C에 B가 있다(구름 사이에
서 불이 꺼지기 때문이다). 그리고 여기에 A, 즉 소리가 있다.[82] 여기서는
B가 첫 번째 끝항[큰 항]인 A의 설명이다. 하지만 이 B에 대해 또 다른 중
항이 있다면, 그것은 남겨진 설명에서 나온 것일 수 있다.[83]

[15] 이렇게 해서 '그것은 무엇인가'가 어떻게 파악되고, 또 인식되는지가 이
야기되었다. 즉, '그것은 무엇인가'에 대해서는 추론도 논증도 생기지 않
지만, 그럼에도 추론과 논증을 통해 '그것은 무엇인가'가 밝혀진다.[84] 따라

---

81 여기서 중항(M)은 결론의 원인을 줄 수 있다. 즉,
  '달은 그림자를 만들어 낼 수 없다(M)(달과 우리 사이에 아무것도 없다는 것이 분
명하지만).
  그림자를 만들어 내지 못함(M)은 식이다.
  달은 식을 겪는다.'
82 A는 애초엔 '천둥', 이어서 '소리'에 해당한다.
83 아리스토텔레스는 '남겨진 설명'으로 탐구가 무중항의 원인에까지 도달하지 않은
경우를 상정하고 있다. 이 예는 다음과 같이 형식화된다(CaB, BaA⊢CaA).
  '구름(C)은 불의 꺼짐(B)이다.
  불의 꺼짐(B)은 천둥/구름 속의 소리(A)이다.
  구름(C)은 천둥/구름 속의 소리(A)를 갖는다.'
84 즉, 예를 들어 천둥소리의 '그것은 무엇인가'는 논증되는 것은 아니지만, 그 원인

서 그 원인이 그 자신과 다른, 다른 사항이라는 것에 대해서는 논증 없이 '그것은 무엇인가'를 인식할 수 없지만, 우리가 난제의 분석에서 말했듯이[85] '그것은 무엇인가?'에 대한 논증 또한 없는 것이다.

제9장

어떤 사항에 대해서는 그 자신과는 다른 어떤 원인이 있고, 어떤 사항 [20] 에 대해서는 그 자신과는 다른 원인이 없다. 따라서 어떤 경우에는, 즉 '그 것은 무엇인가'에 대해서 그 자신이 무중항이며 원리이다. 이것에 대해서 는 그 '그것이 그렇다는 것'과 '그것은 무엇인가'를 가정해야만['밑에 놓 아야만'] 하거나(산술학자는 바로 이렇게 하고 있다. 즉, '단위란 무엇인가' [25] 와 '단위가 그렇다'라는 것을 가정하고 있으니까), 혹은 다른 방식으로 명백 하게 해야 한다.[86] 그러나 중항을 가지고 있는 경우에는, 즉 그 자신의 본 질과는 다른 원인이 무엇인가 있는 경우에는, 이미 말했듯이[87] 그러한 사 항들을 논증을 통해서 밝힐 수 있다[88](물론 '그것은 무엇인가'를 논증하지는 않지만).

인 중항을 통해 '그것이 있다'라는 것이 논증됨으로써 밝혀진다. '그것이 무엇인가'와 관련된 앞선 인식에서 출발하여 '그것이 있다'라는 것을 탐구하고 논증함으로써 '그것 이 무엇인가'를 인식하기에 이른다. 이 논점에 대해, 나중에 제2권 제10장에서는 어떤 종류의 정의는 논증의 '결론'이라고 말하게 된다.

85 제2권 제2-3장 참조.
86 Barnes가 지적하듯이 제2권 제8장에서 논의된 방법이나 '손가락을 들어 가리키는 것'과 같은 것이겠지만, 나아가서 종적으로는 '이성의 작용'에 의한 파악을 생각해 볼 수 있다.
87 제2권 제8장 참조.
88 '그것은 무엇인가'는 논증을 통해 밝혀지는 경우가 있어도 논증은 되지 않는다는 것이, 여기서 최종적으로 확인되고 있다.

제10장[89]

정의란 '그것은 무엇인가'에 대한 설명(로고스)이라고 말해지고 있으므

[30] 로, 정의란 (a) 명사(이름), 혹은 명사와 비슷한 다른 설명[90]이 무엇을 의
미하는지에 대한 어떤 종류의 설명(로고스)이 될 것임은 명백하다. 예를
들어 삼각형에 대해 삼각형이란 무엇인가에 대한 답을 의미하고 있는 설
명이 삼각형의 정의인 셈이다.[91] 그리고 그것이 있다는 것을 바로 파악하
고 있을 때, 우리는 그런 것은 무엇 때문인지를 탐구한다. 그러나 '그것
이 있다'를 우리가 모르는 것에 대해, '그런 것은 왜인가'를 이렇게 탐구하
고 파악하는 것은 어렵다. 이 어려움의 원인에 대해서는 앞서 이야기되었

[35] 다.[92] 즉, 우리가 그것이 '있다'라거나 '없다'라는 것을 부대적인 방식 이외

---

89 이 장은 정의론의 핵심이자 정리이다.

90 명사와 비슷한 다른 설명은 현대적으로 말하면 '기술구'이며, 그것에 대해 '무엇
인가'가 이야기되는 피정의항이다. 이른바 '명목적 정의' 항은 아니다. 이 점에 대해서
는 Ross 참조. 다만 명사 혹은 다른 명사와 비슷한 설명이 무엇을 의미하고 있는지를
말하는 설명은 명목적 정의일 수 있다. '명목적 정의'의 이해에 대해서는 논란이 있다.
그러나 그 의미가 실재와 전혀 연결되지 않음이 분명한 경우만을 명목적 정의로 하는
것이 아닌 한, Barnes가 논하고 있듯이 탐구 후에 나타나게 되는 본래적인 정의와 대
조되는 '정의'는 일반적으로 '명목적 정의'로 해석해도 좋다고 생각된다. '무엇인가'의
탐구에 앞서 탐구하는 사람이 가지고 있고 그 사항(존재하지 않는 경우도 포함하여)
에 대한 이해는 '무엇을 의미하는가'를 말하는 넓은 의미의 설명으로서는, (1) 어떠한
기술, (i) 확정적인 지시가 성립하는 '고유성'을 말하는 설명, (ii) 그 사항에 부대적이
기는 하나 그 사항의 성질을 말하는 설명, (iii) 그 사항이 다른 사항과의 관계에서 부
대적으로 갖는다고 생각되는 성질을 말하는 설명, 즉 '무엇인가'는 말하지 않는 설
명과, (2) 그 사항의 '무엇인가'의 부분에 언급한 부분적인 정의라는 네 가지를 들 수
있을 것이다. 그리고 탐구의 결과로서, (3) '무엇인가'의 완전한 정의를 내릴 수 있게
된다.

91 텍스트에 대한 논란이 있다. Ross가 삭제한 ti esti를 사본에 따라 읽는다.

92 제2권 제8장 93a24-27 참조.

에는 모른다는 데 있다.[93] (또한 '설명이 하나이다'[94]라는 데에는 두 가지 방식이 있다. 하나는 『일리아스』와 같이 연결에 의해서 하나인 것이고,[95] 다른 하나는 한 가지 사항에 대해서 부대적이지 않은 방식으로 한 가지 것이 있음을 밝힘에 의해서 하나인 것이다.)

이렇게 지금 언급된 것 (a)가 '항'에 대한 정의항 중 하나이지만,[96] (b) 또 다른 정의항은 '그런 것은 왜인가'를 밝히는 설명이다. 따라서 앞의 의미에서의 정의항은 무엇인가를 의미한다고는 하지만, 아무것도 증명한다는 것이 없는 데 반해, 나중의 의미에서의 정의항은 '그것은 무엇인가'에 대한 이른바 '논증'과 같은 것이 되든[97] 배치에 따라[98] 논증과 다르다는 것은 분명하다. 즉, '천둥이 울리는 것은 왜인가'를 말하는 것과 '천둥이란 무엇인가'를 말하는 것은 다르기 때문이다. 천둥이 일어나는 이유는 무엇이냐고 묻는다면 '구름 사이에서 불이 꺼지기 때문'이라고 대답하겠지만, 천둥이 무엇이냐고 묻는다면 '구름 사이에서 불이 꺼지는 데 따른 소리'라고 대답할 것이다. 따라서 동일한 설명이 다른 방식으로 이야기되고 있고, 앞에서 말한 것처럼 말하면 '계속되는 논증'[99]이지만, 뒤와 같이 말하

94a

[5]

---

93 '삼각형'이 무엇을 의미하는지는 미리 알고 있어야 하지만, 그 '있다'는 것은 논증되고 나서야 비로소 알게 된다. 하지만 '부대적인 방식으로'는 한정구이기는 하지만, 논증에 앞서 '있다'는 것을 알았음을 허용하는 셈이다.

94 '설명이 하나이다'에 대해서는 제2권 제7장 92b30-32, 제13장 96b30-34 참조.

95 '연결'이라고 해서 여기에서는 물리적인 연결이 아니라 '문법에 의한 연결'을 생각할 수 있다. 어린아이가 타자한 원고는, 확실히 물리적으로는 '연결'되어 있고, 게다가 우연히 어떤 의미가 있다고 하더라도 '하나'가 아니다.

96 '항'과 '정의항'의 원어는 모두 horos이다. 주어 '항'에 대해 술어의 위치에 있는 '정의항'이 말해지고 있다. 이런 종류의 언표 중 일부 분류의 (c)는 존재하지 않는, 예를 들어 '염소사슴'에 대해서도 있을 수 있다.

97 피설명항을 '의미하는 언표'와 피설명항과 설명항의 동일성을 '밝히다'의 대비가, 이른바 '명목적' 정의와 '실재적' 정의의 대비이다.

98 이 장에서는 또 94a12에서 '어형변화'(ptōsis)에 따른 차이라고 말한 바 있다.

99 나중의 정리(94a11-12)에서도 Barnes와 같이 '무중항의 전제를 가진 추론'이 아

94a

면 '정의'인 것이다.

게다가 (c) 천둥의 정의항은 '구름 사이의 소리'인데, 이것은 '천둥이란 무엇인가'에 대한 논증의 결론이다.[100] 하지만 (d) 무중항인 사항의 정의

[10] 는 '그것은 무엇인가'에 대해 상정(想定, thesis)되는 것이지 논증되지는 않는다.[101]

그래서 하나의 정의[102]는 (d) '그것은 무엇인가'에 대한 논증되지 않는 설명이고, 다른 하나는 (b) '그것은 무엇인가'에 대한 추론이며, 논증과는 어형(語形, ptōsis)에서 다르다. 그리고 세 번째는, (c) '그것은 무엇인가'에 대한 논증의 결론이다.[103]

니라 '추론의 형태로 이야기되는 전체'를 말하는 것이라고 생각된다. '무중항의 전제를 가진 추론'이라면 그것은 바로 논증이 된 셈이다.

100 Ross나 Pellegrin(2010)은, 이것은 정의의 제3의 규정 (c)가 아니라, (a)를 다른 방식으로 말한 것으로 새기고 있다. 그러나 Pellegrin도 우려하고 있듯이 탐구에 앞서는 '명목적 정의'와 추론의 결론인 '명목적 정의'를 동일한 자격에 있다고 생각하기는 어렵다. 이 어려움은 Pellegrin(2010, pp. 141-144)와 같이 '우리에게 더 앞서'와 '사항으로서 더 먼저'라는 구별에 의해 조정될 수 있는 것이 아니다.

101 제2권 제9장에서 논의된 논점의 정리이다.

102 아래의 정리에서 (a)는 언급되지 않는다. 이에 따라 (a)를 (b)-(d) 중 하나에, 즉 (b) 혹은 (c)로 환원하려는 시도도 있다. 그러나 제2권 제8장에서도 (a)는 언급되지 않았다는 점을 생각하면, '무엇인가'를 전혀 언급하지 않는, 앞의 각주 90에서 (1), 특히 (iii)을 포함하는 '명목적 정의'는 정의가 아니라는 것이 아리스토텔레스의 최종적인 답이다. 덧붙여 '신'에 대해서는, 존재하는지 어떤지를 알 수 없지만, 존재한다고 믿는다는 상정 아래에서 탐구하게 된다.

103 제2권 제7장의 결론과는 대조적으로 어떤 종류의 정의는 추론되며, 또 어떤 종류의 정의는 '논증'된다. 단, 여기서의 '천둥'의 예에도 불구하고, 적합한 사례를 든다면 기하학의 경우일 것이다. 기하학에서 논의되는 사항은 아리스토텔레스의 존재론에서는 통상 실체로 여겨지지 않음에도 불구하고 『분석론』에서는 Goldin이 '인식론적 실체'(epistemic substance)라고 불렀듯이, '실체'로서, 혹은 '실체에 준하는 기체'로서 취급되고 있다. 즉, '삼각형'은 그 존재가 논증되는 '것'이기도 하고, 보다 기본적인 '직선'으로부터 구성되는 '것'이기도 하다. 이 구성 관계는 연역적 구성이기 때문에

208

따라서 여기까지 말해진 것으로부터, 아래의 논점은 명백하다. 즉, (1) '그것은 무엇인가'에 대해 어떤 방식으로 논증이 있고, 또 어떤 방식으로 논증이 없으며, (2) 어떤 것에 대해 논증이 있으며, 또 어떤 것에 대해서는 없는지, 또한 (3) 정의가 얼마나 많은 방식으로 이야기되는지, 또 (4) 정의가 '그것은 무엇인지'를 어떤 방식으로 증명하는지, 또 어떤 방식으로 증명하지 못하는지, (5) 정의는 어떤 것에 대해서 있고, 또 어떤 것에 대해서는 없는지, 게다가 (6) 정의는 논증과 어떤 관계에 있는지, 그리고 (7) 정의와 논증이 동일한 사항에 대해 어떤 방식으로 있을 수 있는지, 또 어떤 방식으로 있을 수 없는지 하는 것이다.[104]

[15]

제11장

우리가 무언가의 지식을 가지고 있다고 생각하는[105] 것은, 우리가 그 무엇인가가 그러한 것의 원인이라는 것을 알고 있을 때이지만, 그러한 원인에는 네 가지가 있다.[106] 하나는 (1) '그것은 원래 무엇이었는가', 다른 하

[20]

논증 관계가 되기도 한다.

104 (1), (4)에 대해서는 제2권 제8장 93a15-b14, (2)에 대해서는 제9장, (3), (5)에 대해서는 제10장에서, (6), (7)에 대해서는 제8-10장에서 논해진 것이다.

105 '생각하다'의 원어는 oiesthai이다. 이 말과 비슷한 doxazein(생각한다)이란 말도 사용된다.

106 지금껏 정의나 '형식적' 원인을 논증에 의해 증명되지는 않았지만, 논증 속에서 밝혀지는 무언가로 말해 왔다. 제11장은 네 가지 원인(aitia) 각각이 '중항을 통해 증명된다'라고 주장한다. 즉, 어떤 종류의 원인을 보여주는 유일한 학적 방식은 '논증적 추론'을 통해서라는 것이다. 이 장에서 아리스토텔레스는 어떤 사항에 대해 하나 이상의 원인이 있을 가능성을 고려하고 있다. Ross는 이 장을 가장 난해한 장 중의 하나로 생각하며(p. 638), 학자들은 이 장의 전체적인 목적이 잘못된 것으로 간주하기도 한다.

94a

나는 (2) '어떤 사항 B가 있을 때, 이 사항 A가 있는 것이 필연이 되는 바로 그 사항 B', 또 다른 하나는 (3) '맨 처음 움직이게 한 무언가', 그리고 넷째는 (4) '무언가를 위해서인 것'이다.[107]

이 모든 원인은 중항을 통해 증명된다.[108] 즉, (2) '그 사항 B가 있을 때 이 사항 A가 있는 것이 필연이 되는 그 사항 B'는 하나의 전제 명제가 받아들여지고 있을 때가 아니라, 적어도 두 가지 전제가 받아들여지고 있을 때에 성립한다. 즉, 이 A가 C에 있는 것은 하나의 중항 B를 가질 때이다. 이렇게 해서 이 하나의 중항이 받아들여질 때, 결론이 있는 것이 필연이 된다. 다음과 같이 해도 이 점을 분명하게 해 준다. '반원에 내접하는 각이 직각인 것은 왜인가?', 혹은 '어떤 사항이 있을 때, 반원에 내접하는 각은 직각인가?'라고 묻는다. 이제 '직각'을 A, '2직각의 절반'을 B, '반원에 내접하는 각'을 C라고 하자. 그렇다면 직각인 A가 반원에 내접하는 각인

[25]

[30]

---

107 이른바 4원인(aitia)론이다(『자연학』제2권 제3장, 『형이상학』제1권 제3장, 제5권 제2장 참조). (2)는 추론에서의 전제를 예로 하고 있으며, 그 해석에는 논란이 있다. 각각 (1) 형상인, (2) 질료인, (3) 작용인, (4) 목적인이 되는 원인이라고 생각할 수 있다. 그것도 『자연학』제2권 제3장에서는 "자모는 철자의 원인이며, 질료는 인공물이지만, 불이나 그러한 질료는 다른 물체의, 부분은 전체의, 그리고 가정은 결론의, '그것으로부터'라는 의미에서의 원인이다. 즉, 이것들 중 전자의 것들, 즉 부분 등과 같은 이것들은 기체로서의 원인이며, 후자의 것들은, 즉 전체나 합성체, 그리고 형상은 '그것은 원래 무엇이었는가'(본질)로서의 원인이다"(195a16-21)라고 이야기되고 있어서, '질료인'으로서 논의되는 대상의 일부가 되기 때문이다. '질료인'이라고 생각하는 것에 대한 반대는 '전제는 필연적으로 결론을 가져온다'가 질료만으로는 필연적으로 형상이 되지 않는다고 생각되는 것에 있다. 아리스토텔레스에게서 '질료'가 걸맞게 설정되면 '그 자체로 필연적으로' 형상이 되도록 뭔가 구상되어 있다고 생각된다. 이 점은 이른바 '질료형상론'(hylomorphism)으로 불리는 아리스토텔레스의 입장과 관련이 있다. 중요한 것은 이렇게 생각한다고 해서 '형상이 질료로 환원되어 버리고, 따라서 형상이 그 의미를 잃는다'라는 것은 아니라는 것이다. 그것은 전제로부터 결론을 추론하는 것이 의미가 없다는 것은 아니다.
108 이 4종류의 원인은 '그 자체로서'라는 관계에 있다.

210

C에 있는 것의 원인은 B이다. 왜냐하면 B인 각은 A와 같고, 각(角) C는 B와 같기 때문이다. 즉, B는 2직각의 절반이기 때문이다. 이렇게 2직각의 절반인 B가 있을 때 A가 C에 있다[109](즉, 이것이 '반원에 내접하는 각이 직각이다'라는 것이었다). 그러나 B는 C의 '그것은 원래 무엇이었는가'와 같고, B가 C의 정의(로고스)가 의미하는 것이다.[110]

[35]

그러나 (1) 중항이 '그것은 원래 무엇이었는가'라는 원인이라는 것도 (kai) 이미 증명되었다.[111]

하지만 (3) '페르시아 전쟁이 아테나이인에게 일어난 이유는 무엇인가?' 혹은 '아테나이인이 전쟁에 끌려들게 된 원인은 무엇인가?'라고 물으면, '에레트리아와 함께 사르디스를 공격했기 때문이다'라고 대답한다. 즉, 이 공격한 것이 최초로 움직인 것이다. '전쟁'에 해당하는 것을 A, '먼저 공격하는 것'을 B, '아테나이인'을 C로 하자. B는 C에 있고, 즉 먼저 공격하는 것이 아테나이인에게 있고, A가 B에 있다. 즉, 사람은 먼저 부정의를 저지른 사람에 대해 전쟁을 하기 때문이다. 그러므로 B에게 A가 있고, 즉 '먼저 시작하는 사람'에게 '전쟁에 끌려들게 된 것'이 있으며, 이것 B가 '아테나이인'에게 있다. 왜냐하면 아테나이인이 먼저 시작했기 때문이다. 그러므로 여기서도 원인, 즉 최초로 움직인 사항이 중항

94b

[5]

---

109 에우클레이데스, 『원론』 제3권 명제 31, Heath(1949), pp. 71-73 참조. B가 중항이 되는 이 논증의 핵심은 일반적으로 현(弦)상의 내접각이 현(弦)상의 중심각의 절반이라는 데에 있다.

110 이것을 흔히는 A와 C의 관계로 여겨 왔지만, Barnes의 지적처럼 B와 C의 관계라고 생각된다. 주석가들은 이렇게 이해했다. 'B는 A의 본질이다. A의 정의가 B를 말하기 때문에.' 이것은 2직각의 절반이 되는 것이 직각임의 본질이라는 터무니없는 견해에 기인한다. 오히려 이것은 이렇게 해석되어야 한다. 'B는 C의 본질이다. C의 정의가 B를 나타내기 때문에.' '두 직각의 절반임'은, 비례 중항을 찾는 것이 제곱의 본질인 것과 같은 이유로 '반원에서 한 각'의 본질(의 부분)이다(『혼에 대하여』 제2권 제2장 413a17-20 참조). 각 경우에 후자의 속성은 전자에 종속된다.

111 이 점은 앞서 제2권 제8장에서 언급되었다.

이다.[112]

하지만 (4) '그것을 위한(그것 때문인) 그것'이 그 원인이 되는 모든 사항에 대해서는, 예를 들어 '산책을 하는 것은 왜인가?'라는 질문을 받고, '건강을 위해서이다'라고 대답하거나. '집이 있는 것은 왜인가?'라는 질문을 받고, '가산(家産)을 보존하기 위해서이다'라고 대답하는 경우인
[10] 데, 이것들은 각각 '건강이라는 목적', '가산을 보존하기 위한 목적'을 말하고 있다.[113] 그런데 '식후에 산책해야 하는 것은 왜인가?'와 '식후에 산책해야 하는 것은 무엇을 위해서냐?'라고 묻는 것은 아무런 차이가 없다. C를 '식후 산책', B를 '음식물이 정체되지 않는 것',[114] A를 '건강한 것'으
[15] 로 하자. 그러면 식후 산책을 하는 것은 위 입구에 음식물이 정체되지 않도록 할 수 있는데, 이것은 건강한 일이라고 하자. 즉, '산책하는 것'인 C에는 '음식물이 정체되지 않는 것'인 B가 있고, 이 B에게는 '건강한 것'인 A가 있다고 생각되기 때문이다. 그렇다면 C에 A, 즉 'C가 그것을 위해서인 그것'이 있는 것의 원인은 무엇인가? B, 즉 '음식물이 정체되지 않
[20] 는 것'이다. 이것이 말하자면, '건강한 것'의 설명항(로고스)이다. 왜냐하

---

112 이 사례는 페르시아 전쟁이라는 개별적인, 게다가 아마도 필연적이라고 할 수 없는 사례의 '원인과 설명'을 문제로 삼고 있다(헤로도토스, 『역사』 제5권 97-102 참조). 단적인 '논증적 지식'은 아니다. 그러나 이곳에서는 '전쟁', '먼저 공격하는 것', '아테나이인'을 페르시아 전쟁과의 관계로 한정해서 읽을 수 있을 것이다. 그러면 아리스토텔레스의 논증적 지식의 전형에서 그렇듯이, 중항은 두 끝항으로 교환된다. 제2권 제16장 98b32-36, 제17장 99a16-23 참조. 이 점은 다음 절에서 논의되는 이른바 '목적인'의 원인(중항)과도 관련되어 있다. 교환 가능하지 않으면 목적인의 원인(중항)으로 하는 것은 곤란하다.
113 목적인이 추론 형식에서 중항으로 작용하는 것을 나타낸다는 이 대목의 목적은 분명하지만, 아래의 예는 쉽게 해석하는 것을 허락하지 않는다. Ross와 Barnes도 당혹감을 감추지 않고 있다. 아래 예에서 목적이 원인이기 위해서는 '건강한 것'이 중항이어야 하는데, 논의는 '음식이 정체되지 않을 것'(소화가 잘 될 것)을 중항으로 구성되어 있기 때문이다. 이 점에 대한 해석의 자세한 사항은 Johnson, pp. 52-54 참조.
114 문자적으로는 '음식물이 표면에 남아 있지 않는 것'.

면 A가 이러한 방식으로 설명되기 때문이다. 하지만 'B가 C에 있는 것은 왜인가?'라고 물으면, '이것, 즉 그러한 음식물이 정체되지 않는다는 그러한 상태를 하는 것이 건강한 것이기 때문이다'라고 대답하게 된다. 그러나 설명항을 교환해야 한다.[115] 그러면 각자의 사항이 더 분명해질 것이다.

하지만 목적의 경우에서는 생성은 운동에 대한 원인의 경우와는 반대이다. 즉, 운동에서는 중항은 최초로 생기는 것이어야 하는데, 여기서는 마지막 항 C가 최초로 생기고, 중항인 '그 무엇을 위한 그것'은 마지막에 생기기 때문이다.[116]

[25]

그러나 동일한 사항이 어떤 목적을 위해서 있는 동시에 필연에 의해서도 있을 수 있다.[117] 예를 들어 랜턴(등갓이 달린 등불)으로 밝아지는 경우이다. 즉 밝아지는 것이 빛의 통과에 의한다면 빛의 미세한 입자가 등갓의 더 큰 구멍을 통과하는 것은 필연적이기 때문이지만, 동시에 그것은 어떤 목적을 위해 있는 것이기도 하다. 즉, 우리가 어두워서 곱드러지지 않기 위해서도 있다. 하지만 그럴 수 있다면, 그렇다면 그렇게 생길 수도 있을까? 예를 들어 천둥이 치는 것은 불이 꺼질 때 쉿 소리가 나는 것이 필연적이기 때문이며, 또 퓌타고라스파가 주장하는 것이 맞다면 명계(冥界, tartaros)에 있는 자들에게 두려움을 품으라고 위협하려는 목적이라는 것이다.

[30]

---

115 문자적으로 '그 설명항을 대신 받아들여야 한다.' 즉, 목적이 원인이 되기 위해서는 '건강한 것'이 중항이 되는 것처럼, '음식물이 정체되지 않는 것이 건강한 데 있다'를 '건강한 것은 음식물이 정체되지 않는 것이다'라고 주어항과 술어항을 교환할 수 있어야 한다.

116 이른바 '작용인'과 '목적인'의 원인과 결과의 시간적 선후 관계에 대한 논점이다. 동시인 것을 방해하지는 않는다는 점에 주의하라. 직전의 '집'의 예 등이 그렇듯이, '집이 있는 것'과 '가산을 보존하는 것'은 동시에 성립하고 있다.

117 아래의 구절은 필연성에 의한 설명과 목적성에 의한 설명이라는 두 가지 다른, 게다가 일반적으로는 대립한다고 생각되는 유형의 설명의 양립 가능성을 논한 아리스토텔레스의 초기 텍스트로서 흥미롭다. 『자연학』 제2권 제8장 참조.

[35]   이러한 종류의 일은 많이 있지만, 특히 자연 본성에 따라 형성되어 가고 있는 사항이나 형성된 사항에 많다. 자연 본성은 한편으로는 어떤 목적을 위해 만들고, 다른 한편으로는 필연에 의해 만들어지기 때문이다.[118]

95a   '필연'이라는 것은 두 가지 뜻을 가진다. 즉, 하나는 '자연 본성, 즉, 경향성(충동, hormē)에 따라'라고 하는 것이고, 다른 하나는 '강제에 의해서, 즉 경향성으로부터 벗어나'라고 하는 것이다. 예를 들어 돌은 필연에 의해 위로도 아래로도 움직이지만, [위로는 강제에 의해, 아래에는 자연 본성에 의해 움직이는 것이지] 동일한 필연에 의한 것은 아니다.

그러나 사고에 의해 형성되는 사항에 있어서는 어떤 종류의 사항, 예를 들어 집이나 조각상 등은 자발적으로 만들어지지도 않으며, 필연으로부터 만들어지지도 않고, 어떤 목적을 위해서 만들어진다. 이에 대하여 어떤 종류의 사항, 예를 들어 건강이나 안전 등은 운(運)으로부터도 만들어진다. 하지만 특히, 이와 같이 있을 수도 있는 동시에, 또 다른 것일 수도 있는 모든 사항에 있어서는, 그 생성이 운으로부터가 아니라, 그 끝이 좋아지는 생성일 때, 그 사항은 어떤 목적을 위해서 자연 본성에 의해서나 기술에 의해서 생기는 것이다. 하지만 운으로부터는 그 어떤 사항도 어떤 목적을 위해서 생기는 것은 없다.[119]

[5]

---

118 이 '필연성'은 앞서 구별한 (2)의 원인에 의한 필연성, 이른바 '질료의 필연성'이다. 즉, 여기서 '자연 본성'은 '정의'의 질료인적인 측면과 목적인적인 측면을 이야기하고 있다. 어떤 사항의 질료는 그것이 있으면 그 자체를 필연화하고, 그렇지 않으면 그 사항의 질료가 아니라는 틀에서 논의되고 있다. 『자연학』 제2권 제9장이나, 『동물의 부분들에 대하여』 제1권 제1장, 그리고 『형이상학』 제5권 제5장에서는 '가정적 필연성'이라는 제3의 필연성 개념을 내놓고 필연성에 의한 설명과 목적성에 의한 설명의 조정을 꾀하고 있다.

119 필연성에 의한 설명과 목적성에 의한 설명의 양립 가능성에 대한 강한 주장은 우연이나 운을 언급함으로써 수정되었다.

제12장

　현재 어떤 사항의 원인과 바로 동일한 원인이 지금 일어나고 있는 사항 [10]
에, 또 이미 일어난 사항에, 나아가 앞으로 일어날 사항에도 있다(어느 경
우나 중항이 원인이기 때문에[120]). 단, 지금 있는 사항에 대해서는 지금 있
는 중항이, 지금 일어나고 있는 사항에 대해서는 지금 일어나고 있는 중항
이, 또 이미 일어난 사항에 대해서는 이미 일어난 중항이, 나아가 앞으로
일어날 사항에 대해서는 앞으로 일어날 중항이, 그 원인이라는 점을 따로
하는 것이다.

　예를 들어 '월식이 생긴 것은 왜인가?'라고 물으면, '지구가 해와 달의
중간에 들어갔기 때문'이라고 대답하겠지만, 지금 월식이 생기고 있는 것 [15]
은 지구가 해와 달의 중간에 들어가는 일이 생기고 있기 때문이고, 앞으로
월식이 생기는 것은 지구가 해와 달의 중간에 들어가는 일이 있을 것이기
때문이고, 지금 월식이 있는 것은 지구가 해와 달의 중간에 들어가 있기
때문이다. '얼음이란 무엇인가?'라는 물음에 '굳어진 물'이라는 답을 받아
들인다고 하자. '물'에 해당하는 것을 C, '굳어지는 것'을 A, 중항인 원인,
즉 '열의 완전한 결여'를 B로 하자. 그러면 B가 C에 있고, 이 B에 A인 '굳
어지는 것'이 있다. B가 생기고 있을 때 얼음이 생기고, B가 생겼을 때 얼 [20]
음은 생겨 버렸고, B가 있을 때 얼음이 있을 것이다.

　그런데 이런 식으로 원인인 사항[121]과 원인이 그것의 원인인 사항이 생
겨나고 있을 때, 그 둘 다는 동시에 생겨나고 있고, 어떤 때에는 동시에 있
다. 일어난 것에 대해서도, 있을 것이라는 것에 대해서도 마찬가지이다.
그러나 이러한 방식으로 동시에 있는 것이 아닌 사항에 대해서는, 그렇게 [25]

120　이 장에서는 주로 '무엇인가가 무엇이 된다'는 사건(event)의 일어남의 '형상인'
설명에서의 시간론적인 문제가 논의된다.
121　즉 앞서의 예와 같은 동일한 유형의 원인(형식적 원인).

215

우리가 생각할 수 있지만 연속된 시간 내에[122] 어떤 사항이 그와 다른 사항의 원인일 수 있는가? 즉, C가 일어난 것의 원인은 다른 D가 그에 앞서 일어난 것이며, E가 있을 것의 원인은 다른 F가 그에 앞서 있을 것이며, 또 G가 일어나고 있는 것의 원인은 무엇인가 H가 앞서 일어나고 있었다면, H가 원인이라는 것이 되는 것일까?[123]

추론은 나중에 생긴 사항으로부터 시작된다[124](그렇다고는 하지만 이러한 사항에 대해서도 원리[125]는 앞서 생긴 사항이다). 그러므로 일어나고 있

---

122 시간이 '연속적'이라면. 『자연학』 제4권 제11장 219a10-14에 따르면, 두 시점 (t_1, t_2) 사이에는 항상 제3의 시점(t_3)이 있는 것으로 되어 있다.

123 여기서 비-동시적인 '설명항'(원인, explanans, to dioti)과 '피설명항'('원인이 그것의 원인인 사항', explanandum, to hoti)의 쌍이 있다고 가정하고, 우리가 그것들에 대해 어느 정도 지식을 가질 수 있는지를 묻고 있다. 먼저 아리스토텔레스는 '소크라테스는 10시에 한 잔의 독약을 마셨기 때문에, 정오에 죽었다'(여기서 '그 시간은 … 일정하게 한정되어 있다'[95a32], 즉 설명항과 피설명항 사이의 간격은 확정된 기간이다)와 같은 과거 시제의 쌍을 고려한다. 그는 '소크라테스가 죽었다'에서 '소크라테스가 독약 한 잔을 마셨다'를 추론할 수 있지만, '소크라테스가 독약 한 잔을 마셨다'에서 '소크라테스가 죽었다'를 추론할 수는 없다고 주장한다. 두 번째 논점은 타당하다. 11시에, '소크라테스가 독약 한 잔을 마셨다'라고 말하는 것은 참이지만 '소크라테스가 죽었다'라고 말하는 것은 거짓이다. 따라서 전자가 후자를 수반하지 않는다. 그러나 '소크라테스가 죽었다'로부터 '소크라테스가 독약을 마셨다'를 추론할 수 없다는 것도 마찬가지로 분명하다. 따라서 아리스토텔레스가 '추론은 나중에 생긴 사항으로부터 시작된다'(95a28)라고 말할 때, 그는 우리가 항상 피설명항에서 설명항으로 추론할 수 있다는 의미가 아니라, 때때로 그렇게 할 수 있다는 의미일 뿐이다. 알맞은 경우라면, 설명항과 피설명항 사이에 형식적인 연결이 있는 경우라고 생각하는 것이 합리적이다. 생각해 보자. '소크라테스는 독약 한 잔을 마셨기 때문에 독약으로 죽었다.' 여기서 우리는 피설명항에서 설명항으로 추론할 수 있는 것으로 보이지만, 그 반대는 추론할 수 없다. 바로 아리스토텔레스가 제시한 이유 때문이다. 즉, 추론은 '그 시간의 비결정성'을 요구한다.(Barnes, p. 235 참조)

124 추론은 '사실로서 성립하고 있음'을 분석하고 증명하는 것이니까.

125 즉 기원이 되는 원인.

는 사항에 대해서도 마찬가지이다. 하지만 추론은 앞서 생긴 사항으로부 [30]
터 시작되지 않는다. 예를 들어 이것이 먼저 생겼고 이게 나중에 생겼다는
추론은 없다. 일어날 사항에 대해서도 마찬가지이다. 이 둘 사이의 시간이
일정하게 한정되어 있지 않든 일정하게 한정되어 있든, '먼저 이것이 생
겼다'고 말하는 것이 참이기 때문에, '나중의 그 사항이 생겼다'라고 말하
는 것이 참되게 되는 경우는 없을 것이기 때문이다. 즉, 중간 시간에서는
한쪽이 생겼다고 해서, 다른 쪽이 생겼다고 말하는 것은 거짓이 될 것이
기 때문이다. 그리고 동일한 논의(로고스)가 일어날 사항에 대해서도 말 [35]
할 수 있다. 즉, 이것이 이미 일어났다고 해서, 아직 일어나지 않은 저것이
일어날 것이라는 참인 추론은 없다. 왜냐하면 중항은 '같은 유'여야만 하
기 때문이다. 일어난 사항에 대해서는 일어난 사항이, 일어날 사항에는 일
어날 사항이, 일어나고 있는 사항에는 현재 일어나는 사항이 같은 유이다.
하지만 일어난 사항과 일어나게 될 사항 양자에 대해 '같은 유'일 수 있는
중항은 없을 것이다. 게다가 중간 시간은 일정하게 한정될 수도, 일정하 [40]
게 한정되어 있을 수도 없다. 중간 시간에 말하는 것은 거짓이 될 것이기 95b
때문이다.

　어떤 사항이 이미 일어난 후에, 다른 사항이 지금 일어나고 있다고 말
할 수 있도록 사항을 사항 안에 연속시키고 있는 것은 무엇인지에 대한 탐
구를 시도해야 한다. 아니면, 일어나고 있는 사항이 일어났던 사항에 계
속되고 있는 것이 아니라는 것은 분명한 것일까? 왜냐하면 일어난 사항
A는 일어났던 사항 B에 계속되고 있지 않기 때문이다.[126] 즉, 이러한 일어 [5]
난 사항(AB의 각각)은 한계이며 불가분적이다. 그러므로 점이 서로 계속

---

126 '일어난 사항은 일어난 사항에 계속되지 않는다'에서 두 가지 '일어난 사항'은
『자연학』 제5권 제3장 226b23-227a6에서의 '계속하고 있는 것'에 대한 논의에 의하
면, '계속하고 있는 것'은 없고 '연속하지 않는다', 즉 그 중간에 제3의 것이 존재하지
않는 2개의 '생긴 사항'이다. 두 가지가 생긴 사항은 결코 '연속하지 않는다'에서 '점'
에 비유된다. 그렇다면 연속시킬 것도 없는 셈이다.

되는 일이 없듯이, 일어난 사항도 계속되고 있는 것은 아니다.[127] 사실상 양자는 분할할 수 없기 때문이다. 이렇게 일어나고 있는 사항도 동일한 이유를 통해 일어난 사항에 계속되고 있는 것은 아니다. 일어나고 있는 사항은 분할되지만, 일어난 사항은 분할할 수 없기 때문이다. 이렇게 해서 선이 점에 대한 관계에서처럼, 일어나고 있는 사항은 일어난 사항에 대해 관[10] 계하고 있다. 왜냐하면 일어나고 있는 사항에는 무한정 일어난 사항이 내재되어 있기 때문이다. 그러나 이러한 것들에 대해서는 『운동에 대한 일반론』[128]에서 좀 더 명백하게 이야기되어야 한다.

생성이 계속해서[129] 일어날 때,[130] 원인인 중항이 어떻게 되는지에 대해
[15] 서 이러한 만큼의 정도는 받아들여진 것으로 하자. 즉, 여기에서도[131] 중항과 첫 번째 항[132]이 무중항인 것은 필연이다. 예를 들어 A는 생겼는데, 그것은 C가 생겼기 때문이다(C는 나중에 생기고 A가 먼저 생긴 것이다. 하지만 C는 시간의 시작인 지금에 더 가깝다는 것에 의해, [우리의 탐구와 추론의] 시작이다[133]). D가 생겼다면, C가 생겼다. 그래서 D가 생겼다면, A가

---

127 바로 앞 절에 따르면, '복수의 일어난 사항이 계속되고 있는 것은 없다'가 되므로, 이 대목은 시점을 달리하는 사항이 원인 관계에 있을 수 있는 경우를 논하게 된다.
128 『자연학』 제4권 제10~14장, 제6권에 대한 언급으로 생각된다.
129 앞 절에서는 이 점이 부정되었다. 여기서 '계속해서'는 '동시에는 아니다'를 의미하는 것으로, '설명항과 피설명항이 비동시적인 원인의 경우에'.
130 아래 논의에서는 이미 언급한 시간의 연속성 문제와 과거 · 현재 · 미래라는 시간 양상의 문제, 나아가 (계속성을 나타낼 수 있는) 현재 시제와 (완결성이 강하게 나타나는) 과거 시제의 문제가 뒤섞여 관련되어 있다. 여기서는 논리가 시간성을 다루는 것이 곤란한 것임을 확인하는 데 그치고, 개개의 논점의 옳고 그름에 대해서는 논의하지 않는다.
131 이어지는 예(95a14~21)를 말한다.
132 시간상에서 나중 사항에서 앞의 사항으로의 추론이며, '첫 번째 항'은 여기서는 D를 말한다.
133 즉, 우리의 지식이 출발하는 그 점. 과거와 미래가 지금으로부터 셀 수 있을 뿐만 아니라 Barnes의 지적처럼, 인식론적으로, '사항에 대한 우리의 지식은 현재의 지

생긴 것이 필연이다. C가 원인[134]이다. 왜냐하면 D가 생겼다면, C가 생긴 [20] 것이 필연이고, C가 생겼다면 앞서 A가 생긴 것이 필연이기 때문이다.

그러나 이런 식으로 중항을 받아들일 때, 어딘가 무중항인 사항에 이르러 멈추게 되는 것일까, 아니면 [생성이] 무한정인 것에 의해서[135] 항상 [그것들 사이에] 중항이 들어오게 되는 것일까? 왜냐하면 이미 말했듯이, 일어난 사항은 일어난 사항에 계속되는 것이 아니기 때문이다. 그러나 그럼에도 무중항인 사항에서, 지금으로부터 거슬러 올라가 최초의 사항에서 [25] 시작하는 것이 필연이다.

[이제부터 앞으로] 있을 사항에 대해서도 마찬가지이다. 즉, D가 있을 것이라고 말하는 것이 참이라면, A가 있을 것이라고 말하는 것이 앞서 참인 것이 필연이다. 그 원인은 C이다. 즉, D가 있다면, 앞서 C가 있을 것이기 때문이다. 하지만 C가 있다면, 앞서 A가 있을 것이다. 여기에서도 [30] '절단'(tomē)은 마찬가지로 무한정이다.[136] 왜냐하면 일어나게 될 사항은 서로 계속되고 있는 것이 아니기 때문이다. 하지만 여기에서도 또한 무중항의 시작이 받아들여져야 한다.

구체적인 예에 대해서는 다음과 같다. 집이 생겼다(D)면, 돌이 잘려 나가서 생긴(A) 것이 필연이다. 그것은 왜일까? 집이 생겼다면 토대가 생긴(B) 것이 필연이기 때문이다. 토대가 마련됐다면, 앞서 돌이 생긴 것이 [35] 필연이다. 또 집이 있을 것(D)이라고 한다면, 마찬가지로 앞서 돌이 있

식에 근거한다'라는 의미로 '지금이 시간의 시작이다.'(p. 238 참조)

134 즉, causa cognoscendi. C는 '우리는 A가 일어난 것을 어떻게 아는가' 혹은 '왜 우리가 믿는가'를 설명한다. C는 A 자체를 설명할 수는 없다. C는 A보다 나중이니까. C는 A가 아니라 D와 A의 연결을 설명해 준다. 그럼 'D가 A를 요구한다는 사실은 무엇을 설명하는가? D는 C를 요구하고, C는 A를 요구하기 때문에, C를 설명하는 것이다.'

135 즉, 어떤 두 개의 일어난 사건(past events) 사이에 제3의 것이 있기 때문에.

136 즉, tomē는 '분할'과 같은 말이다.(『자연학』 제8권 제8장 262b20 참조) 즉, '시간 단면 D-A가 잘라질 수 있는 무한히 많은 지점이 있다.'

95b

었던 것이다(A). 이것 역시 중항을 통해 증명된다. 즉, 앞서 토대가 있을 것(C)이기 때문이다.

생기는 사항 중에 어떤 종류의 생성이 순환적으로 있음을 우리는 보는데, 이는 중항과 두 끝항이 서로 부수되는 한 있을 수 있는 일이다.[137] 즉, 이러한 경우에는 상호 치환이 있기 때문이다. 이것은 이 책의 처음 부분에서,[138] 결론이 뒤바뀐다는 점에서 증명된 것이다. '순환적으로'라는 것은 이것이다. 구체적으로 예를 들면 다음과 같다. 대지가 습하면 수증기가 생기는 것이 필연이다. 수증기가 생기면 구름이 생길 수밖에 없다. 구름이 생기면 빗물이 생길 수밖에 없다. 빗물이 생기면 대지가 축축해지는 것이 필연이다. 하지만 이 습성(濕性)은 최초부터 있었던 것이다. 따라서 생성이 순환적으로 한 바퀴 돌았다. 즉, 이것들 중 무엇이든 한 가지가 있으면 그와 다른 사항이 있고, 그것이 있으면 더 다른 사항이 있다. 이것이 있으면 최초의 사항이 있기 때문이다.

어떤 사항은 보편적으로 일어난다. (즉, 그러한 사항들은 항상, 그리고 모든 것에 대해, 또는 그런 식으로 일어나기 때문이다.) 그러나 어떤 사항은 항상이 아니라, 대개의 경우에 생긴다. 예를 들어 모든 남성인 인간이 턱수염을 기르고 있는 것이 아니라 기르고 있는 것은 대개의 경우이다. 그래서 이러한 사항에 대해서는 중항은 또한 대개의 경우임이 필연적이다. 왜냐하면 A가 B에 대해 보편적으로 술어가 되고, 또 B가 C에 대해 보편적으로 술어가 된다면, A 또한 C에 대해 항상 또 모든 것에 술어가 되는 것이 필연적이기 때문이다. 즉, 이것이, 즉 '모든 것에 또 항상'이라는 것이 '보

[40]
96a
[5]
[10]
[15]

---

137 나머지 부분에서 '순환 논증'과 '대개의 경우에'서의 전제는 '대개의 경우'에서의 결론을 수반한다는 주장과 반대로 '그러한 결론이 그러한 전제를 요구한다'라는 주장을 하는데, 이는 부차적으로 이곳에 놓여 있는 것으로 보인다.
138 추론과 논증의 순환과 그 문제점에 대해서는 제1권 제3장 73a6-20에서 논하고 있다. 단, 여기서의 순환은 논리적 순환이 아니라, 그러한 한에서는 아무런 문제가 없는 순환이다.

220

편적'이라는 것이다. 하지만 여기서는 '대개의 경우'라고 밑에 놓여 있었
다[가정되었다].[139] 그러므로 중항인 B가 대개의 경우에 있는 것이 필연적
이다. 그리하여 대개의 경우에 있는 사항에도 무중항의 원리가 있겠지만,
대개의 경우에 그러하거나 혹은 대개의 경우에 일어나는 한에서의 원리인
것이다.

제13장

그런데 '그것은 무엇인가'가 어떻게 정의항 안에 할당될 수 있는지,[140] [20]
또 '그것은 무엇인가'에 대한 논증이나 정의가 어떤 방식인지, 또 어떤 방
식이 아닌지에 대해서는 앞서 이야기되었다.[141] '그것은 무엇인가' 안에 숨
어 되는 사항들을 어떻게 사냥해야 하는지를 이제부터 논하기로 하자.[142]

---

139 적어도 한 전제는 '대개의 경우'인 것이어야 한다는 입장을 지지하고 있다. "또한
대개의 경우에 그 사안에 부수되는 것과 그 사안이 그것에 부수되는 것을 받아들여야
한다. 왜냐하면 대개의 경우에서의 문제들에 대해서는, 그 추론도 대개의 경우에서의
전제로부터, 그 [전제의] 모든 것이든 어떤 것이든 간에, 성립하는 것이기 때문이다."
(『분석론 전서』 제1권 제27장 43b33-35 참조)
140 Barnes는 여기서 복수형 horous를 '정의항'이 아니라 논증 속의 '항들'(in the
terms of a deduction)로 보고 있다('본질이 논증의 '항들'을 통해서 밝혀질 수 있는
지'). 어떻게 보면 맞는 말이지만, '그것은 무엇인가'를 '사냥하는 일', 즉 탐구라는 문
제 설정 아래에서 논하는 경우이다.
141 제2권 제8-9장 참조.
142 이 장은 또한 제2권 제10장에서의 정의 분석을 바탕으로 탐구의 방향성을 논의
하고 있다. '분석'에 앞서 동의성과 이의성(異義性)에 대한 직관에서 출발해서 분석,
즉 이른바 '분할'(개별화, 특정화)과 '종합'(일반화, 추상화)을 통해 미묘하게 엇갈리
면서 정의에 대해 '사냥하는 것'을 시도하고 있다. 배경에 있는 것은, 말의 '의미'와 사
항의 '본래의 모습에 대한 인식'이 성립하는 경우에는 '같다'는 것이 된다는 실재론이
다. 아리스토텔레스의 '분할법'과 정의의 관계에 대한 논의에 대해서는 『형이상학』 제

(1) [우리는 '그것은 무엇인가'를 문제 삼고 있는데,] 각각의 사항에 항상 성립되어 있는 사항 중 어떤 것은 보다 넓은 범위에 걸쳐 있지만, 그럼에도 그 유 밖으로 나가지는 않는다. '더 넓은 범위에 있다'라는 것은 각각의 사항에 보편적으로 있지만, 그뿐만 아니라 다른 사항에도 있다는 것이다. 예를 들어 '있다는 것'은 '3'에 있지만, 또 '수가 아닌 사항'에도 있듯이, 모든 '3'에 있지만, 또 '3이 아닌 사항'에도 있는 것과 같은 무언가가 있다. 그러나 '홀인 것'은 모든 '3'에 있고, 보다 넓은 범위에도 있지만(즉, '5'에도 있기 때문이다), 그것은 ['있다는 것'과는 달리 수(數)인 것의] 유 밖으로 나가지는 않는다.[143] 즉, '5'는 수이고, 수 밖에 있는 그 어떤 것도 '홀'이지 않기 때문이다.

그래서 이러한 사항들[술어항]을, 우리는 그들[술어항]의 각각은 [주어항]보다 넓은 범위에 있지만, [술어항] 전체에서는 [주어항]보다 넓은 범위에 있지 않은 사항들이 처음으로 파악될 때까지 다루어야만 한다. 왜냐하면 이것이 그 사항의 본질임이 필연적이기 때문이다.[144] 예를 들어 모

───────────

7권 제12장, 『동물의 부분들에 대하여』 제1권 제2-3장 참조.

143 이를 위해서는, '유'가 적절히 설정되어 있어서 '유 밖으로 나가는' 일이 없는 속성이 확정된다고 하는 과정이 있어야 한다. 그러나 정작 문제는 바로 어떻게 '유'(이 경우에는 '수라는 유')를 확정할 것인가였다. 이 점에 대해서는 Barnes, pp. 240-241 참조.

144 거의 유일한 구체적 탐구 절차에 대한 기술이다. 정의의 대상인 '종'으로서 놓인 사항에 대해 단독으로는 그 사항에 대해서뿐만 아니라 다른 사항에 대해서도 성립하는 보편적이고 필연적이기도 한 다양한 속성 중에서, 다른 사항에 대해서는 성립하지 않도록 하는 선택한 속성의 연언이 그 '종'의 '본질'이라고 논하고 있다. 그러나 이른바 외연을 똑같이 하면 어떤 조합이라도 좋다는 것은 아니다. 어떠한 '적절한 방식'이 있다고 하면, 그것을 분명히 하는 것이 정의론의 과제이다. 여기까지 제출된 선택의 조건은 (a) 문제의 속성이 '유' 밖으로 나오지 않는다는 것(96a25, 31), (b) 속성의 연언이 다른 사항에 성립하지 않는다는 것이 '처음으로 파악될 때까지'(96a33)인 것이다. 이후에 채용되는 속성이 '최종의 카테고리아'(96b12-13)라는 한정이 이루어지는 어떠한 '순서'가 상정되어 있다. 이 순서에 대해서는 제2권 제14장 이후에 논의되는

든 '3'에는 '수인 것'이 있고, '홀인 것'이 있으며, 또한 두 가지 방식으로 '첫 번째인 사항인 것', 즉 '수에 따라 측정되지 않는 것'이라는 식으로, 그리고 '수로부터 합성되지 않는 것'이라는 식으로 '첫 번째 사항인 것'이 있다.[145] 이렇게 해서 이것, 즉 '홀이고, 첫 번째 사항이며, 게다가 앞서 이야기한 방식 중 첫 번째 사항인 수'가 바로 '3'인 것이다. 이들 사항 중 각각은, '홀인 것'은 모두에 있으며, 또 '궁극적인 사항인 것'은 '2'에도 있지만, 전체적으로는 '3' 외의 다른 어떤 것에도 없다.

96b

그런데 우리는 앞에서[146] '그것은 무엇인가' 안에 있으며 술어 되는 것은 보편적인 것임을 밝혔지만(보편적인 것은 필연적인 것이니까), '3'에서, 또 이렇게 파악되는 어떤 다른 항에 대해서도 그 파악된 사항은 '그것은 무엇인가' 안에 있으므로, 이렇게 해서 '3'이란 이러한 것임은 필연적인 것이 될 것이다.

[5]

따라서 이러한 사항이 '3'의 본질임은 다음과 같은 점에서 분명하다. 즉, 이것이 '3인 것'이 아니었다면, 이것은 [그것을 유로서 명명하는] 명사(名辭, 이름)가 있든 없든 '3'을 포함한 어떤 유와 같은 사항임은 필연적이기 때문이다. 그러나 그 경우에는 그것은 '3'에 있을 뿐만 아니라, 그보다 더 넓은 범위에 있는 것이 될 것이다. 왜냐하면 유란 '가능한 한 보다 넓은 범위에 있는 사항이다'라는 것이 가정되어 있기 때문이다. 그래서 이것이 분할되지 않는 '3' 이외의 다른 아무것도 없다면, 그것이 '3에서의 있는 것'이 될 것이다(이것이, 즉 각각의 사항의 본질이란 분할할 수 없는 사항에 대한 이러한 최종적인 카테고리아라는 것이 가정되어 있기 때문

[10]

'분할의 방법'이 도움을 줄 수 있다. 이 문제에 대해서는 Charles(2000), Part II, 특히 ch. 9 참조.

145 헬라스 수학에서 '1'은 이른바 '수'가 아니라 '단위'이자 수의 '원리'이다(『형이상학』 제14권 제1장 1088a6-8). 3은 두 정수의 합(合)이 아니다. 따라서 '2'로 나눌 수 없고 '2'로부터 만들 수도 없다.

146 제1권 제4장 73a34-37, b25-28 참조.

이다[147]). 따라서 이와 같이 증명되는 사항 중 다른 무엇에 대해서도, 마

[15] 찬가지로 그러한 것은 '그 자체에서 있는 것'일 것이다. (2) 어떤 무언가 전체를 다루고 있을 때에는,[148] 다루고 있는 그 유를 형상에서 분할할 수 없는 첫 번째 사항[149]으로, 예를 들어 수라는 전체적인 유를 다루고 있다면, 그것을 3과 2로 분석할 필요가 있다. 그리고 나서, 그렇게 분석한 후에 뽑아낸 이러한 첫 번째 사항, 예를 들면, [도형의 경우라면] 직선이나 원, 또 직각이라고 하는 한 사항의 정의를 파악하도록 시도해야 한다. 그후에, 그러한 사항에 대해 '그 유는 무엇인가', 즉 예를 들어 그러한 유

[20] 가 '얼마큼인가'인지, 아니면 '어떠한가'인지 파악하고,[150] 첫 번째 공통된

---

147 이른바 '종차'라고 하는 것이 된다. 어떤 속성이 어떤 유를 규정할 만한 속성인지, 아니면 그 종의 사항의 본질을 규정하는 속성인지를 결정하는 '최종 카테고리아'인 것이 가정되어 있다.

148 이 대목은 전체적으로 그 목적이 모호하고, 지나칠 정도로 어렵다. 어쨌든 아리스토텔레스는 '어떤 무언가 전체를 다루는' 사람에게 조언을 하고 있다. 전통적인 해석은 이것을 infima species(최하종)과 summum genus(최고류) 사이의 중항을 정의하려는 시도로 받아들였다. Pacius는 아리스토텔레스가 특정 유형의 '최하종'에 대한 정의를 논의하고 있다고 생각했으며, Waitz와 Ross는 아리스토텔레스가 논증적으로 다루고 싶은 주제(기하학과 같은)에 접근하는 방법에 대한 일반적인 지침을 주고 있다고 해석한다(Barnes, p. 242). 이 대목은 96b15-21과 96b21-25의 두 부분으로 나누어진다.

149 유와 종의 계열 중에서 생물을 예로 들자면, '인간'이나 '개'와 같은 생식(生殖)이 가능한 최대의 단위, 이른바 '최하종'(infima species)이라는 것이다(Bonitz, 120a 58-b4 참조). '전체를 다룰 때', 우리가 관심을 갖고 있는 '유의 최하종'을 결정해야 한다. 이는 이러한 최하종을 정의하기 위해, 그리고 그들의 유를 찾고, 그들의 속성을 추론하기 위한 것이다. 그 절차는 이렇게 진행된다. 첫째, '유가 무엇인지 알아내는 것'(96b19)이다. 즉 그것(S)이 어떤 범주에 속하는지 알아내는 것이다. 둘째, 선택된 최하종 '고유속성'(96b20)은 아마도 증명의 임무가 확립하는 '그 자체로 부대적인 것'이다. 셋째, '첫 번째 공통된 사항'(96b20)을 통해 고유속성을 고찰한다.

150 이러한 카테고리아(양이나 성질)의 파악은 형상으로 분할에 앞서 이루어져야 하는 것으로, 이 절차를 여기서 행하는 것은 단순한 파악이 아니라 정의적 확정(確定)으

사항¹⁵¹을 통해 고유속성을 고찰할 필요가 있다. 왜냐하면 불가분한 사항으로부터 합성되어 생겨나는 사항은 분할되지 않는 사항의 정의로부터 밝혀질 것이기 때문이다. 왜냐하면 정의와 단순한 사항이 모든 사항의 원리이지만, 이것들이 생겨나고 있는 사항은 단순한 사항에 대해서만 그 자체로서 있으며, 다른 사항에는 단순한 사항에 따른 파생적인 방식으로 있기 때문이다.¹⁵²

(3) 그런데 종차에 따른 분할은 이러한 추구에서 유용하다. 하지만 이러한 분할이 '무엇인가'를 어떻게 증명하는지에 대해서는, 앞서 이야기되었다.¹⁵³ '그것은 무엇인가'를 추론하는¹⁵⁴ 데 유용한 것은, 단지 다음과 같은 방식에서일 것이다. [25]

실제로 이 방식에서조차도 분할은 전혀 유용하지 않으며, 분할 없이 처음부터 받아들인 것과 마찬가지로 모든 것을 즉시 받아들이는 것이라고 생각할 수도 있다. 술어가 되는 것 중에 첫 번째 술어가 되는 사항과 나중에 술어가 되는 사항 사이에는, 예를 들어 '동물, 길들임, 두 발'이라는 것과 '두 발, 동물, 길들임'이라는 것이 다르듯이, 어떤 차이가 있다.¹⁵⁵ 왜냐 [30]

로 해석된다.

151 '첫 번째 공통된 사항'(96b20)이란 무엇인가? 앞 단락 96b12-13에서의 '최종적인 카테고리아'를 가리키는 것으로 이해된다. 이에 대한 논란에 관해서는 Barnes, p. 243 참조.

152 예를 들어 기하학에서, 이등변 삼각형을 '두 변의 길이가 같은 삼각형'으로 정의하는 것으로부터 출발하고, 또 그 각이 2직각이라는 것을 안다면, 우리는 이등변 삼각형이 2직각이라는 것을 쉽게 증명할 수 있다.

153 제2권 제5장 참조. 여기서는 다시 분할법이 충분하지는 않지만 유용성의 관점에서 논의된다(96b16-25). 분할법에 의한 분석 시도는 설사 실패하더라도 그 실패를 통해 애초의 '통념'을 바로잡는 귀결을 가져온다면, 이 수정 자체가 상당한 성과일 수 있다.

154 sullogizesthai(셈하다)는 여기서 '추론하다'의 약한 의미로 사용되었다.

155 형용사의 위치를 바꿈으로써 의미가 달라질 수 있다. 예를 들어 yam은 'American sweet potato'로 정의되지, 'sweet American potato'로 정의되지 않는다. 원칙적

하면 모든 정의되는 사항이 두 가지로 이루어져 있고, '동물, 길들임'이 하나의 무언가이고, 나아가 이 '동물, 길들임'과 종차에서 인간이든 다른 무 [35] 엇이든 각각의 종이 하나의 사항으로 생긴다면, 분할하면서 묻는 것이 필연적이기 때문이다.[156]

게다가 '그것은 무엇인가' 안에 있는 것 중 무엇 하나도 남겨 두지 않는다는 것은 오직 이러한 방식으로만 있을 수 있는 일이다.[157] 왜냐하면 첫 번째 유가 받아들여질 때, 하위 분할 중의 무언가를 받아들이는데, 분할되는 모든 사항이 이것 안에 들어가지는 않을 것이기 때문이다. 예를 들어 모든 동물이 온전한-날개류 또는 갈라진-날개류 중 하나인 것은 아니며, 그런 것은 날개가 달린 동물의 전부이다. 왜냐하면 이 종차는 날개가 달린 동물의 종차이기 때문이다. 하지만 동물의 첫 번째 종차는 모든 동물이 그 97a 안에 들어가는 종차이다. 그 밖의 사항 각각에 대해서도 이 유 밖의 유 중에 있든, 이 유 아래의 유에 있든 마찬가지다. 예를 들어 새의 첫 번째 종차는 모든 새가 그 안으로 들어가는 종차이고, 물고기의 첫 번째 종차는 모든 물고기가 그 안으로 들어가는 종차이다. 이런 식으로 계속해 걷다[나가 [5] 다] 보면 무엇 하나도 빠뜨리지 않았음을 알 수 있다. 다른 방식으로는 무엇인가를 빠뜨리고 있는 것과 빠뜨린 것을 알지 못하는 것이 필연적이다.

하지만 정의하고 분할하는 사람이 모든 '있는' 사항에 대해 모든 것을

으로 정의는 '유'와 '종차'라는 두 가지로 이루어진다. 따라서 유는 하나의 무엇이어야 한다. 그래서 '동물, 길들임+두 발'과 '두 발, 동물+길들임'은 유가 다르다. 뿐만 아니라 '유'가 실제로 '하나의 무언가'를 이루고 있는지에 대해서도 문제가 된다. 이 예에서는 '두 발, 동물'이 아니라(모든 동물이 두 발을 가진 것이 아니니까!), '동물, 길들임'이 적절한 유를 이루고 있는 경우를 상정하고 있다. 그럼에도 유를 이루고 있는 것은 '동물, 길들임'이지, '두 발, 동물'이 아니라는 것이 어떻게 밝혀질 것인지 하는 문제는 여전히 남는다.

156 그러나 실제 분할법은 '두 발, 동물'을 유로 하기도 한다.

157 유와 종의 본래의 모습을 바르게 나타내면서 하나도 남기지 않게 하는 방법이라는 의미다. 하지만 분할은 하나도 남기지 않았다는 것(96b35)을 보장할 수 없다.

알아야 하는 것은 아니다. 그러나 어떤 사람들은 각자의 사항을 알지 못한 채 각자의 사항에 대한 차이를 아는 것은 불가능하다고 주장한다. 즉, 이러한 차이를 알지 않고서는 각각의 사항을 알 수 없다. 왜냐하면 그들의 [10] 주장에 따르면, 그와 다를 바 없는 사항은 그 사항과 같고, 그와 다른 사항은 그 사항과 다르기 때문이다.[158]

그런데 첫째, 이것은 거짓이다. 왜냐하면 사항은 모든 차이에 따라서 다른 사항과 다른 것은 아니기 때문이다. 즉, 많은 차이가 형상에서 동일한 사항에 있지만, 이것들은 본질에 입각한 차이도, 그 자체로서의 차이도 아니기 때문이다.[159]

다음으로 대립되는 것과 그 차이를 받아들이고, 모든 것이 이 대립되는 사항의 한쪽 또는 다른 쪽에 들어가는 것을 받아들이고, 탐구되고 있는 사 [15] 항이 어느 한쪽 안에 있음을 받아들이고, 게다가 이것을 인식할 때에는, 다른 얼마나 많은 술어 되는 사항에 이러한 차이가 있는지를 알고 있든 알고 있지 못하든 아무런 차이도 없다. 이러한 방식으로 걸어나가 더 이상 어떠한 차이도 없는 사항에 이른다면, 본질의 정의(로고스)를 갖게 될 것이 분명하기 때문이다.[160] 그리고 분할지(分割肢)가 중간에 아무것도 없는 모 [20] 순 대립이라면, 이 유에 속하는 모든 사항이 어느 한쪽의 분할지에 들어가는 것은 요청이 아니다. 왜냐하면 이 차이가 이러한 종류의 차이인 이상은 모든 사항이 이러한 분할지 중 어느 한쪽 안에 있는 것은 필연이기 때문

---

158 아카데미아를 계승한 스페우시포스 등의 입장을 언급하는 것으로 생각된다("에우데모스가 말하길, 스페우시포스의 생각에는 '있는' 모든 것을 알지 않고는 어떤 것을 정의하는 것은 불가능하다는 것이 있다."「단편」31b). 이 논증을 새롭게 구성한 Barnes를 참조(pp. 245-247). 그러나 이러한 것은 플라톤의『테아이테토스』, 심지어『메논』등에서도 이미 암묵적으로 검토되는 생각이다.
159 이 첫 번째 반론은 실질적으로 실체 파악과 그 이외의 카테고리아에 의한 파악의 구별을 예상한 반론이다.
160 이 두 번째 반론은 직접적으로는 이분법적 분할 절차를 받아들여 논의하는 사람에 대한 '인간을 향한 논증'이지만 일반적으로 성립한다.

이다.

(4) 분할을 통해 정의항을 구성하려면 다음 세 가지를 목표로 해야 한
[25] 다. 즉, '그것은 무엇인가' 안에 술어 되는 사항을 파악하는 것, 그것들 중
에서 어느 것이 첫째이고 어느 것이 둘째인지를 배열하는 것, 이것이 전부
가 되도록 하는 것이다.[161]

이것들 중 첫 번째는, 부대된 사항[162]에 대해 그것이 있음을 추론할 수
있도록 유를 통해 그것을 구성할 수 있음을 통해서 성취된다.

하지만 술어 되는 사항을 그렇게 배열하는 것은 첫 번째 사항을 파악한
다면 성취될 것이다. 그리고 이것이 성취되는 것은, 그것이 모든 사항에
[30] 수반되지만, 그것에 모든 사항이 수반되는 것은 아니라는 것을 파악할 때
이다. 즉, 이러한 무언가가 있는 것은 필연이기 때문이다. 그리고 이것을
파악하면, 하위 사항에 대해서도 동일한 방식이 이미 이루어져 있다. 왜냐
하면 두 번째 사항은 그 이외의 사항 중 첫 번째 사항이고, 세 번째 사항은
그 뒤를 잇는 사항 중 첫 번째 사항일 것이기 때문이다. 즉, 위쪽의 사항이
제거되었을 때, 그에 따르는 사항이 다른 사항 중 첫 번째 사항이기 때문
이다. 다른 사항에 대해서도 마찬가지이다.

[35] 그리고 이것들이 전부라는 것은 다음과 같은 것으로부터 명백하다. 즉
분할에 따라 첫 번째 사항을 받아들이고, 즉 모든 동물은 이것이냐 저것이
냐인데, [그 정의가 문제가 되고 있는 것은] 이것이라고 하고, 이어서 이
전체에 대한 차이를 받아들인다고 하면, 마지막 사항에 대해서는 어떤 차
이가 없다는 것, 혹은 바꾸어 말하면 마지막 차이를 수반하면 즉시, 더 이

---

161 분할에 의한 정의를 탐구하는 방법을 논의하고 있다. 첫째, 본질적 술어를 수집
하는 것. 둘째, 이것들을 고유한 순서로 배열하는 것. 셋째, 어느 것 하나 빠뜨리지 않
을 것.

162 부대되는 사항 일반이 아니라 제1권 제4장에서 논의하는 '그 자체로서' 있는 부
대된 사항을 말한다. 『토피카』에서는 유(와 종차)에 관한 토포스로서 제4권에서 논하
고 있다.

상 이것이 결합체 전체[163]와 형상에서 차이가 없기 때문이다. 왜냐하면 아무런 여분의 사항이 덧붙여져 있지 않고(즉, 이러한 차이의 모두는 '그것은 무엇인가' 안에서 받아들여지고 있기 때문이지만), 또 무엇 하나 결여되어 있지 않은 것도 분명하기 때문이다. [결여된 사항이 있다면,] 그것은 유이거나 차이일 것이기 때문이다. 그런데 유는 첫 번째 사항이거나, 이것이 차이를 동반해 부가된 사항이다. 또 차이는 모두 파악되고 있다. 그것도 [5] 더 이상 나중의 차이는 없기 때문이다. 왜냐하면 있다면, 마지막 사항이 형상에서 차이가 있을 것이기 때문이다. 그러나 이것이 다르지 않다는 것은 이미 언급되었다.[164]

(5) 유사한 사항과 차이가 없는 사항에 눈을 돌려, 먼저 그 모든 사항이 동일한 것을 가지고 있지 않은지를, 그다음에 이것들과는 다르지만 동일한 유에 속해 있고, 자신과는 형상에서 동일하지만, 이것들과는 다른 사항에 대해서, 그것들이 동일한 무언가를 가지고 있지 않은지를 탐구해야 한다. 그리고 이것들에 대해 동일한 무언가가 파악되고 다른 사항에 대해서 [10] 도 마찬가지일 때, 이번에는 이것들 파악된 것에 대해 동일한 사항을 갖고 있지 않은지를 하나의 설명(로고스)에 이르기까지 탐구해야 한다.[165] 왜냐하면 이것이 설명이 탐구하고 있던 사항의 정의가 될 것이기 때문이다. 그러나 한 가지 설명으로 나아가지 않고 두 가지 혹은 그보다 더 많은 설명으로 일관한다면, 탐구되었던 것은 어떤 한 가지 사항이 아니라 많은 사 [15] 항이었음은 분명하다. 내가 말하려는 것은, 예를 들어 우리가 '인품의 고상함'(megalopsuchia)이란 무엇인가를 탐구하고 있다면, 우리가 알고 있는 몇 명의 '인품의 고상함'에 대해서 인품이 고상한 사람인 한 그들 모두가 가진 한 가지 무언가를 탐구해야 한다는 것이다. 즉, 예를 들어 알키비

---

163 여기서 '결합체 전체'는 나중의 '형상-질료'의 결합체가 아니라, 겹겹이 쌓인 '유와 종차'의 전체이다. 이것은 적절하게 유가 분할되어 있음을 전제로 한다.

164 96b6-14 참조.

165 제2권 제19장에서 논의되는 '귀납'에 이은 과정의 일부를 이루고 있다.

아데스가 인품이 고상한 사람이고, 아킬레우스나 아이아스도 그렇다면, 이들 모두가 가진 한 가지는 무엇인가? 이 물음을 탐구하여 모욕을 견뎌 내지 않는 것이라고 대답한다. 즉, 모욕을 견뎌 내는 것을 좋아하지 않고,

[20] 한 사람은 싸움을 일으키고, 한 사람은 화를 내며, 한 사람은 자신을 죽였기 때문이다. 다음으로 다른 사람들에 대해, 예를 들어 뤼산드로스나 소크라테스에 대해 똑같이 탐구한다. 그래서 이들에게 있어서 동일한 하나의 무언가가 행운과 불운에 무차별적인 것이라면, 이것들 두 가지를 다루면서 운에 대한 무감각과 불명예스러운 일을 견디지 못하는 것이 동일한 무엇을 갖고 있는지 탐구한다. 그리고 이들에게 동일한[공통적인] 아무것도 없다면, 인품의 고상함에는 두 가지 형상이 있게 될 것이다.[166]

[25] (6) 모든 정의항은 항상 보편적이다. 즉, 의사는 어떤 [특정한] 눈에 건강한 것을 처방하는 것이 아니라, 모든 눈에 혹은 일정한 한정된 종류의 눈에 건강한 것을 처방하기 때문이다.

또한 각각의 사항[167]을 정의하는 것은 보편적인 사항을 정의하는 것보다 쉽다. 그러므로 각각의[개별적인] 사항에서 보편적인 사항으로 옮겨가

[30] 야 한다. 사실상 동명이의인 여러 가지 사항들은 차이가 없는 사항들보다 보편적인 사항들 중에서 더 많이 눈치채지 못하기 때문이다.[168]

마치 (7) 논증 안에는 추론되어야 할 것이 있어야 하듯이, 정의항 안에는 명확함이 있어야 한다.[169] 그리고 이 명확함이 있게 되는 것은, 각각

---

166 『에우데모스 윤리학』 제3권 제5장 1232b10-14 참조. Modrak(2001), pp. 91-95, Ward, pp. 187-199 참조.

167 여기서의 '각각의 사항'도 이른바 '최하종'이지 개체나 개별자는 아니다. 개체, 개별자는 정의되지 않는다.

168 여기서 눈치채지 못하는 동명이의란 향일적(向一的, focal meaning)이 아닌 바로 우연적인 동명이의일 것이다.

169 정의의 명확성에 대해서는 『토피카』 제6권 제2장 '정의의 불명확성을 피하는 방법' 참조.

의 사항에 대해 파악된 것을 통해 각각의 유 안에 있는 사항에 대해 각각 따로 정의될 수 있는 경우이다. 예를 들어 '유사한 사항'의 전부가 아닌 '색상이나 형태에서 유사한 사항'이 정의되고, '날카로움'의 전부가 아닌 [35] '음(音)에서의 날카로움'이 정의되며, 이렇게 해서 동명이의에 빠지지 않도록 주의하면서 공통된 사항으로 걸어 나갈 수 있는 경우이다.

또한 (8) 비유로 대화해서는 안 된다고 한다면, 비유로 정의해서는 안된다는 것, 또 비유로 말해지는 모든 사항을 정의해서는 안 된다는 것도 분명하다. 왜냐하면 [그런 정의를 허용한다면] 비유를 통해 대화하는 것이 필연적이기 때문이다.[170]

제14장

문제를 파악하기[171] 위해서는, 문제가 되는 사항의 해석과 분할을 다음 98a 과 같은 방식으로 다루어야 한다.[172] 즉, (1) (a$_i$) 그 문제와 관련된 모든

---

170 비유적 언어 사용의 잘못을 논의하는 『토피카』 제4권 제3장 123a33-37, 『소피스트적 논박에 대하여』 제17장 176b14-25 참조.

171 문제(problēma)에 대해서는 『토피카』 제1권 제4장 101b16 참조("추론이 관계하는 것은 문제들이며, 모든 명제와 문제는 고유속성이나 유, 또는 부대적인 것 중 하나를 나타내기 때문이다"). "P는 그 경우인가 혹은 아닌가?"(poteron … ē … ou;)라는 질문의 형식이 '문제'이다. 논증되는 사항의 주어, 술어 두 항을 특정하여 모순 명제의 형태로 제시하는 것이다.

172 '해석'(anatomē)과 '분할'(diairesis)의 차이는 분명하지 않다. '분할'이 주어항을 유와 종 계열로의 분류 안에 위치시키는 작업을 의미한다는 것은 확실하지만, '해석'은 Ross와 같이 '분할'과 같다고 하는 해석이나, Barnes처럼 어떠한 차이가 있다고 보고, 술어항의 역할을 수행하는 작업으로 보는 해석이 있다. (a$_i$)과 (a$_{ii}$), (b$_i$)과 (b$_{ii}$)로서 후자의 방식으로 이해했지만 큰 차이는 없다. 술어항의 확정은 주어항인 유의 분류에 의존하기 때문이다.

사항에 공통의 유를 가정하고, 예를 들어 동물이 고찰되는 사항이라면,

[5] (a$_{ii}$) 모든 동물에 있는 사항이 공통인지를 묻고, 이것을 다루었다면, 이번에는 (b$_i$) 나머지 사항 중 첫 번째 사항, 예를 들어 그것이 새라면 (b$_{ii}$) 모든 새에게 어떤 사항이 부수되는가를 묻고, (c) 항상 이렇게 해서 가장 가까운 사항에 이를 때까지 분할하여 (d) 가장 가까운 사항에 어떤 것이 부수되는지를 묻는 방식으로 다루어 간다.[173] 왜냐하면 이러한 방식으로 다룬다면, 공통의 유 아래에 있는 사항에 부수되는 사항이, 예를 들어 인간이나 말과 같은 밑에 속하는 종에 '그런 것은 왜인가'를 말하는 것이 이미 가능하다는 것은 분명하기 때문이다. A를 '동물', B를 '모든 동물에 부수하는 것',

[10] C, D, E를 '여러 개별적 동물'이라고 하자. 그렇다면 B가 D에 '그런 것은 왜인가'는 분명하며, 즉 A 때문이다. 다른 사항인 D나 E에 대해서도 마찬가지이다. 아래에 있는 사항에 대해서는 항상 같은 논의(로고스)가 성립한다.

그런데 지금 우리는 지금까지 전래되어 온 공통의 명사에 따라서 논하

[15] 고 있는데, 이러한 명사에 따른 사항에 대해 탐구할 뿐만 아니라, (2) 이러한 명사에 따른 본래의 것과는 다른 무언가가 공통적으로 있다는 것을 간파했다면, (a) 이것을 다루고, 이어서 (b) 이것이 무엇에 수반하며, (c) 어떠한 사항이 이것에 부수되는지 탐구해야 한다. 예를 들어 '뿔을 가진 동물'[174]에는 (c) '되새김밥통을 갖는 것'과 '위앞니를 갖지 않는 것'이 부수된다.[175] 그러면 (b) '뿔을 갖는 것'은 무엇에 부수되느냐고 묻게 된다.

---

173 이렇게 정리할 수 있다면 플라톤의 분할법과의 차이는 이분법이냐 아니냐에 불과하다.

174 '뿔을 가진 동물'의 유를 묶어 부르는 '전래되어 온 공통의 명사'는 없지만, 그러한 종류가 상정되어야만 한다.

175 각각 『동물의 부분들에 대하여』 제3권 제14장(674a22-b17)과 제2장(663b31-664a3) 참조. 예를 들면, '소는 왜 되새김밥통을 가지고 있는가? 위아래로 자르는 앞 이빨이 없기 때문에(따라서 소화를 위한 다른 도움이 필요하다). 그리고 왜 그들에게는 윗

왜냐하면 앞에서 말한 것, 즉 '되새김밥통을 가지는 것'이나 '앞니를 갖지 않는 것'이, '뿔을 가진 동물'이라고 하는 유의 밑에 속하는 종류의 동물에게 '그렇게 되는 것은 왜인가'는, 이렇게 탐구해 가면 분명하기 때문이다. '뿔을 가진 것' 때문에 그런 것이다.

　게다가 (3) 유비에 따라 다루는 다른 방식이 있다. 왜냐하면 오징어의 [20] 갑, 물고기의 등뼈, 동물의 뼈가 [각각 다른 명사로 불리고 있는 것은 그들에게] 하나의 명사로 불려야 할 동일한 한 가지 사항을 파악할 수 없기 때문이다. 그러나 이러한 사항에도, 이러한 사항들이 그러한 어느 하나의 본성의 사항인 것처럼,[176] 부수되는 사항들이 있을 것이다.

제15장

　(1) 어떤 문제들은 동일한 중항을 가짐으로써 동일한 문제이다. 예를 [25] 들어 그것들 모두가 '상호적일 것'[177]에 의해서 동일한 문제이다. 또, (2) 그러한 문제들 중 몇 가지 문제는 유에 있어서 동일한 문제이다. 즉, '상호적일 것'이 '다른 사항에 관한 것이다'라는 차이, 혹은 '다른 방식이다'라는 차이를 갖는 한 문제는 유에서 동일하다. 예를 들면 '소리가 울리는 것은 왜인가'라든가 '그림자가 비치는 것은 왜인가', '무지개가 있는 것

니가 없는가? 뿔이 있기 때문이다(뿔이 이빨이 수행하는 질긴 재료를 다 처리한다)'.
176 생물의 본래의 모습에 대한 비유는, 대부분의 경우에 그 '기능'과의 관계에서 논의된다. 그러나 만일 '기능'이 같더라도, 그 기능을 실현하고 있는 '질료'가 다르다면, '동일한 하나의 사항', '하나의 본성'이 아니라고 생각되지만, 그러한 것인 양 유비되는 것이다.
177 '상호적일 것'(antiperistasis)에 대해서는 Ross와 Barnes 참조. 이 장의 주제는 '유'의 정리를, 따라서 논증에서 '동일한 하나의 문제이다'라는 것을 어떻게 생각하는가 하는 문제이다.

은 왜인가' 등이다. 이것들은 모두 유에서 동일한 문제이지만(즉, 이것들
모두는 '반사이다'이기 때문이지만), 종에서는 다르기 때문이다.

[30] 하지만, 다른 문제들은, 한쪽의 중항이 다른 쪽의 중항 아래에 있는 것
에 의해 달라지지만, 예를 들어 나일강이 달의 끝나감에 따라 수량이 늘
어서 흐르는 이유는 무엇인가? 달의 끝에는 날씨가 더 거칠어지기 때문이
다. '그럼, 달의 끝에서 더욱 거칠어지기 쉬운 것은 무엇 때문인가?' '달이
기울어지고 있기 때문이다.' 사실상 이러한 문제들은 그 '중항'이 서로 이
러한 관계에 있다.[178]

제16장

[35] 원인과 원인이 그것의 원인인 사항에 대해 사람은 다음과 같은 것을 난
제로 삼을지도 모른다.[179] 즉, 어떤 결과가 있을 때에는 원인도 있는 것일
까(예를 들어 낙엽이 지고 달이 식을 겪는다면, 달이 식을 겪거나 낙엽이 생
기는 것의 원인도 있는 것일까? 즉, 낙엽이 생기는 것의 원인은 넓은 잎을 갖
98b 는 것'이고, 달이 식을 겪는 것의 원인은 '지구가 중간에 있기 때문'일까? 왜

---

178 이 장은 탐구되는 문제의 동일성과 탐구를 뒷받침하는 '유'의 관계에 대해서, 즉
논증적 지식의 개별화와 관련된 짧지만 중요한 문제를 내놓고 있다. 일반적으로 언뜻
보면 다르게 보이는 다양한 현상에 통일된 설명을 줄 수 있다는 것은 바람직한 일이
다. 그러나 주어지는 설명은 발견법적으로는 몰라도 실질적인 설명이기 위해서는 그
'중항'은 단순한 '유비'가 되어서는 안 된다. 여기서의 '반사'(anaklasis)의 사례는, 그
런 의미에서는 '한계 사례'인 것으로 생각된다.
179 일견하기로 이 장은 제2권 제12장에서 논의했던, '원인'(설명항)과 '원인이 그것
의 원인인 사항'(피설명항) 간의 시제적 관계의 문제를 다시 논의하기 시작하는 듯하
다. 그러나 이 장에서는 시제적 언어가 '논리적 의미'로 사용되고 있다. 이 장의 주요
논제는 설명항이 피설명항에 대한 필요조건과 충분조건을 구성하는지를 결정하는 것
이다.

냐하면 이러한 것들이 원인이 아니라면, 낙엽과 같은 것들에 대해 다른 원인이 있을 것이기 때문이다.)[180] 또 어떤 원인이 있다면, 그와 함께 결과 또한 있는 것일까? (예를 들어 지구가 해와 달의 중간에 있다면 달이 식을 겪고, 잎이 넓으면 낙엽이 생기는가?라고.)[181]

그렇다면, (1) 원인과 결과는 서로를 통해 증명될 것이다. '잎을 떨어뜨리는 것'에 해당하는 것을 A, '잎이 넓은 것'을 B, '포도나무'를 C로 하자. [5] 그러면 A가 B에 있고(즉, 잎이 넓은 식물은 모두 낙엽이 진다), B가 C에 있다면(즉, 포도나무는 모두 잎이 넓다), A는 C에 있다. 즉, 포도나무는 모두 낙엽이 진다. 중항 B가 원인이다. 하지만 포도나무는 잎이 넓은 것을, 낙 [10] 엽이 지는 것을 통해 논증할 수도 있다. 잎이 넓은 것을 D, 낙엽이 지는 것을 E, 포도나무를 F로 하자. 그러면 F에 E가 있고(즉 포도나무는 모두 낙엽이 진다), E에 D가 있다(낙엽이 지는 식물은 모두 잎이 넓다). 그러므 [15] 로 포도나무는 모두 잎이 넓다. 낙엽이 지는 것이 원인인 것이다.

그러나 서로 원인인 것이 있을 수 없다면(원인은 원인이 그것의 원인인 것보다 앞서[182] 있으므로, 지구가 중간에 있는 것이 달이 식을 겪는 것의 원인이지, 달이 식을 겪는 것이 지구가 중간에 있는 것의 원인이 아니기 때문이다), 거기서 원인을 통한 논증은 '그렇다는 것은 왜인가'의 논증이고, 원인 [20]

---

180 이 장은 엄밀한 의미에서 논증적 지식에서의 중항이 결론의 필요충분조건을 부여하고 있어야 함을 타당한 추론의 본래의 방식을 기술하는 것으로 그 배후에 깔고 논의하고 있다.

181 B 때문에 C가 A라고 가정한다. 즉, 중항 B를 통해 AaC이다. 그럼, 아리스토텔레스는 (i) BaA이고 (ii) AaB인 경우인가를 묻는다. (ii)에 대한 대답은 긍정적이다. 여기서 그는 (i)에 대한 대답도 긍정적일 수도 있다고 제안한다. 왜냐하면 A가 있을 때, B가 항상 있는 것이 아니라면, A의 있음에 대한 다른 원인이 있어야만 하기 때문이다. 따라서 B는 결국 올바른 원인이 아니다(98b2). 논쟁의 여지가 있는 것은 후자의 제안이며, 이 장의 나머지 부분에서 이것을 다루고 있다. 거기에는 세 가지 논증이 있다. 아래의 각주에서 나는 Barnes의 해석을 정리할 것이다.

182 시간상이 아니라, 본성상에서 앞섬.

을 통해서가 아닌 논증은 '그렇다' [사실]의 논증이라면,[183] [지구가 중간에 있음을 달이 식을 겪음을 통해 논증할 때,] 사람은 '중간에 있음'을 알고는 있지만, '그렇다는 것은 왜인가'를 모르는 것이다. 달이 식을 겪는 것이 중간에 있는 것의 원인이 아니라, 중간에 있는 것이 달이 식을 겪는 것의 원인임은 명백하다. 달이 식을 겪는 것의 정의(로고스) 안에 중간에 있는 것이 포함되어 있기 때문이다. 따라서 후자를 통해 전자가 인식되는 것이지, 전자를 통해 후자가 인식되는 것은 아님이 분명하다.[184]

[25]   아니면, (2) 한 가지 것에 여러 원인이 있을 수 있을까? 그렇기에 동일한 사항이 여러 사항에 첫 번째 사항으로 술어 된다고 하면, A는 첫 번째 사항인 B에 있고, 또 B와는 다른 첫 번째 사항인 C에 있고, 또 이것들[B와 C]은 D와 E에도 있다고 하자. 그러므로 A는 D와 E에 있게 될 것이다. D에는 B가, E에는 C가 원인이다.[185] 따라서 원인이 있을 때, 결과인

---

183 논증을 보충할 수밖에 없지만, 엄밀히 따지면 논증은 아니다.

184 (1) BaA가 불가능하다는 논증: '만일 우리가 AaB와 BaA를 모두 가지고 있다면, 우리는 AaC와 BaC를 모두 논증할 수 있어야 한다.' 그러나 그것은 불가능하다 (98b4-16). 이 반대에 대해 아리스토텔레스는 이렇게 답한다. '실제로 AaC로 결론을 내리는 추론과 BaC로 결론을 내리는 추론이 있을 것이다. 그러나 전자만이 추론된 사실에 대한 진정한 논증이 될 것이다. 후자는 전혀 증명이 아니거나 단지 사실에 대한 논증일 뿐이다'(98b16-24). 이것은 제1권 제13장의 그것과 매우 유사하다. 그러나 여기서는 제2권 제3-12장의 논의에서 얻은 한 가지 중요한 점을 추가한다. '원인은 그것에 원인이 되는 것보다 앞서며'(98b17), 그 앞섬은 정의적이다(98b22). 따라서 B를 통한 AaC에 대한 논증은, B가 A의 정의에서의 요소이고 그 반대는 아니라는 전제 아래에서 적절한 논증이다.

185 (2) BaA가 반드시 그럴 필요는 없다는 논증: 아리스토텔레스의 용어에서 'B는 A의 원인이다'는 'B가 C에 대해 A의 원인'이라는 것이다. 즉, 'B는 왜 C가 A인가에 대한 원인이다.' 따라서 B가 왜 D가 A인가의 원인이고, C는 왜 E가 A인가의 원인인가와 같은 별도의 항 B와 C가 있는 경우, '한 가지 것에 대한 여러 원인'이 있다. AaB, AaC, BaD, CaE가 있으며, AaB와 AaC가 무중항이라면, B와 C는 동일한 것의 원인일 수 있다.

사항이 있음은 필연이지만, 결과인 사항이 있다고 해서 원인이 될 수 있 [30]
는 한의 사항이 모두 있다는 것은 필연이 아니다. 어떤 원인이 있는 것은
필연이지만, 그렇다고 원인이 될 수 있는 사항이 모두 있다는 것이 필연인
것은 아니다.[186]

아니면, (3) 문제가 항상 보편적이라면, 원인 또한 어떤 전체이고, 원인
이 그것의 원인인 사항도 보편적이지 않을까? 예를 들어 낙엽이 지는 것
은 어떤 전체, 그 안에 여러 종(種)이 있다고 해도 그러한 전체에 한정되
어 있는 것이고, 그리고 [그렇게 한정된] 이것인 사항에, 즉 이 경우에는
식물, 혹은 이러이러한 식물[로서 한정된 전체]에 보편적으로 있는 사항
이다. 따라서 이러한 사항의 경우에는 중항과, 중항이 그것의 원인인 사 [35]
항은 동등하게 치환되어야 한다.[187] 예를 들어 나무들이 낙엽을 떨어뜨리

---

186 '만일 B가 어떤 것에 대해 A의 원인이라면, B가 X에 있다면 A는 X에 있어야 한
다. 그러나 A가 X에 있으며, B는 무언가에 대해 A의 원인이라면, B가 X에 있다는 것
이 따라 나오는 것은 아니다 즉, X에 대해 A의 원인 Y가 있어야만 하지만, B일 필요
는 없다.'

187 매우 중요한 대목이다. 아리스토텔레스는 주어항과 술어항을 치환할 수 없는 추
론에 의해서 이끌린 것은 '지식이 아니다'라고는 주장하지 않지만, 그래도 그러한 것
은 '단적인 지식이 아니다'라고 생각하고 있음을 보여준다. (3) BaA가 반드시 있어야
한다는 논증: 주석자들은 (3)이 아리스토텔레스가 하고자 하는 대답으로 생각하지만,
(3)은 결코 결론적이지 않다. 제16장의 질문은 제17장으로 이어진다. 여러 가지 면에
서 모호한 논증이다. 계속해서 Barnes의 해석을 좇아가 보자. '문제는 항상 보편적이
다'라는 말은, '원인적 논증'의 결론은 항상 AaC 형식이라는 것을 의미한다. '원인 또
한 어떤 전체이고'라는 말은, 전제가 AaB와 BaC의 형식을 가질 것임을 의미한다. 그
경우에는 '원인이 그것의 원인인 사항도 보편적이어야 한다'. 이것은 무슨 의미일까?
예를 들어 보자. '낙엽이 지는 것'은 A이고, 그것이 '한정된 전체'는 C이다. A는 '이
사항들에 보편적으로 있다.' 즉 AaC. 게다가 C가 '그 안에 여러 종(種)이 있다고 해
도', A는 C로 '한정된다.' 여기서 아리스토텔레스는 AaD와 AaE가 있었던 이전 예를
회상하고 있다고 생각된다. 그렇다면 이제 D와 E가 C의 종(種)이 될 것이므로, A는
C로 제한될 것이다. 따라서 A는 CaA인 한, C로 '한정된다.' 이제 CaA와 BaC가 주
어지면, 우리는 BaA를 추론할 수 있으며, 그래서 '중항과, 중항이 그것의 원인인 사

는 것은 왜일까? 수액의 응고 때문에 나무가 낙엽을 떨어뜨릴 경우에는 응고가 있어야 하고, 응고가 있을 경우에는 임의의 무언가가 아니라 [한정된 전체인] 나무들에서, 낙엽이 떨어지는 일이 있어야 한다.[188]

제17장

　동일한 사항이 동일한 결과의 모든 것에 원인이 되는 것이 아니라 다른 사항이 동일한 결과의 원인일 수 있을 것인가, 아니면 그런 일이 없을 것인가?[189] 그 사항이 그 자체로서 논증되었다면, 즉 징표에 의해서[190] 혹은 부대적으로가 아닌 식으로[191] 논증되었다면. 그것은 있을 수 없는 일이다.

항은 동등하게 치환되어야 한다.' Barnes는 이렇게 재구성된 논증은 타당하지만, 그 입증력은 결여된다는 점을 지적한다. 또한 아리스토텔레스는 왜 A가 이런 방식으로 C로 한정되어야 하는지 설명하지 못하며, 왜 D와 E가 C의 종이 되어야 하는지도 물어봐야 한다고 설명한다.

188 98b36-38은 지금까지의 논의 방향에서 비껴 나가고 있다. 여기서 그는 일반적인 낙엽의 떨어짐이 아니라 '나무들의 낙엽'을 생각하고 있으며, 일반적인 응고가 아니라 '나무들의 응고'에 관심이 있다. 이것은 A가 C로 '한정된다'라는 의미일 것이다. 그러면 A와 B는 치환될 것이다.

189 앞장의 논의에 대한 보충하는 논의가 이어진다. 추론에서는 필요충분할 것 같은 복수의 연쇄가 있을 수 있음을 엄밀한 의미에서의 논증이 성립하는 경우와 대비하면서 논의하고 있다. (a) AaB, BaC⊢AaC와 (b) AaD, DaE⊢AaE 두 가지 논증이 있다고 가정하자. 각각은 '원인'을 보여주는 논증이다. 아리스토텔레스는 이 주장이 이루어질 수 있는 몇 가지 경우(6가지)를 간략하게 고찰한다.

190 징표에 의한 논증에 대해서는 『분석론 전서』 제2권 제27장 참조. 논증이 되지 않는 경우의 첫 번째 사례이다. 예를 들어 '모유(母乳)가 갖추어져 있다'에서 '임신했다'라는 것을 추론하는 것처럼, 결과로부터 원인을 추론하는 경우로, 이 관계가 설령 필연적이었다고 하더라도 '원인'을 보여주는 완전한 논증이 될 수 없다.

191 두 번째 사례이다. 원인에 부대하는 사항, 혹은 결과에 부대하는 사항의 관계에 기초하여 이루어지는 추론이며, 이 부대 관계가 '항상적'이었다고 하더라도 어쨌든 논

왜냐하면 중항은 끝항의 설명(로고스)이기 때문이다. 하지만 그렇지 않으면 그럴 수 있다.

중항이 그것의 원인인 사항(큰 항)과 중항이 그것에 대한 원인인 사항 (작은 항)에 대하여 부대적인 관계에 있는 것으로 탐구할 수도 있다. 그러나 이것은 논증적 지식이 관련된 문제라고 생각되지 않는다. 하지만 그렇지 않으면, 중항은 끝항과 동일한 관계를 갖게 될 것이다. 끝항이 동명이의라면, 중항도 동명이의가 될 것이고, 끝항이 유 안에 있다면 중항도 마찬가지일 것이다.[192] 예를 들어 '비례의 중항을 교환할 수 있는 것은 무엇 때문인가?' 선(線)에서의 경우와 수에서의 경우는 원인은 다르지만, 또한 같기도 하다. 선이라면, 수의 경우와는 다르지만, 이와 같이 증가하는 사항인 한에서[193] 동일하기 때문이다. 다른 모든 것에서도 마찬가지이다. 하지만 색이 색과 유사하고 형태가 형태와 유사한 것의 원인은 각각 다르다. 왜냐하면 '유사한 것'은 이러한 사항에서는 동명이의이기 때문이다. 즉, 형태에서는 아마, '비례한 변을 가지는 것'이나 '동일한 각을 가지는 것'이 겠지만, 색에서는 '그 감각이 하나인 것'이나 뭔가 다른 그러한 것일 것이기 때문이다.

유비에 따라 동일한 사항[194]은 중항에 관해서도 유비에 따라 동일한 중항을 갖게 될 것이다.

[5]

[10]

[15]

증이 되지 않는다.

192 '끝항이 동명이의라면, 중항도 동명이의가 될 것이고,' 만일 C와 E가 (a), (b)에서 동명이의라면, 즉 둘 다가 A라는 이름을 갖고 의미는 다르다면, B와 D도 동일한 이유로 (a), (b)에서 동명이의이다. 아래에서 어떤 '유'의 설정이 부적절한 세 가지 경우이다. 상정된 유의 진정한 유라면 논증이 되지만, 그렇지 않으면 '유비'에 의한 추론이 된다.

193 이 시점에서는 참된 유인지 거짓인 유인지, 그 정의가 명확하지 않은 '유'이다.

194 C와 E가 '유비에 따라 동일한 사항'이라면, B와 D(중항)도 또한 그렇다. 제2권 제14장 98a20-23 참조. 그렇다면 (a)와 (b)는 동일한 사항에 대해서 상이한 원인을 주지 못한다.

원인과 원인이 그것의 원인인 사항(큰 항)과 원인이 그것에서의 원인인 사항(작은 항)은 서로 다음과 같은 방식으로 연결되는 관계에 있다. (작은 항) 각각에 따라 다룬다면, 원인이 그것의 원인인 사항(큰 항)은 더 많은 사항으로 확대되고 있다.[195] 예를 들어 '네 직각과 같은 외각의 합을 갖는

[20] 것'은 삼각형 혹은 사각형보다 더 많은 형태로 확대되어 있는데, 이것들을 합친 모든 것(즉, 4직각과 같은 외각의 합을 갖는 한에서의 형태)과 같은 확대이다. 중항도 마찬가지다. 중항은 첫 번째 끝항(큰 항)의 설명(로고스)이며, 따라서 모든 지식은 정의를 통해 생겨난다.[196] 예를 들어 낙엽이 지는 것은 포도나무에 수반함과 동시에 이를 넘어, 무화과나무에 수반함과 동시에 이를 넘어서고 있다. 그러나 이 모든 것을 넘어서는 것이 아니

[25] 라 그 모든 것과 같은 것이다. 그래서 당신이 큰 항에 가까운 첫 번째 중항을 파악한다면, 그것이 낙엽이 지는 것에 대한 설명이다. 왜냐하면 다른 작은 항의 방향에서도 '이 모든 것이 그렇기 때문'으로 하는 제1의 중항이 있을 것이기 때문이다. 그리하여 이것에는 '수액이 굳어지기 때문에, 혹은 뭔가 다른 그런 사항이 있기 때문에'라고 하는 중항이 있게 된다. '낙엽이 지는 것이 무엇이냐?'라고 물으면, '접합부에서 종자의 수액이 굳어지는 것'이라고 답하게 된다.[197]

[30] 원인이 되는 사항과 원인이 그것의 원인이 되는 사항의 서로 연결되는 관계에 대한 탐구에는 도형을 이용하여 다음과 같이 제시하면 좋을 것이다.[198] A가 모든 B에 있고, B가 D 각각에 있지만 B는 D 각각보다 넓다고

---

195 제2권 제16장 98b32-38의 논의를 확장하고 있다.
196 이것은 논증적 지식이 정의(의 파악)를 통해서 성립한다고 보고 있음을 나타내는 중요한 텍스트이다.
197 (i) 잎이 넓은 나무는 접합부에서 종자의 수액이 굳어지는(M) 그런 나무다.
　　(ii) 접합부에서 종자의 수액이 굳어지는(M) 그런 나무는 낙엽이 진다.
　　(iii) 잎이 넓은 나무는 낙엽이 진다.
198 아래는 비슷하지만 정의가 다른 '서로 닮음'과 비슷하지 않아도 정의가 같은 '서

하자. 이때 B는 D 각각에 보편적으로 있게 될 것이다. 왜냐하면 나는 주어 항과 술어항을 치환할 수 없더라도 이것을 '보편적'[199]이라고 말하는데, 각 각은 치환할 수는 없지만, 전체적으로 치환되고 똑같이 확대되고 있다면 이를 '첫 번째 보편적'이라고 말하기 때문이다. 그래서 D 각각에서 A인 것 의 원인은 B이다. 그러므로[200] A는 B보다 더 많은 것으로 확대되어야 한 다. 그렇지 않다면, 어째서 B가 A보다는 오히려 원인이 될 수 있을까?[201] [35]

그래서 A가 모든 E에 있다면, 그것들 E의 모든 것은 B와는 다른 어떤 하나의 사항이 될 수 있을 것이다. 그렇지 않다면, 그것에 E가 있는 모든 것에 A가 있으면서, 거기서 A가 있는 모든 것에 E가 없다고 어떻게 말할 수 있을 것인가? 사실 모든 D에 A가 있는 것에 원인이 있는데, [E에 A가 있는 것에] 무언가의 원인이 없는 것이 있을 수 있을 것인가? [한 가지 사 항이라면 있을 수 없다.] 그러나 E들은 어떤 한 가지 사항일까? 이것에 대 한 탐구를 시도해야 한다. 이걸 C라고 하자. 99b

그러면 형상에서 동일한 사항에 대해서는 아니지만, 뭔가 동일한 사항 에는 많은 원인이 있을 수 있다. 예를 들어 장수(長壽)하는 것의 원인은 네발 동물에 관해서는 담낭(담즙)이 없는 것이지만, 조류에 관해서는 건 [5]

로 같음'의 경우에서 그렇듯이, 탐구되고 논증되는 '유'의 위치가 중요함을 나타내는 논의이다. 여기서의 항 A ··· E는 개체가 아니라 종에 대해 이야기되는 유이다. 같은 종의 상이한 개별자에 대해 동일한 속성에 대한 상이한 원인이 있을 수 없다. 그러나 상이한 사항의 유형에 대해 동일한 속성에 대한 상이한 원인이 있을 수 있다.

199 이런 의미에서 '보편적'은 제1권 제4장에서는 '모든 것에 대하여'라고 되어 있었 다. 『분석론 전서』에서 '보편적'이란 말은 일반적으로 이런 의미로 사용되었다.

200 제2권 제16장 98b19-24에서 '원인을 보여주는 추론'과 '사실을 말하는 추론'을 구별해야 한다는 것을, 또 이장의 99a33-35에서는 치환되어야 할 것을 논의한 지 얼 마 되지 않았기 때문에, 아래의 두 문장은 Barnes도 지적했듯이 아리스토텔레스 자신 의 것이라고는 생각되지 않는 묘한 텍스트이다.

201 즉, 'BaA가 아닌 AaB를 가져야 한다. AaB & BaA를 가정해 보면, 우리의 설명적 논증으로서 AaB, BaC⊢AaC와 BaA, AaC⊢BaC 중에서 선택할 이유가 없어야 한다.'

조하거나 뭔가 그런 것이 된다.

제18장

그러나 원인의 탐구가 당장 불가분적인 사항에 이르지 못하고, 중항
이 하나가 아니라 여럿이 있다면 원인 또한 여럿이 있게 된다. 그러나 이
들 중항[B, …, C] 중, 도대체 어느 것이 개별적인 사항 D에서의 원인일
[10] 까? 보편적인 사항 A에 대한 첫 번째 중항 B일까, 아니면 개별적인 사항
D에 대한 첫 번째 중항일까? 여기서의 원인이 그것이 원인인 개별적인
사항 D에 가장 가까운 중항 C라는 것은 분명하다. 그 이유는 첫 번째 항
D가 보편적인 사항 A 아래에 있는 것의 원인이, 이것 C이기 때문이다.
예를 들어 D에 B가 있는 것의 원인은 C이다. 이렇게 해서 D에 A가 있는
것의 원인은 C이고, C에 A가 있는 것의 원인은 B이며, B에 A가 있는 것
의 원인은 그 자신이다.[202]

제19장

[15]   그런데 추론과 논증에 대해서[203] 각각이 무엇이고, 또 어떻게 생겨나는

---

202 이 짧은 장은 복수의 중항이 있는. 즉 복수의 원인이 있는 것처럼 생각되는 경우
에 누구나가 가지는 의문에 답하는 것이다. '복수의 중항이 있는 경우에는, 그것들 중
의 하나가 참된 원인이다.' 아리스토텔레스는 지식이 성립하기 위해서는, (1) 작은 항
에 가장 최근의 중항이 바로 가장 최근의 중항이라고 인식하고, (2) 논증의 전체 안에
그것이 어떻게 자리 잡는지를 인식하고 있어야 한다고 주장한 다음, (3) 더 많은 사항
의 원인보다 특정적인 사항의 원인이 그 특정적인 사항의 원인에 적합하다고 한다.
203 이 장의 본문은 세 부분으로 나누어진다. 첫째, 아리스토텔레스는 자신이 논의

하고 싶은 두 가지 질문을 언급하고(99b20-26), 그다음에는 '우리는 원리에 대한 타고난 지식을 가지고 있는가? 아니면 지식을 획득하는 것인가? 획득된다면, 어떻게 획득되는가?'(99b26-100b5)라는 **첫 번째 질문**에 대한 긴 답변이 이어진다. 마지막으로 '(비-논증적 지식인) 원리를 포착하는 성향(hexis)은 무엇인가? 그것은 nous이다'라는 **두 번째 질문**에 대한 짧은 답변이 나온다(100b5-17). 이 장은 추론에 대한『분석론 전서』에서 논의와 논증에 대한 이 책에서 논의된 내용 전체를 아우르는『분석론』전체의 정리라는 모습을 취하고 있다(99b15-17). 그러나 실제로는 '원리'(아르케)의 인식을 주제로 삼고 있으며, 아마도 독립된 논고를 포함한 것일 수 있다. 너무도 유명한 이 장에 관련해서 역사적으로 살펴볼 때, 박사 학위 논문을 포함해서 많은 학자들에 의해 수많은 논문이 쏟아졌으며, 여전히 가장 많은 논란이 벌어지는 장이기도 하다. 아리스토텔레스 저작 중에서 가장 뜨거운 감자가 되는 철학적 이슈를 담고 있는 장이라고 불러도 무방하다. 원리의 인식에 대한 논의는 제1권 제2장 71b16, 제3장 72b18-25에서 암시되었으며,『형이상학』의 제1권에서도 제2권 제19장의 견해와 매우 유사한 방식으로 논의되었다. 제19장의 기원은 플라톤에게서도 찾아볼 수 있다. "우리가 생각하는 수단은 피인가, 공기인가, 불인가, 아니면 이것들 중 어느 것도 아니라, 오히려 듣고, 보고, 냄새 맡는 감각을 제공하는 뇌이고, 이것들로부터 기억과 의견이 생겨나며, 기억과 의견이 쉽게 되면, 지식도 생겨나는 것인가?"(『파이돈』 96b, 『파이드로스』 249b 참조). 그가 여기서 설명하는 이론은 초기의 일부 철학자에 의해서 발전되었을 가능성도 있다. 제19장은 일반적이고 상세한 해석에서 수많은 문제를 제기하고 있다. 이 장에서 제시되는 세 가지 아포리아는 다음과 같다. 첫째, 제19장은 한 방향에서는 경험주의를 지향하고, 다른 방향에서는 '이성주의'를 지향한다. 해석상 여러 이견(異見)이 있음에도 불구하고 일반적으로 학자들이 동의하는 바는, '원리'는 경험주의적 방식으로 '귀납'(epagōgē)에 의해 파악되며, 또 '원리'는 이성주의적 방식으로 누스(nous), 즉 '이성'(직관)에 의해 파악된다는 것이다. 즉, 원리를 아는 상태가 nous이다. 논란은 이 다음으로부터 벌어지는데, 즉 nous에 어떤 역할이 있다면, **귀납에서 nous의 역할**은 무엇인가?(아래의 각주 232 참조) 둘째, 이 장의 시작 부분은 '원리의 파악'이라는 새로운 주제를 꺼내고 있다. 사실상 제2권의 주요 부분은 바로 이 주제에 전념하고 있다. '정의는 원리'이며, 이 책의 주요 목표는 우리가 정의를 어떻게 파악할 수 있는지를 설명하는 것이었다. 원리에 대한 우리의 파악을 설명하려는 두 가지 시도는 상호보완적인가? 셋째, 대부분의 고전 주석가들은 제19장에서 뿌리 깊은 모호성을 발견했다. 그 '원리'는 '첫 번째 명제'와 '첫 번째 항' 사이에서 왔다 갔다 한다. 논증의 원리에 관해 이야기하고자 한다면, 아리스토텔레스는 '명제'에 관지 하는 것, 또 그와 더불어 논증적 지식에 대해서도 그것이 무엇이며, 또 어떻게 생겨나는지 하는 것은 이제 명백하다. 그것들은 같기 때문이다.[204] 하지만 원리들에 대해서는 그것들이 어떻게 인식되는가, 또 그것들을 인식하게 되는 성향이 무엇인가 하는 것은,[205] 애초에 난제로서 명확히 한다면, 다음으로부터 분명해질 것이다.

[20]   무중항의 첫 번째 원리를 인식하지 못했다면, 논증을 통한 지식을 갖는 것이 있을 수 없다는 점은 앞서 이야기되었다. 하지만 무중항 원리의 인식에 대해서는, 그것이 논증을 통한 지식과 동일한 종류의 인식인지, 아니면 동일하지 않은 것인지, 즉 무중항 원리 각각에 대해 지식이 있는지, 아니면 어떤 원리에 대해서는 지식이 있지만, 다른 원리에 대해서는 다른 유의

[25]   인식이 있다는 것인지 아닌지를,[206] 또 원리와 관련된 성향[207]은 내재하고

해 이야기해야만 했다. 그렇지만 제19장의 대부분은 그가 '개념 획득'을 말하고 있다는 것을 시사해 주고 있다(Barnes, pp. 259-260 참조).

204 이 장은 『분석론 전서』 모두(冒頭)에서 말했던 『분석론』의 공식적인 목표가 달성되었음을 나타내는 짧은 서문(99b15-19)으로 시작하고 있다. "먼저, 이 연구가 무엇을 주제로 삼고 또 무엇을 대상으로 하고 있는지를 말해야 한다. 그것은 논증에 관한 것이고, 논증적 지식을 대상으로 한다는 것이다."(『분석론 전서』 제1권 제1장 24a 10-11)

205 '원리'의 파악에 관련된 두 가지 물음은 99b22-26에서 자세히 이야기된다. 즉, (1) 그것들이 어떻게 인식되는가? (2) 그것들을 인식하게 되는 성향이 무엇인가? 이 두 물음은 우리가 원리를 인식할 수 있다는 것을 전제한다. 72b25-b4에서는 논증적 지식을 가지고 있다면 원리를 인식할 수 있다고 주장한 바 있다.

206 이 문제에 대한 아리스토텔레스의 일반적인 답변은 '그런 원리 중 어떤 것은 귀납에 의해서, 어떤 것은 감각에 의해서, 어떤 것은 어떤 종류의 습관에 의해서, 또 다른 것도 각각 다른 방식으로 관상(觀想)된다'(『니코마코스 윤리학』 제1권 제7장 1098b 3-4)는 것이다.

207 원어 hexis(문자적으로는 '가짐, 소유, 잡음')는 심리적 성향으로, 인식론적 성향과 덕 있는 성향에 사용된다(Bonitz, 261a13-24 참조). 헥시스가 동사 echein('갖다')에서 유래했다는 것을 주목하자. hexis가 유래한 동사 echein은 '소유'의 의미와 '상태, 성향'의 의미를 갖는다. 윤리적 덕은 '좋은 성향'이기 때문에, 헥시스는 '상태나 성

있는 것[208]이 아니라 생겨나는지,[209] 아니면 내재하고는 있지만 눈치채지 못하고 있는 것인지를, 사람은 어려운 질문으로 삼을 것이다.

그런데 그러한 성향을 갖고 있다면, 이상한 노릇일 것이다. 왜냐하면 논증보다 더 정확한 인식을 가지고 있으면서도 깨닫지 못하고 있다는 것이 귀결되기 때문이다.[210] 하지만 이전에는 갖고 있지 않았던 그것들을 우리가 파악한다면, 앞서 성립된 인식이 없는 데로부터, 어떻게 우리는 인식하게 되며 배울 수 있다는 것인가? 논증에 대해 우리가 논했듯이, 이는 불가능한 일이기 때문이다. 그렇다면 [우리가 이미 이러한 성향을] 가지고 있다는 것도, 또 우리는 무지하고 어떤 성향도 가지고 있지 않지만, 이러한 성향이 우리 안에서 생겨난다는 것도 있을 수 없음이 명백하다. 그러므로 우리가 어떤 종류의 능력을 가지고 있음은 필연이지만, 이 능력이 앞의 능력보다 정확성에 관련해서 더욱 뛰어나다는 식으로 말할 수 있는 능력이 아닌 것도 필연적이다.[211]

[30]

향'으로 번역되는 경우가 많다. 따라서 맥락에 따라 '소유'의 의미를 구별해 내야 한다. 가령, 덕의 '소유'와 '사용'의 대비는 '상태, 성향'과 그 '현실 활동'의 대비를 갖는다.

208 '성향을 우리 안에 내재하고 있다(enousai)는 것'은 '우리가 이미 원리를 파악하고 있다'를 의미한다.

209 아리스토텔레스가 성향이 '우리 안에 있는지'를 묻는 것은 확실히 그 성향이 '타고난(sumphutos) 것인지 아닌지' 묻는 것을 의미한다('지식과 올바른 설명이 그들 안에 있지 않다면'[ei mē … autois enousa], 『파이돈』 73a, 『메논』 85c 참조).

210 플라톤적인 '원리 내재적 입장'에 대한 부정이다. 원리에 대한 지식이 타고난 것이라고 가정한다면(99b26-27), 우리는 논증에 의해 주어진 것보다 더 정확한 지식을 갖게 될 테지만(제1권 제2장 72 a25-b4 참조), "이러한 앎이 타고난 것이라면, 어떻게 우리가 눈치채지 못하고 가장 강력한 종류의 지식(epistēmē)을 가질 수 있음은 놀라운 일이다."(『형이상학』 제1권 제9장 993a1) 감각과 같이 지식도 '자의식 상태'라고 가정한 것이 참이다(『형이상학』 제4권 제9장 1074b35-36). Barnes는 '우리가 그러한 지식을 가지고 있다는 것은 다른 사람들의 주목을 피할 수 없다'를 의미하는 것으로 해석한다.

211 이 대목에도 '메논의 역설'이 배경에 깔려 있다. 그 논의는 이렇다. (1) 우리는

[35]   이 능력이 모든 동물에게 있음은 분명하다. 즉, 동물은 '감각'이라고 불리는 타고난 판별 능력을 가지고 있기 때문이다.[212] 감각이 내재할 때, 어떤 종류의 동물에게는 감각 내용의 머묾(monē)이 일어나지만, 어떤 종류의 동물에게는 일어나지 않는다. 이렇게 해서 이 머묾이 생기지 않는 한, 동물에게는 전적으로 생기지 않으면 감각하는 것 이외의 인식은 전혀 없으며, 부분적으로 생긴다면 머묾이 생기지 않는 사항에 대해서는 감각하는 것 이외의 인식은 없는 것이다.[213] 하지만 머묾이 내재하는 한, 동물에게서는 감각 이외의 인식을 혼 안에 가질 수 있다. 그래서 이러한 많은 사항이 일어날 때, 어떤 차이가 이미 생겼으며, 따라서 어떤 종류의 동물들에게는 이러한 머묾으로부터 말[214](로고스)이 생기고, 어떤 종류의 동물

100a

원리에 대한 잠재된 타고난 지식을 가지고 있거나 혹은 어떤 지식도 없다. (2) 우리가 원리에 대한 잠재된 타고난 지식을 갖고 있다면, 우리는 알아채지 못한 채 가장 높은 형태의 지식을 갖고 있다. 이것은 이치에 맞지 않는다. (3) 지식을 가지고 있지 않으면, 원리를 배울 수 없다. 모든 지적 배움은 앞선 지식을 요구하니까. (4) 그러므로 원리를 안다는 것은 불가능하다. 이미 알고 있거나(이치에 맞지 않는다), 혹은 배워야 한다(이것은 불가능하다). 이 맥락과 비슷한 논의에 대해서는 『형이상학』 제1권 제9장 992b24-993a2 참조. 이에 대한 표준적인 반응에 대해서는 플라톤 참조(『메논』 86a6, 『파이돈』 73c6). 아마 아리스토텔레스는 로크(Locke)식의 대답으로, 즉 어린아이가 경험을 통해 발휘될 수 있는 특정한 타고난 인지 능력을 가지고 있다는 논란의 여지가 없는 가설인 '선천적 이론'으로 환원시켰을 것으로 Barnes는 생각한다. 우리는 원리에 대한 지식을 이끌어 낼 수 있는 어떤 '능력'을 (선천적으로) 가지고 있어야 한다. 물론 그 능력의 전달은 원리 자체에 대한 우리의 지식보다 덜 정확해야 한다. 그렇지 않으면 99b26-27의 논의가 다시 시작될 수 있다.

212 제1권 제1장 71a8, 제18장 81b2, 제31장 88a4 참조.

213 여기서 감각이 먼저 '판별의 능력'(99b35)으로 간주됐고, 이에 더해 '인식'(앎, gnōsis)으로 되어 있다는 점에 주의하자. "감각되는 것은 각각의 개별적인 사항이지만, 감각은 보편자에 대한 것이기 때문이다."(100a16-18) 제1권 제18장 참조. 그 밖에도 『토피카』 제2권 제7장 113a30-32, 제5권 제3장 131b23-27, 『혼에 대하여』 제1권 제2장 404b28, 제5장 409b26-32, 『형이상학』 제1권 제1장 980a26, 981b10, 제7권 제10장 1036a6, 『동물의 생성에 대하여』 제1권 제23장 731a31-33 참조.

에게는 생기지 않게 된다.

　이렇게 해서 우리가 앞서 말했듯이, 감각에서 기억(mnēmē)이 생기고, 동일한 사항에 대해 반복된 기억에서 경험(empeiria)이 생긴다. 왜냐하면 수적으로 많은 기억이 하나의 경험이기 때문이다.[215] 경험으로부터 혹은[즉, 오히려][216] 혼 안에서 머물게 된 모든 보편자로부터, 즉 많은 사항에서 떨어진 하나가 머물 때,[217] 즉 이 모든 사항 안에 어떤 동일한 것이 머물 때,[218] 기술과 지식의 원리가 생긴다.[219] 즉, 생성에 대해서는 기술의,

---

214 여기서의 '말'(로고스)은 이른바 '명제'가 아니라, '항'의 위상(位相)에 있는 것이지만, 그렇다고 단순한 '개념'은 아니다.

215 '기억에서 경험이 인간에게 생긴다. 왜냐하면 동일한 대상에 대한 많은 기억이 하나의 경험의 능력이 되기 때문이다.'(『형이상학』 제1권 제1장 980b28-981a3 참조). 지식이 성립하는 네 가지 단계가 있다. 즉, 감각→기억→경험→지식. 이것이 nous에 앞서는 네 단계일 수 있다.

216 '혹은'(ē)에 대해서는 (1) 선언의 의미에서 '혹은', (2) '오히려'라는 의미에서의 혹은, (3) '즉'의 의미에서의 혹은. 어느 쪽으로 읽을 것인가에 대해 논란이 있다. (1)로 해석하는 Bronstein은 '보편자가 경험과 구별되는 그 자체의 단계에 있음'을 가리키는 것으로 보고(p. 237), **내가 선호하는** (2)로 읽으면 '오히려 [기억되고 경험된] 모든 감각된 보편자가 혼 안에서 머무는 것으로부터'라고 번역할 수도 있다. 이렇게 옮기면, 보편은 '완전한 귀납'('완전 매거로서의 귀납')에 의한 '경험 차원에서 파악한 것'이 된다(AaB, 『분석론 전서』 제2권 제23장 68b27-29). (2)와 (3)의 차이는 경험과 보편의 차이를 어떤 식으로든 유지하려는 데 있다. '부연 설명'의 의미인 (3)으로 받아들이는 Barnes(p. 264), LaBarge, Le Blond, Hasper and Yurdin(2014) 참조.

217 '많은 사항에서 떨어진 하나'란 플라톤의 이데아를 떠올리게 하는 표현인데, '이데아로서 떨어져 있는' '보편'을 주장한다고 이해할 필요는 없다(Barnes, p. 264-265 참조). '우리' 혼 안에 있고, 혼 밖에 있는 많은 개별적인 사항들을 언급하지 않고도 정의된다는 의미에서, 그들 각각과는 별개의, 그러나 그들의 혼 밖에 있는 '이 모든 사항 안에 있는 동일한 사항'으로 이해하면 될 것이다.

218 감각에서의 보편에 대해서는 100a14 아래에서 확인되며, 이러한 감각된 모든 보편에서 하나의 사고하는 보편이 정지하는 과정에 대해서는 '일단은 퇴각하면서 내딛는 병사'의 본래의 자세를 비유해서 논의한다. 그런데 정작 문제는 '최초에' 멈추는 것을 무엇이 가능하게 하는가 하는 것이다. 그러나 이 문제에 대해 아리스토텔레스는

'있는 것'[존재]에 대해서는 학적 지식의 원리가 있다.[220]

[10]   이렇게 해서 이러한 지식과 기술에 관계되는 성향은 우리 안에 있는 한정된 방식으로 내재하는 것이 아니라,[221] 더 뛰어난 인식과 관계되는 다른 성향으로부터 생기는 것도 아니며, 감각으로부터 생기는 것이다.[222]

이것은 마치 전투에서 퇴각이 일어났을 때, 한 사람이 멈추면 다른 사람이 멈추고, 또 다른 사람이 멈춰 서는 식으로, 전열(戰列)의 최초의 상태에[223] 이르기까지 계속되는 것이다. 혼은 이런 일을 겪을 수 있는 그러한 것이다.[224]

[15]   이미 말한 것,[225] 그러나 명확하게는 말하지 못한 것을 다시 논의하기로

'혼은 이런 일을 겪을 수 있는 그러한 것이다'(100a13-14)라고 단언할 뿐, 그것에 대해서는 논의하지 않고 있다. 예를 들어 '기술이 생기는 것은 경험이 가져오는 많은 심상(心象)으로부터, 동일한 대상에 대해 하나의 보편적인 판단이 생길 때이다.'(『형이상학』 제1권 제1장 981a5-7) 참조.

219 이 과정에서 이루어지는 '원리'의 파악이 '개념' 파악인지, 아니면 '명제'('AaB') 형성인지가 종종 논의되어 왔다. 아리스토텔레스의 과제는 명제 형성일 터이지만, 거론되고 있는 예는 개념 파악을 연상시킨다. 이 문제에 대한 최종적인 답은 Kahn(pp. 387-397), Modrak(1987, pp. 157-176) 등이 시사하는 바와 같이 개념이냐 명제냐 하는 이분법으로 볼 필요가 없다는 점이다. 왜냐하면 개념 파악의 기본 방향은 언어화되어, 명제적인 방식으로 순차적으로 제시될 수밖에 없기 때문이다.

220 경험의 위치에 대해 가장 간결하게 정리한 『분석론 전서』 제1권 제30장 46a17-22 참조.

221 즉, '현실화된 성향으로 우리에게 날 때부터 내재하는 것이 아니라'.

222 첫 번째 물음에 대한 답변.

223 archēn 대신에 alkēn(힘)으로 읽기도 한다("어떤 힘의 위치에 도달할 때까지", Barnes 참조). 이 '최초의 상태'는 지금까지 '원리'라고 번역해 온 archē이다.

224 첫 번째 원리에 대한 nous는 개별자의 감각으로부터 시작된다. 유사하게, 군대가 '출발점'(후퇴 또는 적에 대한 두 번째 공격)에 도달하면, 이것은 멈춰 서는 개별 군인의 활동에서 시작된다. 개별 병사들이 위치를 잡아 멈춰 서는 것과 군대가 출발점에 도달하는 사이에 여러 중간 단계가 있는 것과 마찬가지로, 감각과 nous에도 여러 중간 단계가 있다.

하자. 차이가 없는 사항[226]들 중 하나가 멈출 때, 영혼 안에 첫 번째 보편자[227]가 생긴다[228](왜냐하면 감각되는 것은 각각의 개별적인 사항이지만, 감각은 보편자에 대한 것이기 때문이다. 즉, 감각은, 예를 들면 사람에 대해서이지, 칼리아스라는 사람에 대해서가 아니다).[229] 다음으로 이것들 첫 번째 보편자 안에 무언가가 멈추고, 부분이 없는 것들인 보편자[230]가 멈출 때까지 차례차례 멈춘다. 예를 들면 '이러이러한 동물'(인간)이 멈추고, '동물'이 멈출 때까지 차례차례 멈추고, 또 이것(동물) 안에서도 마찬가지이

---

225 '방금 말한 것'으로 100a3-9 참조.

226 전통적 해석에 따라, 이른바 '최하종'(infima species)으로 이해한다. '인간'이란 '종'은 더 이상 하위 종으로 분할될 수 없다. 바로 이런 것을 말한다. 제2권 제13장 97a 37-39, b31 참조. 그런데 Bolton은 칼리아스나 소크라테스와 같이 '차별화되지 않은 것들로 이루어진 통일체'(a unity composed of (as yet) undifferentiated things)로 해석해서 100a6에서의 '보편자'로 해석하기도 한다(Bolton[1991], pp. 6-9). Bolton의 해석을 받아들인 Bronstein은 칼리아스와 같은 특정 인간이 영혼에 '멈춰 서게 될' 때 우리는 '첫 번째 보편자'를 얻게 된다는 것이다. 우리가 그를 감각한 결과로서 칼리아스에 대한 감각적 표상, 즉 기억을 보존할 때 영혼 속에 '멈춰 서게' 된다고 해석한다(Bronstein[2016], p. 244 참조).

227 '차이가 없는 사항'과 마찬가지로 최하종이다.

228 애초에 이 일이 어떻게 생기느냐가 가장 큰 문제인데, 이를 인정해 버리면 나중에는 문제가 되지 않는다. 개별자의 지각으로부터 어떻게 보편자로 건너뛸 수 있는가?

229 이 논의의 문제점은 아리스토텔레스가 『혼에 대하여』 제2권 제6장에서 논하듯이, 감각의 '고유한 대상'이 '성질' 카테고리아에 속하는 사항이지, '실체' 카테고리아에 속하는 사항이 아니라는 것이다. 예를 들어 시각에 의해 감각되는 것은 개별적인 '이 붉은 무언가'일지라도 감각 대상이 보편적인 '빨강'이라고 해서, '인간'이 감각된다는 것은 귀결되지 않는다. '인간'이 부대적으로 감각될 수 있는 대상으로서 감각된다고 논할 가능성이 닫혀 있지는 않지만, 『혼에 대하여』에서 부대적인 감각의 대상의 예는 '칼리아스의 아들'이라고 하는 고유 감각의 대상이 우연히 그것이었던 '개별적인 실체'이며, '감각이 실체(예를 들면, 인간)를 파악한다'라고 주장하고 있는 곳은 여기뿐이다.

230 이른바 '최고류'(summa genera), 혹은 이른바 '카테고리아'이다. 여기서는 실체라는 카테고리아를 염두에 두고 있다.

100b

다.[231] 따라서 첫 번째 것('원리')을 인식하는 것이 귀납에 의한 것이라는

[5] 점은, 우리에게 필연적임이 분명하다.[232] 왜냐하면 감각은 이런 식으로 '보

---

231 여기서 논의되고 있는 보편자의 파악은, 예를 들어 '인간'을 예로 들면, (1) 인간 과 인간이 아닌 것을 구별할 수 있는 것으로부터 시작하여 (2) 일상 대화에서 '인간' 이라는 말을 적절하게 사용할 수 있게 되는 것, (3) '인간이란 무엇인가'라는 물음에 답할 수 있는 방식으로 인간을 파악하는 것까지 다양한 수준에서 생각할 수 있다. 일 반적으로는 (1)이라고 생각되지만, 그것뿐이라면 인간 이외의 생물도 할 수 있다. 적 어도 언어화되어야 한다.

232 '귀납'의 역할은 첫째로 전형적으로는 감각되는 개별적인 사항 중에서 어떤 보편 적인 사항을 찾아내는 데 있다. 이 기능은 다양한 차원에서의 보편적인 개념을 파악 하고 형성하는 작용이라고 할 수 있다. 이 작업은 성공을 보장받는 것은 아니지만, 실 제로 종종 성공하고 있다는 것이 아리스토텔레스의 핵심이다. 종종 '항'과 '정의'가 같 은 의미로 사용되고 있는 데에서도 나타나고 있듯이 개념을 파악하는 것은, '무중항' 의 관계에 있는 '정의'가 무엇인지를 파악하는 것이다. 귀납의 두 번째 역할은 이성이 행하는 원리의 인식을 어떤 식으로든 가져오는 데에 있다(제1권 제31장 87b39-88a5, 『니코마코스 윤리학』 제6권 제3장 1139b28-32 참조.) 여기서 각주 203에서 남겨 뒀던 물음인 **귀납에서 nous의 역할은 무엇인가**에 대한 전통적 해석은, 귀납이 첫 번째 원 리에 대한 지식에 도달하는 데 필요하긴 하지만 충분하지는 않다는 것이었다. 귀납은 이러한 노력에서 nous의 직관적 활동에 의해, 특히 『혼에 대하여』(제3권 제5장)에서 말하는 이른바 '능동적 nous'에 의해서 도움을 받아야 한다는 것이다. 이와 달리, Barnes는 귀납이 원리에 도달하는 데 충분한 것으로 해석한다. 그러나 nous는 귀납 의 결과이며, 그 안에서 '**어떠한 역할도 하지 않는다**'는 것이다(pp. 267-270). Barnes 가 이 장을 읽는 '느긋한 합리주의자'(easy rationalist)와 '솔직한 경험주의자'(honest empiricist)라고 부르는 방식 사이의 이러한 불일치에도 불구하고, 적어도 해석가들 에게는 (nous를 갖거나 혹은 없이도) 귀납은 '원리를 인식하는 방법'에 답하는 것이 며, nous는 '우리가 원리를 알 때, 우리가 갖게 되는 성향은 무엇인가?'라는 두 번째 물음에 답하는 것임은 분명한 것처럼 보인다는 점이다. 한편, Bronstein은 이러한 주 도적인 견해와는 반대로, 귀납이 '원리를 인식하는 방법'에 대한 답이 아니라고 해석 한다. 일반적으로 아리스토텔레스가 '원리는 어떻게 알려지는가?'라고 물을 때, Barnes의 말로 '우리가 첫 번째 원리에 대한 지식을 얻는 과정이나 방법', 즉 '귀납'을 식별하는 데 관련됐다고 생각하는 대신에, 이 물음이 첫 번째 원리가 알려지는 '최초 의 앞선 지식', 즉 '감각'에 관련된 것이라고 주장한다. 즉, 첫 번째 원리가 어떻게 인

250

편'을 우리 안에 만들어 내기 때문이다.

그런데 그것에 의해 우리가 진리를 파악하는 사고와 관련된 [지적인] 성향 중 어떤 성향은 항상 참이지만, 어떤 성향은 거짓일 수 있다. (예를 들어 생각이나 추리[logismos]는 후자이지만, 지식이나 이성(직관, nous)[233] 은 항상 참이다.) 또 이성을 제외하면, 지식보다 더 뛰어나고 확실한 다른 종류의 진리를 포착하는 성향은 없다. 그리고 논증의 원리는 [논증되는 것보다 본성적으로] 더 잘 인식되는 것이다. 게다가 모든 [논증적] 지식은 [10]

식되는지에 대한 물음에 대답하는 자연스러운 방식은, 그 원리가 처음으로 인식되기 시작하는 앞선 지식, 즉 감각을 식별하는 것이라는 것이다. 요컨대 이 장의 논의의 초점은 '감각'에 있다는 것이다. 이러한 Bronstein의 해석은 '귀납'의 역할에 대한 다른 이해에 근거하는 것처럼 보인다(Bronstein, pp. 226-227 참조).

233 Barnes는 nous를 comprehension(이해력)으로 옮긴다(p. 268 참조). nous를 우리말로 어떻게 옮기느냐 하는 문제는 논란이 벌어질 수 있다. '이성'? '직관', '지성'? 분명한 사실은 일종의 '감각'의 기능을 수행하는 '직관'으로 해석된다는 점이다. 아마도 이 말의 의미는 제19장에서 논의되는 원리를 파악하는 '귀납'의 역할에도 관련되어 있을 성싶다. 『니코마코스 윤리학』의 다음 한 대목은 이것을 이해하는 데 도움을 줄 수 있다. "그런데 [이 모든 사고가 관련된] 개별적인 최종적인 사항에는 행위에 의해 행해질 수 있는 모든 사항이 속해 있다. 왜냐하면 사려 깊은 사람이 이러한 사항을 인식하고 있을 뿐만 아니라, 분별이나 통찰 또한 행위될 수 있는 사항에 관련되어 있으며, 이러한 사항은 최종적인 것이기 때문이다. 또, 지성(nous)도 최종적인 것에 관계되지만, 이 경우는 양쪽의 의미에서의 '최종적인 것'이다. 왜냐하면 지성은 첫 번째 항[원리]과 마지막 항[개별자] 양자를 대상으로 하지만, 이 양자에는 이치(logos)가 없기 때문이다. 즉, 지성은 한편으로 논증이라는 면에서는 움직이지 않는 첫 번째 항에 관여하고 있지만, 다른 한편으로 행위에서의 추론의 전제에서는, 최종적인 다르게 있을 수 있는 것, 즉 소전제에 관련하고 있기 때문이다. 사실상 이러한 다른 것들에서도 가능한 것들이 목적에 이르는 시작이 되기 때문이다. 왜냐하면 개별적인 사항으로부터·보편적인 것들에 이르기 때문이다. 이렇게 개별적인 사항에는 그 감각을 가질 필요가 있으며, 이 경우의 감각이란 지성(nous)인 것이다. [따라서 지성은 시작이자 끝이다. 왜냐하면 논증은 이러한 것들로 이루어져 있으며, 이러한 것들에 관련되기 때문이다.])"(Irwin에 따라 1143b9-11의 대목을 이곳으로 옮긴다. 『니코마코스 윤리학』 제6권 제11장 1143a32-1143b5)

이유(로고스)를 동반하고 있다. 그래서 이러한 것이라면, 원리에 대한 (논증적) 지식은 없는 것이 될 것이다. 그리고 이 이성을 제외하면 [논증적] 지식보다 더 뛰어나고 참된 성향은 없으므로, 이성[직관]이 원리에 대한 성향인 것이 될 것이다.

　더욱이 이러한 점으로부터, 또 논증의 원리는 논증이 아니라는 점, 따라서 지식의 원리는 논증되는 지식이 아니라는 점에서 탐구해 보아도, 원리에 대한 논증에 의한 지식은 없는 것이 된다.[234] 그래서 지식보다 다른 [15] 어떤 종류의 항상 참인 성향도 우리가 갖고 있지 않다면, 이성은 지식의 원리가 될 것이다. 그리고 이성은 원리의 원리가 되겠지만, 지식은 전체적으로 [우리가 지식을 가질 수 있는] 사항 전체에 대해 마찬가지로 원리라는 관계에 있는 것이다.[235]

234　100b5-17에서 먼저 모든 논증적 지식(epistēmē)은 '이유(설명, 로고스)를 동반한다'(meta logou)고 말한다(100b10). 아리스토텔레스는 이것으로부터 첫 번째 원리에 대한 지식이 없다고 추론한다(100b10-11). 왜냐하면 그의 논변은 '첫 번째 원리'에 대한 설명이 없다고 가정하고 있기 때문이다. 그는 이것과 다른 주장으로부터 nous가 '원리'를 아는 인식의 성향(상태)이라는 결론을 이끌어 낸다.

235　『형이상학』 제12권 제7장 1072a19-b30, 제9장, 그리고 『니코마코스 윤리학』 제10권 제7장 1177b30-1178a8과 같은 대목과의 관계에서 문제가 될 수 있다. 즉, 이성의 역할에 대해서는 논란이 벌어질 수 있다. Barnes는 실질적인 기능을 특정할 수 없기 때문에, '이 책에서 이성(nous)은 어떠한 철학적 중요성도 가지고 있지 않다'고 해석한다(p. 270). 그렇지만 나는 여기서, 아리스토텔레스가 특정할 수는 없긴 하지만, **이성 없이는 지식이 있을 수 없다**라는 입장을 명백하게 주장하고 있으며, Barnes의 해석과는 전적으로 대립하는 입장을 표명하고 있는 것으로 해석한다. '이성'(nous)이야말로 모든 인식의 원리다. 나의 박사 학위 논문을 심사하셨던 권창은 교수(고려대 철학과)도 이 입장을 지지했던 것으로 기억한다(Kwon, Chang-un[1985] 참조).

원전과 주석

* CAG (*Commentaria in Aristotelem Graeca*, Berlin)

Bekker, I. (1831), *Aristotelis Opera*, vol. I. Berlin.

Eustratius (1907), *In Analyticorum Posteriorum Librum secundum commentarium*. CAG XXI. 1, ed. M. Hayduck.

Minio-Paluello, L. (1953), *Analytica posteriora: translatio anonyma* (*Aristoteles latinus*, vol.IV, 2), ed. Bruges/Paris.

Philoponus (1909), *In Aristotelis Analytica Posteriora commentaria*. CAG XIII 3, ed. M. Wallies.

Ross, W. D. (1949a), *Aristotle's Prior and Posterior analytics*, Oxford.

Ross, W. D. (1958), *Aristotelis Topica et Sophistici Elenchi*, Oxford: Clarendon Press.

Ross, W. D. (1964), *Aristotelis Analytica priora et posteriora*, praefatione et appendice avxit L. Minio-Paluello (Oxford Classical Texts), Oxford.

Themistius (1900), *In Analyticorum Posteriorum paraphrasis*, CAG V 1, ed. M. Wallies.

Thomas Acquinas (2007), *Commentary on Aristotle's Posterior Analytics*, tr. R. Berquist. Notre Dame, Ind.

Zabarella, Jacopo (1582), *In duos Aristotelis libros Posteriorum Analyticorum commentaria*. Venice, repr. Olms, 1966.

번역과 주석

Apostle, H. G. (1981), *Aristotle's Posterior Analytics*, Grinnell, Iowa.

Barnes, J. (1975/1993²), *Aristotle's Posterior Analytics*, Oxford.

Detel, W. (1993), *Aristoteles, Analytica posteriora*, Berlin.

Mignucci, M. (1975), *L'argomentazione dimostrativa in Aristotele: commento agli Analitici secondi*, Padua.

Mure, G. R. G. (1928), *The Works of Aristotle*, translated into English under the editorship of W. D. Ross, vol. 1, *Analytica posteriora*, Oxford.

Pellegrin, P. (2005), *Aristote, Seconds Analytiques*, Paris.

Tredennick, H. (1960), *Aristotle, Posterior Analytics*, Cambridge, Mass.

Tricot, J. (1979), *Organon IV: Les seconds analytiques*, traduction nouvelle et notes, 2nd ed., Paris.

연구문헌

Achinstein, P. (1983), *The Nature of Explanation*, Oxford: Oxford University Press.

Anagnostopoulos, G. (2009), 'Aristotle's Methods.' In *A Companion to Aristotle* (*Blackwell companions to philosophy*, 42), ed. G. Anagnostopoulos, Malden, Mass./Oxford.

Barnes, J. (1969), 'Aristotle's Theory of Demonstration,' *Phronesis* 14: pp. 123–152; repr. in a revised form in *Articles on Aristotle* (1975-1979), Vol. 1, pp. 65-87.

Barnes, J. (1981), 'Proof and the Syllogism,' In Berti (1981).

Barnes, J., R. Sorabji & M. Schofield, *Articles on Aristotle*, 3 vols. London: Duckworth, 1975.

Bayer, G. (1995), 'Definition through Demonstration: The Two Types of Syllogisms in *Posterior Analytics* II. 8,' *Phronesis* 11, no. 3: pp. 241-264.

Bayer, G. (1997), 'Coming to Know Principles in *Posterior Analytics* II. 19,' *Apeiron* 30: No. 2, pp. 109-142.

Berti, E. (ed.) (1981), *Aristotle on Science: The Posterior Analytics*. Padua.

Bloch, D. (2017), 'Aristotle on the Exactness or Certainty of Knowledge in *Posterior Analytics* I. 27,' *The Aristotelian Tradition: Aristotle's Works on Logic and Metaphysics and Their Reception in the Middle Ages*, (ed.) Christina Thomsen Thörnqvist & Börje Bydén, Toronto: Pontifical Institute of Mediaeval Studies, pp. 151-161.

Bolton, R. (1987), 'Definition and Scientific Method in Aristotle's *Posterior Analytics* and *Generation of Animals*,' In Gotthelf and Lennox, *Philosophical Issues in Aristotle's Biology*, pp. 120-166.

Bolton, R. (1990), 'The Epistemological Basis of Aristotelian Dialectic,' In Devereux and Pellegrin, *Biologie, logique et métaphysique chez Aristote*, pp. 185-236.

Bolton, R. (1991), 'Aristotle's Method in Natural Science: *Physics* I', In Judson, *Aristotle's Physics: A Collection of Essays*, pp. 1-29.

Bolton, R. (2003), 'Aristotle: epistemology and methodology,' In *The Blackwell Guide to Ancient Philosophy*, ed. Ch. Shields. Malden, Mass./Oxford.

Bronstein, D. (2010), 'Meno's Paradox in Posterior Analytics 1.1,' *Oxford Studies in Ancient Philosophy* 38: 115-141.

Bronstein, D. (2012), 'The Origin and Aim of Posterior Analytics II.19', *Phronesis* 57: pp. 29-62.

Bronstein, D. (2015), 'Essence, Necessity, and Demonstration in Aristotle', *Philosophy and Phenomenological Research* 90: pp. 724-732.

Bronstein, D. (2016), *Aristotle on the Knowledge and Learning*: The *Posterior Analytics*, Oxford.

Burnyeat, M. F. (1981), 'Aristotle on Understanding Knowledge.' In Berti (1981).

Byrne, P. H. (1997), *Analysis and Science in Aristotle*, Albany.

Charles, D. (1991), 'Aristotle on Substance, Essence, and Biological Kinds' in Gerson (1999), pp. 227–255. (Reprinted from *Proceedings of the Boston Area Colloquium in Ancient Philosophy* 7: pp. 227–261)

Charles, D. (2000), *Aristotle on Meaning and Essence*, Clarendon Press, Oxford.

Charles, D. (2002), 'Some Comments on Prof. Enrico Berti's "Being and Essence in Contemporary Interpretations of Aristotle,"' in *Individuals, Essence and Identity*(ed. A. Bottani, M. Carrara, P. Giaretta et al.), Dordrecht: Kluwer, pp. 109–126.

Charles, D. (ed.) (2010), *Definition in Greek Philosophy*, Oxford: Oxford University Press.

Corcoran, J. (1973), 'A Mathematical Model of Aristotle's Syllogistic', *Archiv für Geschichte der Philosophie* 55: pp. 191–219.

Cocoran, J. (1994), The Founding of Logic, *Ancient Philosophy* 14: pp. 9–24.

DeMoss, D. & D. Devereux (1988), 'Essence, Existence, and Nominal Definition in Aristotle's *Posterior Analytics* II 8–10', *Phronesis* 33: pp. 133–154.

Deslauriers, M. (2007), *Aristotle on Definition*, Leiden: Brill.

Detel, W. (1993), *Aristoteles, Analytica Posteriora: Übersetzung und Erläuterung*, 2 vols, Berlin: Akademie Verlag.

Detel, W. (1997), 'Why All Animals Have a Stomach: Demonstration and Axiomatization in Aristotle's *Parts of Animals*', in Kullmann and Follinger (1997), pp. 63–84.

Devereux D. & P. Pellegrin (1990), *Biologie, logique et métaphysique chez Aristote*, Paris: Éditions du CNRS, pp. 185–236.

Ebrey, D. (2014) 'Meno's Paradox in Context', *British Journal for the History of Philosophy* 22: pp. 1–21.

Einarson, B. (1936), 'On Certain Mathematical Terms in Aristotle's Logic,' *The*

American Journal of Philology 57, no. 1: pp. 33-54, 151-72.

Engberg-Pedersen, T. (1979) 'More on Aristotelian Epagoge', *Phronesis* 24: pp. 301-319.

Falcon, A. (1997) 'Aristotle's Theory of Division' in *Aristotle and After* (ed. R. Sorabji), Bulletin of the Institute of Classical Studies. Supplement 68. London: ICS, pp. 127-146.

Falcon, A. (2005), *Aristotle and the Science of Nature: Unity without Uniformity*, Cambridge/New York.

Ferejohn, M. (1988), 'The Meno Paradox and De Re Knowledge in Aristotle's Theory of Demonstration,' *History of Philosophy Quarterly* 5: pp. 99-117.

Ferejohn, M. (1991), *The Origins of Aristotelian Science*, New Haven.

Fine, G. (2010), 'Aristotle on Knowledge', *Elenchos* 14: pp. 121-156.

Fine, G. (2014), *The Possibility of Inquiry: Meno's Paradox from Socrates to Sextus*, Oxford: Oxford University Press.

Frede, M. (1987), *Essays on Ancient Philosophy*, Clarendon, Oxford.

Frede, M. (1987), 'Stoic vs Aristotelian Syllogistic', in M. Frede (1987), pp. 99-124.

Frede, M. (1996), 'Aristotle's Rationalism', in M. Frede and G. Striker(eds.), *Rationality in Greek Thought*, Oxford, pp. 157-173.

Gerson, Lloyd P. (1999), *Aristotle: Critical Assessments*: Vol. 2, New York: Routledge.

Gifford, M. (1999), 'Aristotle on Platonic Recollection and the Paradox of Knowing Universals: Prior Analytics B. 21 67a8-30', *Phronesis* 45: pp. 1-29.

Gifford, M. (2000), 'Lexical Anomalies in the Introduction to the Posterior Analytics, Part I', *Oxford Studies in Ancient Philosophy* 19: pp. 163-223.

Goldin, O. (1996), *Explaining an Eclipse: Aristotle's Posterior Analytics 2. 1-10*. Ann Arbor: The University of Michigan Press, 1996.

Goldin, O. (2004), 'Atoms, Complexes, and Demonstration: *Posterior Analytics* 96b15-25', *Studies in History and Philosophy of Science* 35: pp. 707-727.

Goldin, O. (2009), *Philoponus(?): On Aristotle Posterior Analytics* 2. London: Duckworth.

Goldin, O. (2013), 'Circular Justification and Explanation in Aristotle', *Phronesis* 58: pp. 195-214.

Gotthelf A. and J. G. Lennox, (eds.) (1987), *Philosophical Issues in Aristotle's Biology*, Cambridge: Cambridge University Press.

Hamlyn, D. W. (1976), 'Aristotelian Epagōge', *Phronesis* 21: pp. 167-184.

Harari, O. (2004), *Knowledge and Demonstration: Aristotle's Posterior Analytics*, Dordrecht.

Hasper, P. S. and J. Yurdin (2014), 'Between Perception and Scientific Knowledge: Aristotle's Account of Experience', *Oxford Studies in Ancient Philosophy* 47: pp. 120-150.

Heath, T. L. (1921), *A History of Greek Mathematics*, 2 vols. Oxford.

Heath, T. L. (1949/1970), *Mathematics in Aristotle*, Oxford.

Hintikka, J. (2004), *Analyses of Aristotle*. Dordrecht.

Irwin, T. (1988), *Aristotle's First Principles*, Oxford: Oxford University Press.

Jaeger, W. (1912), *Studien zur Entstehungsgeschichte der Metaphysik des Aristoteles*. Berlin.

Johnson, M. R. (2005), *Aristotle on Teleology*, Oxford.

Kahn, C. (1981), 'The role of nous in the cognition of first principles in *Posterior Analytics* II 19,' in Berti (1981).

Kiefer, T. (2007), *Aristotle's Theory of Knowledge*. London.

Kosman, A. (1973), 'Understanding, Explanation, and Insight in the *Posterior Analytics*', pp. 374-392 in E.N. Lee, A.P.D. Mourelatos, and R.M. Rorty, edd. *Exegesis and Argument: Studies in Greek Philosophy Presented to*

Gregory Vlastos. New York: Humanities Press.

Kraut, R. (1992), Review of Terence Irwin, *Aristotle's First Principles*, *The Philosophical Review*, Vol. 101: pp. 365-371.

Kullman, W. (1974), *Wissenschaft und Methode*, Berlin.

Kullman, W. (1981), 'Die Funktion der Mathemathischen Beispiele in Aristoteles' *Analytica Posteriora*,' in ed. E. Berti (1981).

Kullmann W. and S. Follinger (eds.) (1997), *Aristotelische Biologie: Intentionen, Methoden, Ergebnisse*. Stuttgart: Franz Steiner Verlag.

Kwon, Chang-un (1985), 'Aristotle's Epagoge — Gnosiological and Ontological Bases for the Inductive Synorasis', 『철학연구』 제10집, 고려대학교 철학회.

LaBarge, S. (2004) 'Aristotle on "Simultaneous Learning" in *Posterior Analytics* 1.1 and *Prior Analytics* 2.21', *Oxford Studies in Ancient Philosophy* 27: pp. 177-215.

LaBarge, S. (2006) 'Aristotle on Empeiria,' *Ancient Philosophy* 26: pp. 23-44.

Landor, B. (1981) 'Definitions and Hypotheses in Posterior Analytics 72a19-25 and 76b35-77a4', *Phronesis* 26: pp. 308-318.

Landor, B. (1985) 'Aristotle on Demonstrating Essence,' *Apeiron* 19: pp. 116-132.

Lear, J. (1980), *Aristotle and Logical Theory*, Cambridge.

Le Blond, J. M. (1939), *Logique et méthode chez Aristote*, Paris.

Le Blond, J. M. (1975), 'Aristotle on Definition,' in Barnes, Schofield, and Sorabji (1975), pp. 63-79.

Lee, Tae-Soo (1984), *Die griechische Tradition der aristotelischen Syllogistik in der Spätantike* (Eine Untersuchung über die Kommentare zu den *analytica priora* von Alexander Aphrodisiensis, Ammonius und Philoponus), Göttingen.

Lennox, J. (1987), 'Divide and Explain: The *Posterior Analytics* in Practice,' in

Gotthelf and Lennox (1987), pp. 90–119. (Reprinted in Lennox [2001b], pp. 7–38.)

Lennox, J. (1991), 'Between Data and Demonstration: The *Analytics* and the *Historia Animalium*,' in *Science and Philosophy in Classical Greece* (ed. A. Bowen). New York: Garland Publishing, pp. 261–295. (Reprinted in Lennox [2001b], pp. 39–71.)

Lennox, J. & R. Bolton (eds.) (2010), *Being, Nature, and Life in Aristotle*. Cambridge.

Lennox, J. (1994), 'Aristotelian Problems,' *Ancient Philosophy* 14: pp. 53–77. (Reprinted in Lennox 2001b, 72–97.)

Lennox, J. (2001a), *Aristotle: On the Parts of Animals* I–IV. Translated with a commentary. Oxford: Clarendon Press.

Lennox, J. (2001b), *Aristotle's Philosophy of Biology*, Cambridge: Cambridge University Press.

Lesher, J. H. (1973), 'The Meaning of *Nous* in the *Posterior Analytics*', *Phronesis* 18: pp. 44–68.

Lesher, J. H. (2001), 'On Aristotelian Epistēmē as "Understanding"', *Ancient Philosophy* 21: pp. 45–55.

Lesher, J. H. (2010b), 'Just as in Battle: the Simile of the Rout in Posterior Analytics II 19', *Ancient Philosophy* 30: pp. 95–105.

Lesher, J. H. (2011), 'A Note on the Simile of the Rout in the *Posterior Analytics* II 19', *Ancient Philosophy* 31: pp. 1–5.

Lesher, J. H. (ed.) (2010), *From Inquiry to Demonstrative Knowledge: New Essays on Aristotle's Posterior Analytics*, Kelowna: Academic Printing & Publishing.

Lloyd, G. E. R. (1996), *Aristotelian Explorations*, Cambridge.

McKirahan, R. (1983), 'Aristotelian Epagôgê in *Prior Analytics* 2. 21 and *Posterior Analytics* 1. 1' ['Epagôgê'], *Journal of the History of Philosophy*, 21:

1-13.

McKirahan, R. D. (1992), *Principles and Proofs: Aristotle's Theory of Demonstrative Science*, Princeton.

Mendell, H. (1998), 'Making Sense of Aristotelian Demonstration', *Oxford Studies in Ancient Philosophy* 16: pp. 161-225.

Modrak, D. K. W. (1987), *Aristotle: The Power of Perception*, Chicago.

Modrak, D. K. W. (1996), 'Aristotle's epistemology: one or many theories?', In Wians (ed.) (1996).

Modrak, D. K. W. (2001), *Aristotle's Theory of Language and Meaning*, Cambridge.

Nussbaum, M. C. (1978), *Aristotle's De Motu Animalium*, Princeton.

Pellegrin, P. (1987), 'Logical Difference and Biological Difference: the Unity of Aristotle's Thought,' in Gotthelf and Lennox (1987), pp. 313-338.

Pellegrin, P. (2010), 'Definition in Aristotle's Posterior Analytics,' in Lennox and Bolton (2010), pp. 122-146.

Ross, W. D. (1949b), *Aristotle*, London.

Salmieri, G. (2014), 'Aristotelian Epistēmē and the Relation between Knowledge and Understanding', *Metascience* 23: pp. 1-9.

Schiaparelli, A. (2011), 'Epistemological Problems in Aristotle's Concept of Definition: *Topics* vi 4', *Ancient Philosophy* 31: pp. 127-143.

Shields, Ch. (1999), *Order in Multiplicity: Homonymy in the Philosophy of Aristotle*, Oxford.

Smith, R. (1982), The Relationship of Aristotle's Two Analytics, *Classical Quarterly* 32: pp. 327-335.

Solmsen, F. (1929), *Die Entwicklung der aristotelischen Logik und Rhetorik*, Berlin.

Taylor, C. C. W. (1990), 'Aristotle's epistemology,' In *Epistemology (Companions to ancient thought*, 1), ed. S. Everson, Cambridge/New York.

Ward, J. K. (2008), *Aristotle on Homonymy: Dialectic and Science*, Cambridge.

Whitaker, C. W. A. (2007, 1996), *Aristotle's De Interpretatione: Contradiction and Dialectic*, Oxford.

Wians, W. (1996), 'Scientific examples in the *Posterior analytics*,' In Wians (ed.) (1996).

Wians, W. (ed.) (1996), *Aristotle's Philosophical Development: problems and prospects*, Lanham, Maryland.

김재홍, 『분석론 전서』, 2024, 서광사.

김재홍, 『소피스트적 논박에 대하여』, 2020, 아카넷.

김재홍, 『토피카―토포스에 관한 논구』, 2021, 서광사.

김재홍, 『동물의 부분들에 대하여』, 2024, 그린비(간행 예정).

김재홍, 「아리스토텔레스 양상 개념에 관한 연구」(숭실대학교 대학원 석사학위논문), 1987.

김재홍, 「아리스토텔레스의 술어 이론과 쉴로기스모스의 연관성―쉴로기스모스의 학문적 해명」, 『철학논집』 제24집, 2011.

김재홍, 「아리스토텔레스의 쉴로기스모스란 무엇인가」, 『사색』, Vol. 10, 숭실대학교 철학과, 1993.

김재홍, 「토포스와 엔튀메마」, 정암학당 발표록(미간행논문), 2020.

김재홍, 「학문 방법론으로서의 '논증' 이론의 역할과 기능―〈아르카이〉에 대한 학적 분석」, 『대동철학』 제61집, 2012.

김정환, 「지각으로부터 보편의 출현 – 분석론 후서 II권 19장의 독특한 지각이론」, 『철학논집』 제40집, 2015.

오지은, 「아리스토텔레스 『분석론 후서』에서 존재 물음과 존재 가정」, 『철학연구』 제137집, 2022.

윌리엄 닐, 마사 닐, 『논리학의 역사 1』, 박우석 외 옮김, 한길사, 2015.

존 우즈, 『아리스토텔레스의 초기 논리학』, 박우석 옮김, 경문사, 2023.

epachthēnai, epagōn) 71a6-10,
72b29, 77b35, 78a34, 81a40-b8,
90b14, 91b15, 35, 92a37, 100b4
'(그것은) 무엇인가'(to ti esti) 72a24,
73a35-b1, 74b8, 79a24-28, 82b37-
39, 83a21, b5, 18, 84a13 아래, 25,
89b24 아래, 34 아래, 90a1-6, 15,
31-b4, 30-38, 91a1, 6, 12, 15-32,
b26, 92a6-11, 34-b38, 93a2-11, 15-
b5, 15-18, 22-27, 29, 94a8, 11-16,
96a20-22, b3 아래, 36, 97a25, b2
'그것을 위해서이다(목적인)'(to tinos
heneka, to hou heneka) 94a23-b8,
18
'그렇다는 것'(to hoti esti) 71a12-16,
75a16, 76a11, 31-33, 76b9, 17 아래,
78a22-b16, 33 아래, 79a2-15, 87a
32, 89a15, 21-25, b11, 24-34, 37,
90b38, 92b1-8, 93a17-24, 35, b1
'(그렇다는 것은) 왜(일까)'(dia ti, dio-
ti, to dia ti) 74b28-30, 75a14-35,
76a12, 78a22-79a24, 85b24-34,
86a2, 88a1-89b31, 90a1, 15-32,
92a1, 29, b21-25, 93a17-36, b4-39,
94a3 아래, 28-b20, 95a14-16, b33,
98a7-b36, 99b1
그 자체로서(kath' hauto) 73a26-b16,
28, 74b6-10, 75b1, 83b20, 84a12-
17, 90a11
긍정(kataphasis, kataphatikos) 72a13,

81a16, 14, 86a32, b13, 19 아래, 31-36
긍정, 주장하다(phasis, phanai) 71a14,
73b23, 77a10-30, 85b33, 87b33-37,
88b13, 93a33, 94b33, 97a8
기계학적(mēchanikos) 76a24, 78b37
기술(technē) 71a4, 77b21, 89b8, 95a8,
100a8 아래
기억(mnēmē) 100a3-6
기체(hupokeimenon) 71a24, 73b5-9,
75a42, 76a12, 79a8 아래, 83a6-13,
26-31, b21 아래, 87a33, 90a12, 91a11
기하학(~적, 기하학자)(geōmetria,
geōmetrikon, geōmetrēs) 75a39,
b3-20, 76a23, b5-9, 39-77a3, 40-b23,
78b37, 79a9-14, 87a35, 88b11
길(hodos) 82b29-32, 84b24, 91b12
깜박임(stilbein) 78a30-b2
끝항(akra) 75b11, 89b15, 93b6, 12,
95b40, 99a4

[ㄴ]

나무(dendron) 98b36-38 포도나무
(ampelos) 78b31, 98b6-15, 99a23,
무화과 나무(sukon) 99a24
나일강(Neilos) 98a31
낙엽(phullorroein) 98a37-b16, 33-38,
99a23-29
난제(aporia) 71a29, 92a29, 93b20, 98a
35, 99b19

264

넘어가다(metabainein) 75a38, b9

논의(logos) 71a5, 9 ☞ 로고스

논증(~하다, ~적, ~되다)(apodeixis, apodeiktikē, apodeiknunai, apodeiktikon, apodeikton) 71b17, 27, 72a 10, b16-20, 25-73a20, 22 아래, 74a 1-b5, 15-37, 76a22-25, b11, 33, 82a8, 83a20, 84a31, 33, 85a1, 13-15, 20, 86a30, 32-b39, 87a1-3, b2-18, 99b 36, 90b3-91a13, 92a26-b38, 93a6-b27, 94a6-18, 99b15-30, 100b9-13

논증할 수 없는(anapodeiktos) 71b27, 72b20, 75b39, 84b28, 87b2, 88b36, 90b27, 93a6, 94a11

[ㄷ]

단위(monas) 71a15, 72a22-24, 76a34 아래, b4, 87a36, 90b32, 93b25

단적으로(무조건적으로)(haplous, haploun, haplōs) 71a25-27, b3, 9, 15, 72a3, b3, 14, 25, 29-31, 73a21, b16-19, 74a33, 75b8, 23-25, 76a14, b29, 79a12, b26-28, 83a16-20, b38, 84a6, b36 아래, 86a5, 87a27, 89b33, 38 아래, 90a2-4, 10-12, 32, 96b23

달(selēnē) 78b4, 87b39, 89b11, 90a3 아래

담즙(담낭)(cholē) 99b6

대개의 경우(대부분의 경우)(hōs epi to polu) 87b20, 23, 26

대화하다(문답하다)(dialrgrsthai) 92b32 ☞ 문답법

돈(argurion) 85b31

동명이의(homōnumia) 77a9, 85b11-16, 97b30-36, 99a7

(동물의) 뼈, (오징어의) 갑(甲), (생선의) 등뼈(ostoun, sēpion, akantha) 98a21 아래

[ㄹ]

랜턴(lamptēr) 94b28

로고스(logos) 71a5, 73a36-b2, 74b27-32, 76b24-27, 77b3-5, 31, 83a34, 85a38, b10-15, 86a36, 88a8, 89a32, 90a19-23, 91a14, 30, 92a3, b6, 9, 28-31, 93a33f, b6, 12, 14, 29 아래, 35-39, 94a6, 11, 35, b19, 22, 95a35, 97a19, b13, 98a12, b23, 99a3, 21-25, 100a2, b10 ☞ 논의, 말, 진술, 설명, 정의, 비(례)

[ㅁ]

마지막(teleutaios) 94b25, 97a38-b6

마지막의(hustaton) 82a39

말(logos) 76b24-27 ☞ 로고스

말하다, 이야기하다(eipein, legein) 73a 30 ☞ 긍정, 주장

맨 처음에 움직이게 한 무언가(작용인)
(hē ti prōton ekinēse) 94a22
멈추다(istasthai) 72b11, 81b33-36
『메논』(Menōn) 71a29
명민하다(a[n]gchinoia) 89b10
모두(…에 대하여, 모든 경우에)(pas,
pan, epi pantōn, kata pantos, panta-
chou) 71a3, 19, 33, b2-5, 72a28-36,
b6-73a34, b1, 25 아래, 74a11-31,
b11, 76a17 아래, b1, 11, 77a22-30,
b7, 29-36, 78b25 아래, 79b39,
80a13-b12, 28, 81a31, b10, 82a8-17,
b5-33, 83b5-10, 20, 84a2, 24-35,
b5, 22, 38-85a9, b11, 35, 86b17-21,
87a4, b31, 88a17-b1, 14-16, 89a12,
b14, 90a7-14, 35, b5-19, 28, 31, 91a7
아래, 18-29, b4 아래, 29, 92a38, b30,
94a23, 96a9-39, b23-97a12, 21-36,
b1-34, 98a3-10, 25-29, 99a2-12,
20-99b1, 34, 100a6 아래, b10
모순 대립(antiphasis) 72a12-14, 93a34
목재(xulon) 83a2-18
무중항(amesos) 71b21, 72a7 아래, 14,
b19-22, 75a17, b40, 78a24-26,
79a31, 81a36, 82b7, 84a35, b14-36,
85a1, 86a15, b31, 88b20, 37, 89a4,
14-22, 91a34, 93b22, 94a9, 95b15-
31, 96a18, 99b21 아래
무지(agnoia) 71b7, 77b16-33, 79b23,
99b31

무한, 무한정(apeiros) 72b8, 78a16,
81b33-40, 82a2-7, 38, 84a33-38,
86a4 아래, 90b26
문답법(~적, ~에 따라)(dialektikē,
dialektikōs) 72a9, 77a29-34, b9-14,
81b19-22 ☞ 언어상의 방식으로, 대화
하다
믿음, 확신, 설득적, 설득하다(pistis,
peithein, pistos, sumpeithein) 71a9,
72a25-b4, 86b5-27, 90b14

[ㅂ]

바깥쪽에(exō) 78b13, 84b33, 85a2-11,
96a25
바로 …인 것(hoper) 76a25, 83a7-30,
b10, 89a35 아래, b1, 4 아래, 91a39,
b3, 92b15, 93b24, 32, 95a11
반대, 대립(enantios) 73b21, 75b13, 19,
77b27, 80a32, b26, 30, 88a28, 92a21
아래
반사(anaklasis) 98a29
받아들이다, 파악하다(lambainein) 73a
24, 81a39-b9, 91b11
방식(tropos) 71a4, 22, b10, 32, 72b28
아래, 73b10, 26, 74a2, 28, 75a18,
77b25, 78a24, b34, 82b22, 83b20,
32, 85a11, 86b23, 89a24, b32,
90a36, 92b1, 19, 93a10, 94a6, 96a21
아래, 97a31, 98a20

266

배움, 배우다(mathēsis, manthanein)
71a1, 30, b6-8, 76b33, 81a40, 99b29
[배중률] 71a13, 73b23, 77a22-30
보다 앞선(～ 앞서다)(proteron) 71b22,
30, 33-72a5, b10-27, 73b39, 74b34-
36, 76a20, 77a25, 81a19-24, b35,
82a11-14, b9 아래, 83b31-33, 84b2,
25, 86a24, 38-b3, 33 아래, 87a17-
27, 31, 90b25, 91a26, b9, 93a15-18,
b34-39, 95b21-29, 36, 98b17, 99b28
보편(～적인, ～적이다)(katholou) 71a
8, 19, 28, 72a4, 73b26-74a3, 5-77a7,
79a5, 28, b37-39, 81b1-7, 84b22,
85a13-31, 37, b1-26, 86a3-31, b31
아래, 87b30-39, 88a2-6, b31, 90a
28-30, b4-7, 91a19, 93a8, 96a8,
13-15, 97b26-30, 98b32-34, 99a33
아래, b9-12, 100a6-b5
본질(실체)(ousia) 73a36, b7, 79a7,
83b5, 15, 26, 87a36, 89a20, 90b16
아래, 30, 91b9, 27, 92a34, b13 아래,
29, 93b26, 96a34, b6, 12, 97a13, 19
부대적인(우연적인, 부대적인 방식으로)
(sumbebēkos, kata sumbebēkos) 71b
10, 28, 73b4, 9, 11, 74b11, 75a18,
20-22, 31, b1-12, 25, 76a2, 77b12,
78a11, 81b25, 82a20, 83a5-27, b11-
28, 90a11, b15, 93a21-25, b35-37,
97a27, 99a3-5
부분(～적인)(meros, en merei, epi

merous, kata meros) 74a9 아래, 75b
35, 77a4, 81b1, 82a24, 85a13-86a
29, 31, 87a23, 39, 89b39-90a2, 91a
3-6, 92a12
부수되는(hepesthai) 73a7-12, b22, 77b
40, 78a3, 95b39, 98a5-10, 16-18, 22
부정(apophasis) 72a14, 78b17, 21, 79b
23, 82b4, 86b34
부정, 결여적인(sterēsis, sterētikos) 73b
21, 81a15, 82a9, 85a14, 86a32, b11-
14
분석(～하다, ～론적으로)(analusis,
analuein, analutikōs) 78a7, 84a8,
b2, 88b18, 91b13
분할(～하다, ～되다, ～되지 않다)(di-
airesis, diairein, diaireton, adiaire-
ton) 72a22, 84a16, 35, b35, 91b12
아래, 29-39, 92a2-4, 21-28, 95b6-8,
96b25-97a36, 98a2
브뤼송(Brusōn) 75b40
비(례에 의해)(logos, ana logon) 85a38,
90a19-22 ☞ 로고스
(비례항을) 교환할 수 있는(enallax) 74a
18, 99a8
뿔을 가진 동물(to echein echinon)
98a17

[ㅅ]

사고(dianoia) 71a1, 89b7, 95a3, 100b6

267

사냥하다(thēreuein) 79a25, 88a3, 96a
22
사려(phronēsis) 89b8
사항, 사안(pragma) 71bb11
산보하다(peripatein) 94b9-16
산술(적, ~학자, 계산)(arithmētikē,
arithmētikos, logismoi) 72a23,
75a39, b3, 16, 76a10, b8, 87a34 아
래, 88b12, 93b24
산 청동(oreichalkos) 92b22
삼각형(trigōnon) 71a14, 19-21, b3, 73a
35, b31, 39, 74a16-38, b2, 76a35,
85a28, b11, 86a1, 25-27, 87b35,
90a13, b8, 91a4, 92b16 아래, 93b31,
99a19 ☞ 이등변 삼각형
상처(helkos) 79a15
상호적일 것(antiperistasis) 98a25
생각, 생각하다(doxa, doxazrin) 76b31-
33, 81b18, 85a32, b2, 88b30-89a38,
100b7
설득추론(수사추론)(enthumēma)71a10
설명(logos) 92a3, 94b19 ☞ 로고스
성향(상태, hexis) 99b18-32, 100a10 아
래, b6
소멸적(phtharton) 75b24-27, 85b18
소피스트(적인)(sophistikos) 71b10,
74a28, b23
수반하는, 서로 연결되는(akolouthein,
parakolouthein) 91b1, 97a29, 98a16,
99a17, 23-31

수액(hugros, opos) 98b37, 99a29
(수액의) 응고하는 것(pēxis) 98b37 아래
수학(~적인)(mathēma, mathēmata,
mathēmatikos) 71a3, 77b27-33,
78a11, b40, 79a1-3, 7-10, 13,
88b17, 90b32
술어하다, 술어가 되다, 술어가 되는 사
항(katēgorein, katēgoreisthai, katē-
goroumenon) 73a16, b16 아래, 74b
9, 77b30, 78a28, 79b9, 80b28, 81b
24-34, 82a1, 16-26, b37-39, 83a1,
15-b33, 87b10-12, 90b4, 91a15 아
래, 92a32, 96a13 아래, 22-29, b2 아
래, 31, 97a17-24, 98b26 ☞ 카테고리
아(범주)
스퀴티아(Skuthai) 78b30
식(蝕)(ekleipsis) 75b34 아래, 88a1,
89b26-30, 90a3, 17, 30, 93a23-37,
95a14, 98a37-b23

[ㅇ]

아나카르시스(Anacharsis) 78b30
아래, 아래쪽에(katō) 82a2, 23 아래,
88a35
아킬레우스(Achilleus) 97b18
아테나이인(Athēnaioi) 94a37
안(쪽)에(entos, eisō) 84a36, 88a35
안다(eidenai) 72a33 아래, 74b27-39,
76a28, 83b34, 36, 38 아래, 84a4

268

269

유사함, 비슷함(homoion) 97b7, 34,
99a12

육상의(발이 있다)(pezos) 91b19 아래,
92a30

(음의) 조화(~하다)(sumphōnia, sum-
phōnein) 90a18-21

의미(지시)하다(sēmainein) 71a15, 73b
8, 76a32, b7, 19 아래, 83a24-31,
b14, 85b20, 92b6, 15, 26-29, 93b30
아래, 39, 94a35

의술(iatrikē) 77a41, 79a14, 88b12

이다, 있다(einai, on). 71a12, 89b24,
33, 38 아래, 90a2, 92b14, 18, 29 아
래, 93a4, 32 ☞ '그렇다는 것', '(원
래) 무엇이었는가?', '(그것은) 무엇
인가?', 본질(실체)

이등변 삼각형(isoskeles) 73b38-74a3,
17, 36-38, b1, 84b6, 85a28, b6-12,
39, 86a1, 26 아래, 91a4 ☞ 삼각형

이름(명사)(onoma) 92b7, 28, 93b30
아래

'이 무엇인가'(tode ti) 73b7, 87b29
아래

이성(직관, nous, noēsis) 77b31, 85a1,
88a7, b35 아래, 89a1, b7, 100b5-17

이성의 작용으로 파악하다(noein) 88a16

이의(반론, enstasis) 73a33, 74b19, 76b
26, 77b34-37

인간(anthrōpos) 73a30, 77a15 아래,
79a29, 81b25-28, 83a2-11, 28-30,

83b3 아래, 85a25, 88a29, 89a36 아
래, b4, 35, 91a27-32, 36, b5 아래,
18-25, 92a1, 29-32, b5, 10 아래,
93a23, 96a10, b34, 98a8

인식(~되다, ~하다)(gnōsis, gnōston,
gnōrizein, gignōskein) 71a17-23,
76a26 아래, 87b39, 89b13, 98b24,
99b18, 21 아래

(인품의) 고상함(megalophuchia) 97b
15-25

『일리아스』(Ilias) 92b32, 93b36

일반적으로 받아들여지고 있는 것(명성,
endoxa) 74b22, 81b20

입론, 세우다(thesis, tithĕmi) 71b20,
72a15-21, 73a9 아래, 74b13, 76b12,
78b8, 13, 89a12, 92b31, 94a9

(잎이) 넓은(platuphullos) 98b4-16

[ㅈ]

장수하다(makrobios) 99b5

전제(protasis) 71b4, 72a7-10, 74b23,
77a36, b39, 84b22, 36-85a1, 87b23-
27, 92a12

전체(holos, en holō, kath' holou) 74a9,
75b25, 77a3, 79a37-b17, 38, 80a27,
37-40, b1-4, 28-37, 81a7, 87a23,
91a5, b20, 92a12, 96b15, 97a37, 39

점(stigmē, sēmeion) 73a32-35, b30,
76b5, 87a36, 88a33, 95b5-9

정사각형화(tetragōnismos) 75b41

정의(horismos) 72a21, 75b31, 78a13, 89a18, 90a37-91a11, 92b3-93b20, 29-94a14, 96a21, b17-22, 97b13, 99a22

정의(logos) 73a36-b1 ☞ 로고스

정의항(horos) 76b35-77a4, 91b39, 93b 38, 97a23, b26-32 ☞ 항

정확한(엄밀한, akribēs) 86a17, 87a31, 99b27, 34

제거하다(추상)(aphairesis, aphairein) 74a37-b1, 81b3

종 ☞ 형상

종차, 차이, 종(유)에 따라 다른(diapho- ra) 83b1, 88b26, 96b25-97b7, 31, 98a26

중항(meson) 74b31-75a36, b11, 76a9, 77a8-20, b29, 78a14, b8-11, 29, 79a35, b14-16, 31, 80b17-33, 40, 81a17-21, 33, b17-21, 82a4, 84a39, b20-25, 35-85a6, 86a14, 39, b18- 24, 87b6-15, 88a22, 35, 89a16, b11- 15, 36-90a35, 91a15-30, b37, 92a 10, 93a7-11, b13, 26, 94a23-b26, 95a36, b14-35, 96a12-16, 98a25-30, b10, 35, 99a4-21, b8 아래

증명(~하다)(deixia, deiktikos, deiknu- nai) 71a8, b23, 72a39, b35- 73a17, b33-40, 74a6-25, b25, 75a20, b12, 38-76a10, 32-36, b10-34, 77a11 아

래, 27-34, b1-11, 78a8-10, 39- b13, 79b5, 81b11-16, 82b4-29, 83b2, 84b 2-31, 85a2-7, 19, 37, b8-23, 86a14, 32, b8-39, 87a5, b4, 88a37-b25, 90a 36, b38, 91a4, 31-35, 92a2, 10-28, 34-b38, 93a8-12, 94a1-17, 23, 95b 36-40, 96b14, 26, 98b5

지구, 대지(gē) 96a3-5, 98b18 아래

지식(학적 지식, …을 갖다)(epistēmē, epistasthai) 71a3, 28, b9-72a37, b5 아래, 18-25, 73a21 아래, 74b5, 23, 75b14-17, 24, 76a4, 11 아래, b12, 78b32-79a16, 24, 81a31, b7, 83b 38, 85a1, 87a31, 38-b4, 88a9, b30- 89b9, 92b15, 94a20, 99a22, b15- 100b17

지저귀는(의미가 없는 소리)(teretisma- ta) 83a33

지혜(sophia) 89b8

직선, 곧음(euthu, eutheia, euthugram- mon) 71b5, 73a38, b20, 30, 75b19, 76a35-40, b42, 86a1, 96b18

진술(apophansis) 72a8-11

징표(sēmeion) 73a32, 74b18, 75a33, 87b1-3, 89b27, 99a3

[ㅊ]

천둥(brontē) 93a22, b8 아래, 94a3-7, b32

[ㅎ]

한계(~를 짓다)(peras, perainein) 74b1,
82a8, 84a29, 85b30, 86a5 아래, 95b4
항(horos) 72b24, 35, 81b10 ☞ 정의항
(항·원리의) 부가(prosthesis) 78a14,
84a36, 87a34 아래
(항을) 삽입하다(emballesthai) 84a36,
86b18, 88b5
항의 간격(diastēma) 82b7 아래, 84a35,
b14
(항의 격차를) 메꾸다(katapuknousthai,
puknousthai) 79a30, 84b35
항의 연쇄(sustoichia) 79b7-11, 80b27,
81a21, 87b6
(항의 연쇄가) 겹치다(epallattein) 79b7
(항의) 확대가 있다 ☞ 확대되고 있는
행성(planēs) 78a30-40

형상, 이데아, 종(eidos) 77a5, 79a7, 83a
33, 89a20, 96b16, 97a13, 39, b6,
10-24, 98a29, b34, 99b5
혼(psuchē) 76b25, 91a35-39, 93a23,
100a1-16
홀수(perittus) 73a39, b20-22, 76b8,
78a18 아래, 84a14-19, 90b33, 96a
29-32
화성학(~적인)(harmonikē, harmoni-
kon) 75b16, 76a10-24, 78b38-79a2,
87a34
확대되고 있는, 더 넓은 범위에 있는, (확
대를) 넘어서 나오다(epekteinein, epi
pleon, parekteitein, huperteinein)
74a3, 84a25, 85b10, 96a25-30, b8-
10, 99a18-36
확장되다, 증대되다(auxein, auxanesth-
ai) 78a14, 79a31, 86b13-17